GONGMIN ZHANLUE
GONGMIN SHEHUI DE
QIYE JINGZHENG

公民战略：公民社会的企业竞争

杨齐　王峥嵘　张招存　著

西南交通大学出版社
·成都·

图书在版编目（CIP）数据

公民战略：公民社会的企业竞争 / 杨齐，王峥嵘，张招存著. —成都：西南交通大学出版社，2012.3
ISBN 978-7-5643-1694-5

Ⅰ. ①公… Ⅱ. ①杨… ②王… ③张… Ⅲ. ①企业责任－研究－中国 Ⅳ. ①F279.2

中国版本图书馆 CIP 数据核字（2012）第 035025 号

公民战略：公民社会的企业竞争
杨 齐　王峥嵘　张招存　著
*
责任编辑　杨岳峰
封面设计　墨创文化
西南交通大学出版社出版发行
成都二环路北一段 111 号　　邮政编码：610031
发行部电话：028-87600564
http：//press.swjtu.edu.cn
成都蓉军广告印务有限责任公司印刷
*
成品尺寸：148 mm×210 mm　　印张：8.187 5
字数：229 千字
2012 年 3 月第 1 版　　2012 年 3 月第 1 次印刷
ISBN 978-7-5643-1694-5
定价：20.00 元

前　言

在过去的多年中，在西方国家伴随着公民社会理论和社会本位思潮的日益高涨，西方国家开始了“企业公民”的建设。企业公民在西方国家经过几十年的发展后，对其的研究、应用正在不断深入，也逐渐波及全球。近年来“企业公民”的理念也被引进我国，并逐渐得到广泛传播，被越来越多的企业认识和了解。

企业作为一种存在，一种组织，从其产生的那一刻起，由于人为的设定而具有目的。企业的产生、发展乃至消亡，从根本上说，是由人的需要的不断变化和满足而决定的。从设定性存在这个角度出发，企业本身所内蕴的目的性就规定了其应有的价值意蕴或社会对其的价值诉求，企业社会责任的产生与企业自身的逻辑是一致的。也就是说，企业本身具有生成社会责任的要素，企业社会责任的存在源于企业的本质属性，内涵于企业本身之中。企业存在本身就蕴涵了人类的价值取舍和理想诉求，而且其具体内容是和生产力发展水平相适应的，企业的行为必然要符合社会的特征，企业公民就是企业在公民社会的存在形式。

然而在我国，学术界对企业公民建设存在诸多争议，特别是在我国企业大多处在维持生存的境地，企业公民建设是否会影响到我国企业的竞争力？提倡企业公民建设是否适宜？针对这一疑问，作者从公民社会的视角解读了企业在公民社会里的行为要求，并且从企业竞争优势的角度探讨了公民社会视阈下企业公民战略的竞争优势，初步回答了企业公民建设对企业竞争优势的影响，明确了公民战略的竞争意义。

全书共七章，对企业公民这一公民社会企业存在作了系统的阐述，并提出了企业在公民社会的竞争模式——企业公民战略，又对企业公民战略对企业竞争优势的作用进行了分析。全书脉络清晰，逻辑严密，围绕公民社会对企业行为的要求，构建了公民战略、实施方略并分析了公民战略的竞争优势。全书由杨齐、王峥嵘、张招存合作完成，杨齐完成了第三、五章，王峥嵘完成了第一、二、四章，张招存完成了第六、七、八章，最后由杨齐统稿。

由于企业公民建设在我国尚处于发展阶段，因此文中疏漏不当之处敬请谅解。同时在本书的撰写中参考了国内外学者的研究成果，这在文中及参考文献中有所提及，在此对这些学者一并表示诚挚的谢意。

作 者

2011 年 11 月于兰州

目　录

第一章　公民社会理论溯源

第一节　公民社会的历史演进

一、公民社会产生的历史背景

社会存在决定社会意识。[①]人们的思想和观念的产生离不开社会现实，任何思想和观念的产生都必须以社会现实作为基础，是对社会现实的客观反映。近年来，关于公民社会问题的讨论已经成为学术界的热点，人们对公民社会的理解、对公民社会的建构也必须随着时代的发展而变化。欲要正本，必先清源，必须按照公民社会的历史与理论的逻辑来考察公民社会。"公民社会"是一个源自西方的概念，因此，为了进一步讨论公民社会问题，更好地理解公民社会，就要对西方公民社会理论产生和发展的历史以及公民社会产生的主要缘由等问题进行分析，只有了解公民社会产生和发展的历史背景才能更好地理解公民社会。

西方公民社会的发展历史悠久，可以上溯到古希腊时期。古希腊在公元前 5 世纪就出现了城市。古希腊罗马文明是城市文明，城市是政治活动和社会活动的中心。古希腊罗马是城邦国家，亚里士多德指出："城邦的一般含义就是为了要维持自给生活而具有足够人数的一个公民集团。"[②]他把城邦看做一个由公民构成的群体，城

① 侯一夫：《中国公民社会的发育——现状、问题与前景》，中共中央党校博士论文，2009 年。

② [古希腊]亚里士多德：《政治学》，吴寿彭译，商务印书馆 1965 年版，第 117 页。

邦的主体就是公民。在城邦当中，一个人享有的政治权利决定他是不是公民，“凡有权参加议事和审判职能的人，我们就可以说他是那一城邦的公民”①。农村居民和城市居民被赋予同样的政治权利和社会权利，享有同等的公民权。在城邦中，公民身份只是少数人的特权，是公民政治地位的体现，公民实际上在城邦中形成了一个特权阶层，依附于别人的奴隶、妇女和外邦人都是被排除在城邦的政治生活之外的。城邦的建立并没有为每一个人提供成为公民的机会。即使同为公民，在政治上所享受的权利也因个人财产的多少而有所不同，由此可见，城邦共同体是随着私有制的产生而出现的。在古希腊，城邦在本质上是一个政治的共同体，公民对城邦政治生活的参与必须依赖于公民集体，“城邦不论是哪种类型，它的最高统治权一定寄托于‘公民团体’”②。公民的政治权利只能来自于城邦，离开了城邦，人们失去了过政治生活的场所，从而也就不能成为公民。正是基于此，亚里士多德说：“人类自然是倾向于城邦生活的动物（人类在本性上，也正是一个政治动物）。”③古希腊的公民社会的出现是由于城邦的建立而形成的，在其实质上来说，公民社会就是一种政治社会，如果没有了政治生活和政治权利，也就没有了城邦，没有所谓的公民和公民社会。亚里士多德在《政治学》的开篇就指出：“每一个城邦（城市）各是某一种类的社会团体，一切社会团体的建立，其目的总是为了完成某些善业——所有人类的每一种行为，在他们自己看来，其本意总是在求取某一善果。既然一切社会团体都以善业为目的，那么我们也可说社会团体中最高而包含最广的一种，它所求的善业也一定是最高而最广的：这种至高而广涵的社会团体就是所谓‘城邦’，即政治社团（城市社团）。”④“城邦的长成出于人类‘生活’的发展，而其实际的存在却是为了‘优良的生活’。”⑤

① [古希腊]亚里士多德：《政治学》，吴寿彭译，商务印书馆1965年版，第116页。
② [古希腊]亚里士多德：《政治学》，吴寿彭译，商务印书馆1965年版，第132页。
③ [古希腊]亚里士多德：《政治学》，吴寿彭译，商务印书馆1965年版，第7页。
④ [古希腊]亚里士多德：《政治学》，吴寿彭译，商务印书馆1965年版，第3页。
⑤ [古希腊]亚里士多德：《政治学》，吴寿彭译，商务印书馆1965年版，第7页。

在亚里士多德那里，城邦的政治制度是一种理想的民主制度，是为了让人们过上更高尚和更幸福的生活而存在的。

亚里士多德的公民社会所指的既是政治社会又是文明社会，它体现了古希腊的现实社会的政治状况，表达了古希腊人对理想政治的憧憬。但是亚里士多德所指的公民社会同现代意义的、与政治国家相分离的公民社会是有区别的。在他那里，公民社会与政治社会并没有分离，而是两者合一的，在亚里士多德那里还没有国家与社会相区分的思想。古罗马政治理论家西塞罗认为，古罗马的公民群体是社会生活和政治生活的主体，是国家的主体。古罗马是一个横跨欧、亚、非三大洲的大帝国，并不是一个小的城邦。在古罗马，被征服的绝大部分人都是没有公民权的，只有居住在罗马城及其附近地区的罗马人才享有公民权，才能参加国家的政治生活，这样的公民群体构成了古罗马公民社会的主体。西塞罗认为国家是全体人民的事务，公民要对国家承担责任。他主张在法律上明确承认公民的权利，国家有义务保护公民的私有财产。西塞罗说的主要是法律上的权利平等，而公民在财产和禀赋方面不应当也不可能完全平等，公民在法律上的权利平等必须要以公民的身份地位和等级平等为前提条件，否则平等就变成了不平等、正义就变成了非正义，西塞罗所主张的权利平等只是一种建立在等级之上的权利平等。在古希腊的理想城市中，出现了自由市民，古希腊罗马灭亡之后，自由市民也就随之而消失。虽然如此，我们仍然可以看出在古希腊罗马的城市文明中所蕴涵的平等自由的精神。

随着古罗马帝国的灭亡，欧洲社会开始处于长期的动乱之中，整个欧洲的社会背景发生了深刻的变化。由于商路中断、贸易衰落，城市生活也开始走向衰落，导致了城市文明的衰落。与沿海港口城市的衰落相反，内陆与外界隔绝的城市由于受到战乱影响很少而兴旺起来。但是由于贸易的衰落，生产开始转向自给自足的生产，城市生活也开始走向衰落。在这样的背景下，欧洲的封建庄园开始迅速发展起来。庄园主把土地出租给农民耕种，农民向庄园主缴纳一定数量的实物地租，农民变成了依附于庄园、依附于土地的农奴，失去了人身自由，农奴既没有自由也没有财产。封建庄园的生产模式成了占统治地位的经济形式，封建贵族的城堡取代了以商业和贸易为主的城市，欧洲开始进入漫长而黑暗的“中世纪”。

城市的兴起是社会经济发展的产物，随着城市社会财富的增长和实力的壮大，西欧各国的城市再度兴起。中世纪的城市是形成于封建城堡之外的，与古希腊罗马的城市是不同的。在古希腊罗马时期，城市首先是社会政治生活的中心，是整个社会和政治制度的一部分，城市和社会是一体的，而中世纪的城市是在封建城堡之外形成的，城市首先是手工业和商业的中心，并且与它周围的农村隔离开来，它是在封建主的领地和城堡、封建庄园、教会领地修道院的包围之中出现的。城市的商业贸易活动不同于封建庄园的自给自足的生产方式，是要有自由做保障的。古希腊罗马时期的自由传统仍然存在。随着商人阶层经济实力的增强，社会财富的增长，以商人为首的城市居民展开了争取政治权利的长期斗争，开始了争取城市自由的斗争。新兴的资产阶级在贸易上不愿意服从封建领主，要求封建领主承认城市享有的权利，要求由城市自己执行城市的管理。许多城市通过努力而获得了由国王签发的城市特许状，从而使城市的自治权得到了保障，建立起了城市自己的自治政体。这些独立的城市不仅拥有独立的立法权和司法权，而且拥有独立组织城市管理体系的最高行政权力，如自己执行税收、铸币、市场管理和司法等事务，以及城市应该作为一个整体来承担纳税和服役等。各类城市都有市议会作为主权实体；每个城市都各自制定法律、自行铸币和征税，城市就是一个自治的市民社会。在城市的管理上封建领主不能插手干预，为了获得城市的自由，商人们不仅用金钱来买自由，还要承认封建领主的世袭权利。而封建领主们也意识到城市的繁荣会给他们带来巨大的经济利益，因为给予城市自由而给自己带来的好处是巨大的。这样，城市市民与封建领主之间就通过赎买的方式建立起了契约关系，市民阶级构成的社会系统就有了相对于国家的独立性和自主性，城市获得了相当大的自治权，城市的居民也就成了自由民，这些城市居民虽然有着不同的出身，拥有的财富也不相同，在某些方面会存在着不平等，但是在政治上和法律上，城市居民都是平等的，获得了同样的法律地位，享有公民权。中世纪的城市都由一个市政委员会管理，这个委员会的成员都是从城市的公民群体中产生的，公民的公民权赋予了他们参与城市事务和城市管理的合法权，公民通过行会或公民会议参与城市的管理，城市管理的核心是它的公民群体。城市公民群体的范围很广，公民包括城市里的所有合法居民，只要在城市里生活了一年零一天以上就会获得公民权，即使是逃到城里的奴隶或农奴，只要达到居住时间也会获得公民权。公民权赋予了城市居民参与管理城市事务的权利。城市里最先出现的自治机构是行会和兄弟会，这是商人们为了保护自己的利益、规范自己的商业活动而组成的。会员要维护团体的共同利益，推选代表来管理行会事务。推选出的代表组成了一个市政议事会来管理城市，市政议事会的权力来自于公民群体并受到市民大会的监督。市民在法律上的平等主要体现在市民群体自治的原则上，法庭和陪审团都由市民组成。

城市的出现、城市自治运动的兴起和城市公民社会的形成都与宗教改革有着密切的联系。宗教改革的实质是一场资产阶级在宗教外衣掩饰下发动的反对封建统治和罗马教会的政治运动，宗教改革打击了天主教会的神权统治，使各国的王权都得到了加强，有利于民族国家的发展。宗教改革使得教会与世俗社会分离。教权与王权的对立和斗争贯穿于整个中世纪，大多数城市由于对王权的支持而获得了王权给予的自治特许权，城市获得自治特许权后就获得了相对于封建领主和教会势力的独立地位，与教会处于对立的状态。独立后的城市具有独立管理其内部事务和对外事务的权力，独立后的城市公民获得了人身自由和财产自由，独立后的城市公民在法律面前的地位相对平等，在政治上能够独立自主，独立后的城市公民享有独立的公民权，独立后的城市形成了以各类行会为代表的比较发达的公民社会组织。城市公民社会的世俗生活促进了人身自由、财产自由、契约自由以及平等观念的产生，促进了民主意识、参与意识、司法独立、主权在民等意识的产生。为后来公民社会的发展留下了重要的资源。

“城市运动，比任何其他中世纪运动更明显地标志着中世纪时代的消逝和近代的开端。”①中世纪的城市社会也被看做公民社会，中世纪的公民社会开始从封建制度中摆脱出来，从政府的控制下分离出来；开始参与社会生活和政治生活，开始对社会生活和政治生活施以影响，开始了公民社会和政治国家的分离过程。这正是公民社会的重要性之所在。但是封建王权仍然占据统治地位，对商业领域和私人领域还会进行干扰，影响公民社会的发展。中世纪的公民社会处于封建社会的大环境之中，它不可能彻底摆脱与封建制度的联系，有着不彻底性，因而不可能产生现代意义的公民社会。虽然市民拥有平等的公民权和法律地位，但由于受许多因素的影响，此时的自由、平等、权利、契约、法律意识和民主参与等都有一定的局限性。所以，中世纪的公民社会并不是真正的公民社会，充其量只能算是公民社会的萌芽。

随着中世纪城市的崩溃、封建制度的解体，民族国家开始形成，城市中的市民群体发展成为有着雄厚经济基础的资产阶级。资产阶级有着浓厚的自由气息，有着传统的民主观念，这就使得资产阶级要求对政府进行监督，对政府行为进行约束，以维护资产阶级自身的经济利益。后来欧洲通过资产阶级革命推翻了封建统治取得了政权，但是公民社会并没有随着封建统治的推翻而真正建立起来。资本主义早期所提倡的自由只是追求个人利润的自由，是追求私利的自由，与中世纪共同活动的自由是不同的。这个时期的自由根本不考虑整个社会，而只是考虑个人的利益。直到 19 世纪在资产阶级政权之下公民社会才真正开始建立。

二、公民社会概念的历史演进

公民社会问题是学术界研究和探讨的一个热点问题，虽然对公

① [美]詹姆斯·W. 汤普逊：《中世纪经济社会史（300—1300 年）》（下册），耿淡如译，商务印书馆 1963 年版，第 407 页。

民社会问题的探讨在日趋深入，但是对公民社会至今仍然没有一个公认的概念，没有形成一个统一的观点。有的学者直接套用西方公民社会的某种解释模式来解释中国社会，或者运用西方某一思想家的公民社会理论来分析中国社会，也有的学者在不同的语境中使用不同的、甚至是截然相反的公民社会概念，以至于人们对公民社会概念的理解处于混乱之中。究竟何谓公民社会？公民社会是否适用于中国？中国应建构一个什么样的公民社会？为了解决这些问题，有必要对公民社会理论进行梳理，按照历史与理论的逻辑进行正本清源，以明确公民社会的概念。公民社会的传统含义主要体现在古希腊罗马的亚里士多德、西塞罗，经中世纪直到近代契约论者（以霍布斯、洛克和卢梭为代表）的思想当中，其意主要指与自然状态相对应的政治社会、文明社会，传统公民社会直接表征的是政治效能和政治意义。

（一）古典意义的公民社会——公民社会与政治国家的重合

“Civil Society”一词在国内有三种不同的译名，既可以翻译为市民社会，也可以翻译为公民社会，还可以翻译为文明社会，在古典公民社会理论中，市民社会、公民社会、文明社会三者之间没有明确的区别，古典公民社会的理论家们往往同时在这三重意思上使用公民社会的概念。[①]“城市的出现是古希腊罗马从野蛮走向文明、从部落制度走向国家的标志，也是他们区别于周围野蛮民族的标志。”古希腊罗马学者往往使用“市民社会”概念描述城市或城邦的生活状况。亚里士多德在其《政治学》一书中首先提出了“Politike Koinonia”(PoliticaL Society Community)的概念。“Politike Koinonia”在亚里士多德那里是指政治共同体或城邦国家，具体说是指“自由和平等的公民在一个合法界定的法律体系之下结成的伦理—政治共

① 侯一夫：《中国公民社会的发育——现状、问题与前景》，中共中央党校博士论文，2009年。

同体”[①]。这个共同体也叫城邦，是由自由和平等的公民构成的，只有在共同体中人们才能过上美好的生活，这种公民社会是在国家与社会不分的情况下出现的，正是这种状况“竟使得大多数希腊思想家不知区分国家和社会，亦不能想象不同于城邦生活的其他生活样式”[②]。古罗马的西塞罗在公元前 1 世纪就明确了传统意义上的公民社会概念的含义。按安东尼·布莱克威尔在《布莱克威尔政治学百科全书》（中国政法大学出版社 1992 年版）中的解释，在西塞罗那里，公民社会“不仅指单个国家，而且指业已发达到出现城市的文明共同体的生活状况”。西塞罗是同时在公民社会、政治社会和文明社会三重意义上使用这一概念的。公民社会的概念与野蛮状态相比有三个特征：首先，公民社会是一种政治上的文明社会，有自己的法律和政府等一些政治文明的因素。其次，公民社会是一种道德的生活状态，是一个道德的集体，其目的是要实现公平和正义。最后，公民社会是城市国家的公民社会，在公民社会中有私有财产、文化、工商业生活等。在罗马帝国时期，公民社会由于得到国家的支持而有了一定程度的发展，个人与国家开始疏离，人们“不得不学会以一种新的社会联合体的形式生活在一起”[③]。虽然如此，公民社会依然还是在国家的控制之下，根本没办法成长起来。到了黑暗的中世纪时期，公民社会消失了，公民社会完全被国家所吞没了。思想家们的注意力也开始发生转变，用于描述共和国生活状况的公民社会概念被弃而不用了。到了中世纪末期，开始了公民社会与政治国家的分离过程，但是公民社会的发展还是缓慢曲折的。公民社会与国家的分离并不是很明显，公民社会只能处于萌芽状态。近代公民社会理论是在自然与社会的两分中规定公民社会的，坚持国家和公民社会的二分法，强调公民社会是由非政治性的社会所组成，是对政治国家和公民社会分离的现实反映。这里所说的公民社会是指人们摆脱自然状态、订立社会契约，建立国家后所进入的政治社

① 何增科：《公民社会与民主治理》，中央编译出版社 2007 年版，第 3 页。
② 于海：《西方社会思想史》，复旦大学出版社 2008 年版，第 46 页。
③ [美]萨拜因：《政治学说》（下卷），商务印书馆 1986 年版，第 179 页。

会状态。在自然状态中，在本能的驱使下，人们通过战争来谋取自身的权利。“这种人人相互为战的战争状态，还会产生一种结果，那便是不可能有任何事情是不公道的。是和非以及公正和不公正的观念在这儿都不能存在。”“没有共同权力的地方就没有法律，而没有法律的地方就无所谓不公正。”“使人们倾向于和平的激情是对死亡的畏惧，对舒适生活所必需事物的欲望，以及通过自己的勤劳取得这一切的希望。于是理智便提示出可以使人同意的方便易行的和平条件。”①“如果要建立这样一种能抵御外来侵略和制止相互侵害的共同权力，以便保障大家能通过自己的辛劳和土地丰产为生并生活满意，只有一条道路——把大家所有的权力和力量付托给某一个人或一个能通过多数的意见把大家的意志化为一个意志的多人组成的集体”。“这一点办到之后，像这样统一在一个人格之中的一群人就称为国家，在拉丁文中称为城邦。这就是伟大的利维坦（Leviathan）的诞生，——用更尊敬的方式来说，这就是活的上帝的诞生”②。国家的建立是契约的结果，人类理性指出了通向和平的道路，人们对和平的企盼使人们选择进入政治社会，在国家的绝对权力的统治之下，人们的生活比自然状态下的生活要好得多。“其实一切政府形式的权力，只要完整到足以保障臣民，便全都是一样的。人类的事情绝不可能没有一点毛病，而任何政府形式可能对全体人民普遍发生的最大不利是伴随内战而来的惨状，和可怕的灾难相比起来或者跟那种无人统治、没有服从法律和强制力量以约束其人民的掠夺与复仇之手的紊乱状态比起来，简直就是小巫见大巫了。”③霍布斯所表达的“国家是一种必要的恶”的思想，成为后来的自由主义国家理论的重要组成部分。洛克的自然状态是“一种尽管自由却充满着恐惧和经常危险的状况”。人们之所以愿意通过契约来建立国家，是因为自然状态存在着很多的缺陷。在自然状态的社会中没有法治，尽管人们在自然状态中可以享有种种权利，但在这种自由状态中由于

① [英]霍布斯：《利维坦》，黎思复、黎廷弼译，商务印书馆1985年版，第96-97页。

② [英]霍布斯：《利维坦》，黎思复、黎廷弼译，商务印书馆1985年版，第131-132页。

③ [英]霍布斯：《利维坦》，黎思复、黎廷弼译，商务印书馆1985年版，第141页。

人人都有惩罚别人的侵权行为的权力，会使他们遭受不利，导致人们无法长期在这种自由状态下共同生活。人们希望他们的生命和财产可以得到保障，政府和社会的起源就在这里。政治社会是人们自愿订立契约的结果，“政治社会都起源于自愿的结合和人们自由地选择他们的统治者和政府形式的相互协议”[①]。在洛克看来，人们建立国家、进入政治社会时，让渡给国家的只是部分的自然权利。政治共同体“既然只能根据它的各个个人的同意而行动，而它作为一个整体又必须行动一致，这就有必要使整体的行动以较大的力量的意向为转移，这个较大的力量就是大多数人的同意”[②]。

洛克认为，人们建立国家、组成政治共同体，其根本目的就是为了让政治共同体保障人们的生命、自由和拥有财产的权利。国家的建立使得人们放弃了自然状态中不受任何约束的自由，但是人们获得了政治社会中在法律约束和在法律保护下的自由。国家的建立只是改变了自由和平等的样式，而且相对于自然状态而言，人们得到了私有财产和生命安全的保障，社会也变得有秩序了。

卢梭认为：“人类如果不改变其生存方式，就会消灭。人类只有集合起来共同协作形成一种力量的总和才能够克服这种阻力，由一个唯一的动力把他们发动起来，并使他们共同协作。”[③]“由自然状态进入社会状态，人类便产生了一场最堪瞩目的变化；在他们的行为中正义取代了本能，而他们的行动也就被赋予了前所未有的道德性。”“人类由于社会契约而丧失的，乃是他的天然的自由以及对于他所企图的和所能得到的一切东西的那种无限的权利；而他所获得的，乃是社会的自由以及对于他所享有的一切东西的所有权。”“我们还应该在社会状态的收益栏内再加上道德的自由，唯有道德的自由才使人类真正成为自己的主人；因为只有嗜欲的冲动便是奴隶状

① [英]洛克：《政府论》（下篇），叶启芳、瞿菊农译，商务印书馆 1997 年版，第 63 页。

② [英]洛克：《政府论》（下篇），叶启芳、瞿菊农译，商务印书馆 1997 年版，第 60 页。

③ [法]卢梭：《社会契约论》，何兆武译，商务印书馆 1982 年版，第 18 页。

态，而唯有服从人们自己所规定的法律，才是自由。”[①]只有在契约社会人们才能真正享有自由。

（二）现代意义的公民社会——公民社会与政治国家分离

公民社会与政治国家的分离是在生产力发展到一定阶段才出现的。现代公民社会理论坚持政治国家与公民社会的二分法，强调公民社会是由相对独立于政治国家的，不能与政治国家相混淆、不能为政治国家所淹没的，与政治国家相对应的、非政治性的社会所组成。现代公民社会理论是对政治国家与公民社会相对分离的现实的反映，而政治国家与公民社会在现实中的分离是到了近代在欧洲才出现的。从亚里士多德、西塞罗、洛克到卢梭的传统公民社会直接表征的是政治效能和政治意义，到了中世纪公民社会与政治国家的同一达到顶峰。正如马克思所指出的：“中世纪的精神可以表述如下：市民社会的等级和政治意义上的等级是同一的，因为市民社会就是政治社会，因为市民社会的有机原则就是国家的原则。”[②]“16世纪以后，随着民族国家的出现和君主专制政体的建立，市民等级在王权保护下获得了从事工商业活动的自由，私人领域的相对独立开始了公民社会与政治国家的分离进程。然而在君主专制制度下，不受限制的王权对工商业活动和私人领域的侵犯又必然妨碍公民社会的顺利发展。18世纪末的法国大革命推翻了君主专制制度，确立了代议制民主原则，为私人领域的独立存在和工商业活动的自由发展提供了根本的法律上和制度上的保障，极大地促进了公民社会与政治国家的分离过程。”[③]

弗格森认为公民社会是自治的社会，是拥有政府和法律的政治社会（即文明社会），在公民社会中的每一个公民都关注社会的公共

---

① [法]卢梭：《社会契约论》，何兆武译，商务印书馆1982年版，第25-26页。

② [德]马克思：《黑格尔法哲学批判》，《马克思恩格斯全集》第1卷，人民出版社1995年版，第334页。

③ 何增科：《公民社会与民主治理》，中央编译出版社2007年版，第7页。

利益，每一个公民都积极参与国家的政治生活。弗格森对近代商业文明进行了批判，分析了商业文明与古典的公民美德之间的张力问题，指出公民美德和公共精神由于分工的发展和私欲的膨胀正在逐渐地丧失。从社会风尚看，在这个所谓“文明时代”，人们不再关心公益事业，而只专注于个人私利、生活安逸和肉体享乐，“人们认为只考虑财富才是最聪明的。对公益事业撒手不管，对人类事务漠不关心被认为是节制、美德，从而得到人们的赞许”[①]。弗格森认为，在这样的观念和这样的社会状态下潜藏着巨大的危机，政治生活的过于平静和公共生活的过分稳定是民族精神衰亡的象征，是政治奴役的征兆，也是社会怠惰的标志。弗格森指出：“如果任何一个民族公开宣布它所进行的内部改良的政治目的仅仅在于确保臣民的人身和财产安全，而不是考虑臣民的政治品质，那么这种体制（constitution）确实是自由的，但是，它的成员却有可能配不上他们所享有的自由，也没有能力保存自由。”弗格森生活的时代，是欧洲公民的私人生活和国家的公共政治生活正在分离的时期，弗格森认为这种分离是社会走向政治奴役和腐化堕落的征兆。弗格森敏锐地觉察到这种分离已经成为事实，但他又很不情愿看到这种分离，希望能够重新回到政治国家与公民社会高度重合的状态。为此，他把古希腊罗马那种政治国家与公民社会高度重合的社会看做文明社会和公民美德的典范，把政治国家与公民社会的分离视为腐化堕落。

托马斯·潘恩是在公民社会历史上第一个明确主张公民社会与政治国家分离的思想家。“尽管市民社会与政治国家的分离过程是从16世纪就已经开始，但是直到18世纪，一些思想家才认识到国家与社会的区别，并在此基础上提出了一些颇有价值的观点。柯亨和阿拉托在《公民社会与政治理论》一书中提到了这些思想家的贡献。他们指出，洛克虽然已经模糊地意识到政府与社会的区别，但未作

① [英]亚当·弗格森：《文明社会史论》，林本椿、王绍详译，辽宁教育出版社1999年版，第283页。

进一步的区分；法国伟大的启蒙思想家孟德斯鸠和伏尔泰明确区分了政府和社会，并期望二者的分离。”[①]公民社会与政治国家的分离是历史进步的标志。潘恩明确指出了公民社会与政治国家有着截然不同的起源、性质和形式。人们为了避免混乱和邪恶而不得不建立政治国家，那是通过法律保护人们的自由和安全的一种组织形式；公民社会是个人根据自己的私人利益自愿结合而形成的相互合作的社会联合体。潘恩指出：“社会是由我们的欲望所产生的，政府是由我们的邪恶所产生的；前者使我们一体同心，从而积极地增进我们的幸福，后者制止我们的恶行，从而消极地增进我们的幸福。一个鼓励交往，另一个制造差别。前面的一个是奖励者，后面的一个是惩罚者。”[②]

公民社会与政治国家有着共同的目标，都是为了追求人类的幸福而建立的组织形式。公民社会是人们以自愿的方式结合而形成的社会联合体，这样的联合体追求人类的幸福是通过积极的方式去追求；而政治国家则是人们通过契约形式建立起来的组织形式，这种组织形式追求人类的幸福是通过消极的方式去追求。但是在现实中，政府并不是都能够促进人类幸福的，与之相反，它却常常使人类遭受苦难，“即使建立起人类智慧所能设想的最好的政府，这种政府也还是名义上的和概念上的东西，而不是事实上的东西”。政府“决不总是维持社会秩序的原因和手段，倒往往是破坏社会秩序的罪魁祸首”[③]。“社会在各种情况下都是受欢迎的，可是政府呢，即使在最好的情况下，也不过是一件免不了的祸害；在其最坏的情况下，就成了不可容忍的祸害。”[④]政府“不是任何人或任何一群人为了谋利就有权利去开设或经营的店铺，而完全是一种信托，人们给它这种

---

① 何增科：《公民社会与民主治理》，中央编译出版社 2007 年版，第 7-8 页。

② [英]托马斯·潘恩：《潘恩选集》，马清槐等译，商务印书馆 1981 年版，第 3 页。

③ [英]托马斯·潘恩：《潘恩选集》，马清槐等译，商务印书馆 1981 年版，第 230-232 页。

④ [英]托马斯·潘恩：《潘恩选集》，马清槐等译，商务印书馆 1981 年版，第 3 页。

信托，也可以随时收回”①。黑格尔是第一个系统地阐释市民社会现代意义理论的思想家。黑格尔的《法哲学原理》是现代市民社会理论的代表性著作，市民社会理论是黑格尔法哲学中一个重要的组成部分。在黑格尔那里，市民社会“是各个成员作为独立的单个人的联合”，但是“市民社会是个人私利的战场，是一切人反对一切人的战场，同样市民社会也是私人利益跟特殊公共事务冲突的舞台，并且是把它们二者共同跟国家的最高观点和制度冲突的舞台”②。“市民社会的这一特性决定了它不仅不能克服自身的缺陷，而且往往趋于使其偶然的协和及多元性遭到破坏。市民社会一部分的兴旺和发展，往往会侵损或阻碍其他部分的发展。所以市民社会是独立的，但却是不自足的。”“市民社会本身无力克服自身的溃垮，亦无力消弭其自身内部的利益冲突。如果市民社会要维持其市民性，那么就必须诉诸一个外在的但却是最高的公共机构，即国家。”③也就是所说的“国家高于社会”。

黑格尔将市民社会与政治国家明确地区分开来，全面阐释了现代意义的市民社会理论。市民社会为个体的独立性和个性的充分发挥提供了舞台，市民社会的成员之间是相互依赖和相互联合的，但这种联合只是把他人当成达到自己目的的手段，这种联合只是利益的联合。这种只追求自身利益、以自我为中心的市民社会只会导致人类本质的异化和社会秩序的混乱，这种状况也决定了市民社会必然会被更高的发展阶段——体现普遍性与特殊性真正统一的“国家”所取代。黑格尔所说的“国家”不仅仅是通常意义上的国家，它还有着一系列的规定性（黑格尔把启蒙思想家拉回尘世的“国家”概念，又神圣化和神秘化了）。“国家的理念具有：(1) 直接现实性，它是作为内部关系中的机体来说的个别国家——国家制度或国家

① [英]托马斯·潘恩：《潘恩选集》，马清槐等译，商务印书馆 1981 年版，第 254 页。

② [德]黑格尔：《法哲学原理》，范扬、张企泰译，商务印书馆 1979 年版，第 174 页。

③ 邓正来：《市民社会理论的研究》，中国政法大学出版社 2002 年版，第 39 页。

法；（2）它推移到个别国家对其他国家的关系——国际法；（3）它是普遍理念，是作为类和作为对抗个别国家的绝对权力——这是精神，它在世界历史的过程中给自己以它的现实性。”①“由于国家是客观精神，所以个人本身只有成为国家成员才具有客观性、真理性和伦理性。结合本身是真实的内容和目的，而人是被规定着过普遍生活的；他们进一步的特殊满足、活动和行动方式，都是以这个实体性的和普遍有效的东西为其出发点和结果。”②国家是现实世界中最高的伦理实体，这个伦理的实体把家庭和市民社会都统摄于其中了，同时又对家庭和市民社会进行了超越和提升。“黑格尔的市民社会是一种与家庭关系和公民关系相区别的社会联合体。在这个联合体中，人的个性得到了解放，每一个人都作为一个独立的人格而存在，按自己的独立意志行事，为自身的特殊利益奋斗。可是，正是由于相互冲突的个人寻求自己的特殊利益，人们之间的相互满足才得以达成，人们才结合为一个社会。这个市民社会不是别的东西，就是资本主义市场经济社会中的市场交换体系及其自我保障机制。”③

市民社会成员间的相互需要和契约性交往关系是私人自治领域的核心价值，在这个私人自治的领域中，人们只有在与他人的交往过程中，才能满足自身的需求、达到自身的目的、实现自身的价值，人们之间的交往是出于利益的原因和彼此的需要。黑格尔是政治哲学史上比较系统、比较完整地提出和阐释现代市民社会理论的第一人，对现代市民社会的本质、特征他已经基本上把握了。黑格尔的市民社会理论是对从传统社会到资本主义社会变迁的反映，黑格尔直接深入到社会关系本身来揭示市场经济社会的本质。黑格尔认为，市场经济社会不同于传统社会，原因就在于人与人之间的社会关系发生了根本改变，这种改变是人与人社会结合方式和社会构成方式的改变。黑格尔强调，并不是在人类一切历史时期都有市民社会存在，市民社会只是形成于市场经济社会，只有在市场经济社会中，

① [德]黑格尔：《法哲学原理》，范扬、张企泰译，商务印书馆 1979 年版，第 259 页。
② [德]黑格尔：《法哲学原理》，范扬、张企泰译，商务印书馆 1979 年版，第 254 页。
③ 王新生：《黑格尔市民社会理论评析》，《哲学研究》2003 年第 12 期，第 55 页。

个人才能作为相对独立的个体存在，人们联结成为一个社会只是因为彼此相互需要的交换关系，在这种社会关系尚未形成的社会形态里，市民社会与政治国家的分离是不可能出现的，也不可能存在独立的市民社会。市民社会的形成是从传统社会向现代市场经济社会转换的标志，是新型社会关系的形成。

黑格尔认为，市场交换关系是市民社会中实现独立的个人之间自主交往关系的外在的必然性，市民社会成员之间的联合，只是一种外在的、把他人视为手段的联合。这种自由的个人之间的联合，虽然有其历史的进步性，但它将必然导致伦理精神的丧失和人的本质的异化，所以是必须被超越的。黑格尔深刻地洞察到了市民社会内在的矛盾，他把目光投向了社会关系和历史发展规律。黑格尔指出，只有在市民社会所代表的伦理阶段被超越之后，才能够达到自在自为的社会意识，才能使人过上真正的人而不是异化人的生活。黑格尔的这一观念为马克思从经济关系、从资本主义社会的内在矛盾出发批判资本主义生产方式提供了可能性。

黑格尔从伦理精神出发，而不是从现实出发来探究市民社会，导致其理论存在不可避免的矛盾是必然的。他把政治国家凌驾于市民社会之上，把政治国家看做决定市民社会的因素，正是这种“倒因为果，倒果为因，把规定性因素变为被规定的因素，把被规定的因素变为规定性因素”[①]的观念，使黑格尔深深地陷入历史唯心论。黑格尔忘记了市民社会对政治国家的规制作用，并把克服市民社会缺陷的希望全部托付给了政治国家，其中折射出了国家至上主义的倾向。用黑格尔自己的话来说，由于历史条件的限制，他最终也没有能够“跳出他的时代，跳出罗陀斯岛”。黑格尔把市民社会规定为被市场交往关系所支配的“需要的体系”及其保障机制，抓住了市民社会的本质。但是，黑格尔夸大了私人生活的局限，从而也就不能全面把握私人生活和公共权力之间的关系，导致了他在理解国家

① [德]马克思：《黑格尔法哲学批判》，见《马克思恩格斯全集》(第3卷)，人民出版社1995年版，第124页。

与社会的关系上高扬国家而贬低市民社会，颠倒了国家与市民社会的关系，也使得黑格尔没有办法从市民社会本身出发去寻找克服市民社会缺陷的根据。

法国思想家阿列克斯·托克维尔的公民社会思想主要体现在其代表作《论美国的民主》和《旧制度与大革命》中。托克维尔指出，国家对于公民社会来说是必要的，因为国家代表了公民社会自身所无法实现的公共利益。但是，又因为国家的存在，现代公民社会面临的冲突和混乱不再是由各种特殊利益引发的，而是由民主机制造成的集权化管理国家，即所谓新的专制主义所引发的。现代国家一方面把巨大的公共福利带给社会，并把平等扩大到社会的一切阶层和领域，另一方面又剥夺了公民社会的自由，使个人绝对从属于公共权力。

托克维尔指出，要解决自由和民主、自由和平等的冲突不能通过取消国家权力或撤销政府机构来达到，从根本上解决这些问题所要采取的有效途径就是扩大社会参与，培育壮大各种独立于国家的社会组织，形成一个强大的公民社会，通过公民社会的力量来制约和规范公共权力。托克维尔所说的公民社会是一个自主的、多元的社会。

（三）马克思的公民社会理论——对黑格尔的批判和超越

马克思认为市民社会不是人类生来就有的，它是生产和交换发展到一定阶段的产物，是“私人利益的体系”或特殊的私人利益关系的总和，它包括了处在政治国家之外的社会生活一切领域，并且市民社会的演变由社会利益关系的变迁来决定。马克思从物质实践出发，纠正了被黑格尔颠倒了的政治国家与市民社会的关系，认为市民社会是现代国家的基础。马克思的市民社会理论，是马克思主义学说的重要组成部分，在他的整个思想体系形成过程中起着重要的作用。马克思的思想转折是从批判黑格尔的国家理论开始的，马克思唯物主义历史观的创立开始于对黑格尔市民社会学说的批判和改造。马克思吸收了黑格尔市民社会理论的合理内核，肯定了黑格尔对市民社会与政治国家的界分。他认为黑格尔市民社会理论的深刻之处就在于明确区分了市民社会与政治国家，对市民社会与政治国家的区分进行了深入研究，进一步完善了市民社会概念。马克思指出在封建政治统摄一切的中世纪，不可能自发形成自主性和多元性的市民社会，市民社会依附于政治国家，市民社会与政治国家是高度一体的。导致政治国家与市民社会浑然一体的状态被打破，使市民社会获得其自身独立存在的力量主要有两种：一是市场经济，二是政治革命。市场经济为市民社会与政治国家的分离创造了条件。“由大工业和普遍竞争所引起的现代资本，即变为抛弃了共同体（Gemeinwesen）的一切外观并消除了国家对所有制发展的任何影响的纯粹私有制。现代国家是与这种现代私有制相适应的。”“由于私有制摆脱了共同体（Gemeinwesen），国家获得了和市民社会并列并且在市民社会之外的独立存在”①。马克思精辟地阐述了以法国大革命为代表的资产阶级革命对于促进政治国家与市民社会的分离的重要作用。“只有法国大革命才完成了从政治等级到社会等级的转变过程，或者说，使市民社会的等级差别完全变成了社会差别，即没有政治意义的私人生活的差别。这样就完成了政治生活同市民社会的分离。”②由于市场经济和政治革命的冲击，使得封建社会迅速解体，政治国家与市民社会开始分离，获得了各自相对独立的发展空间。马克思指出，市民社会与政治国家的分离表现了现代市民社会和政治社会真正的相互关系。

黑格尔之前的思想家已经看到了市场经济条件下国家与社会分离的必然趋势，但他们是从抽象的人性论的视角去论证这一趋势的，黑格尔批判了这种非历史的和抽象的论证方法。黑格尔从历史本身出发去说明历史的发展，阐明了市民社会与政治国家的关系，黑格尔市民社会理论的历史功绩就在于此。黑格尔的这种历史主义方法论被马克思继承下来，马克思从现实的社会关系出发而不是从绝对精神出发去说明市民社会，特别是从社会经济关系出发去说明市民

① [德]马克思：《马克思恩格斯选集》（第1卷），人民出版社1995年版，第132页。

② [德]马克思：《黑格尔法哲学批判》，见《马克思恩格斯全集》（第3卷），人民出版社1995年版，第100页。

社会。马克思明确指出:“市民社会包括各个人在生产力发展的一定阶段上的一切物质交往。它包括该阶段的整个商业生活和工业生活……真正的市民社会只是随同资产阶级发展起来的;市民社会这一名称始终标志着直接从生产和交往中发展起来的社会组织,这种社会组织在一切时代都构成国家的基础以及任何其他观念的上层建筑的基础。”①马克思将黑格尔对社会关系的认识深化为经济关系,从经济关系出发说明了社会关系,说明了人们通过物质交往实现需要的过程,从而把市民社会界定为市场经济条件下人们的物质交往关系,以及由这种交往关系所构成的社会生活领域。他全面而深刻地把握住了市民社会的本质特征,深化了黑格尔所确立的市民社会的概念。马克思把被黑格尔颠倒了的政治国家与市民社会的关系摆正了。市民社会与国家关系是理解马克思市民社会概念的基本出发点。马克思唯物史观的基本原则的最初确立,就是从由市民社会本身出发研究社会历史开始的,这是一个重大转折,表明马克思开始通过分析物质关系来解释社会生活。马克思唯物史观基本原则的确立是通过对黑格尔的国家与市民社会关系的批判来完成的。

马克思在分析市民社会时,提出了消灭市民社会的途径,从而把克服市民社会弊端与走向人类解放紧密联系起来。仅有政治解放并不能废除私有财产等因素,只有实现了社会解放,人类解放才能真正得以实现。恩格斯在阐述马克思的历史观时更明确地指出,“马克思从黑格尔的法哲学出发,得出这样一种见解:要获得理解人类发展历史过程的钥匙,不应该到被黑格尔描绘成‘大厦之顶’的国家中去寻找,而应当到黑格尔所那样蔑视的‘市民社会’中去寻找。但关于市民社会的科学,也就是政治经济学”②。“政治解放本身并不就是人的解放”③。“只有当现实的个人把抽象的公民复归于自身,

① 中共中央马克思恩格斯列宁斯大林著作编译局:《马克思恩格斯选集》(第1卷),人民出版社1995年版,第130-131页。

② 《卡尔·马克思》,见《马克思恩格斯全集》(第16卷),人民出版社1995年版,第409页。

③ 《论犹太人问题》,见《马克思恩格斯全集》(第3卷),人民出版社1995年版,第180页。

并且作为个人，在自己的经验生活、自己的个体劳动、自己的个体关系中间，成为类存在物的时候，只有当人认识到自身‘固有的力量’是社会力量，并把这种力量组织起来因而不再把社会力量以政治力量的形式同自身分离的时候，只有到了那个时候，人的解放才能完成。”①“代替那存在着阶级和阶级对立的资产阶级旧社会的，将是这样一个联合体，在那里，每个人的自由发展是一切人的自由发展的条件。”②马克思的人类解放是政治国家的消亡过程。马克思认为市民社会与政治国家的存在是阶级社会的产物，以阶级的对立为前提，随着阶级的对立的消灭，阶级本身存在的条件被消灭了，市民社会与政治国家将同时消亡。阶级社会的消灭是政治国家和市民社会消亡的现实途径。

马克思把市民社会看做市场经济条件下人与人的物质交往关系，看做是由物质交往关系所构成的社会生活领域。马克思认识到了市民社会的本质，是在对黑格尔的批判和继承的基础上的超越。赛里格曼认为，马克思既是古典市民社会观念的终结者，也是当代市民社会观念的开启者。后来市民社会的发展都是在已经确立的市民社会观念的基础上的发展，是马克思为后来市民社会的研究提供了新的认识方法和认识路径。

第二节 公民社会的基本特性

一、公民社会概念③

“公民社会”一词来自西方，是从英文“Civil Society”一词翻

① 《论犹太人问题》，见《马克思恩格斯全集》（第 3 卷），人民出版社 1995 年版，第 189 页。

② 《马克思恩格斯选集》第 1 卷，人民出版社 1995 年版，第 294 页。

③ 侯一夫：《中国公民社会的发育——现状、问题与前景》，中共中央党校博士论文，2009 年。

译过来的。在中国学界，“Civil Society”的翻译包含有文明社会、民间社会、市民社会和公民社会四重意思：(1) 文明社会，特指古希腊罗马文明社会，是指与野蛮状态相对应的，而不是与政治国家相对应的实体社会。(2) 民间社会，是一个比较中性的概念，最初多是历史学家在研究中国近代的民间组织时使用的概念，后来主要为中国台湾学界所使用，有民间对抗官方的味道。在很多学者那里，这是一个边缘化的概念。(3) 市民社会，来源于马克思主义经典著作的中文译名，主要是由黑格尔提出并由马克思主义加以完善的。“市民社会”的使用是最为流行的，但是大多把它等同于资本主义社会。(4) 公民社会，这个译名带有褒义，突出体现了现代的公民意识，强调公民对社会政治生活的参与，强调对国家和社会生活的监督和制约。公民社会在中国得到越来越多的青年学者的认可和接受。“Civil Society”这一术语在当代中国主要有公民社会和市民社会两个不同的译名，而且很多时候二者所表示的意思是一致的，因此，尽管笔者愿意接受公民社会这种译法，但是基于历史的承继性，笔者在文中可能会交替使用公民社会和市民社会这两个概念，称谓虽然不同，意思却是相同的。

通过对公民社会及其理论的历史演变的梳理，对公民社会不同含义以及各种不同理论或者学派的描述，我们可以知道，公民社会是一个历史过程，是一种发展着的社会形态，公民社会并不仅仅是一个概念或者是关于这个概念的思想。公民社会在西方源远流长，在不同的历史时期和不同的民族国家，公民社会的结构和文化特征都是各异的，公民社会的内涵也随着时代的变化而不断在发生改变。亚里士多德在《政治学》中提出了公民社会的概念，在亚里士多德看来，公民社会是指政治共同体或城邦国家，具体来说是指“自由和平等的公民在一个合法界定的法律体系之下结成的伦理—政治共同体”①。

---

① [美]柯亨（JeanL.Cohen）、阿拉托（Andrew Arato）:《市民社会与政治理论》（Civil Society and Political Theory），麻省理工学院出版社 1992 年版，第 84 页。

西塞罗提出的公民社会的概念，不仅指单个国家，而且指已经发达到出现城市的文明政治共同体的生活状况。在古罗马，“公民社会”主要是指“市民的、城民的或公民的”意思。在古希腊罗马时期的公民社会就是由公民组成的、以共和政体为基础的、拥有政府和法律的城邦政治共同体，它与野蛮人的社会或野蛮状态相对。但是在古希腊罗马时期，奴隶和妇女，还有外邦人都不属于城邦政治共同体的公民，虽然他们占当时人口的绝大多数。

近代的卢梭等思想家虽然没有给公民社会以一个完整的定义，但是他们为研究公民社会作出了重大贡献，他们提出了天赋人权、法制、社会自主和社会契约等观念，把自由、平等、人权等作为公民社会的基本价值，为公民社会的研究提供了前提。而这些西方的价值和观念正是东方的中国的传统政治文化中所缺少的。黑格尔是第一个系统阐述市民社会理论的人,也是市民社会理论的集大成者。黑格尔把市民社会定义为“各个成员作为独立的单个人的联合，因而也就是在形式普遍性中的联合，这种联合是通过成员的需要，通过保障人身和财产的法律制度，和通过维护他们特殊利益和公共利益的外部秩序而建立起来的这个外部国家”。①黑格尔对市民社会进行考察不是从现实的角度来出发，而是从伦理精神的角度出发的。黑格尔认为市民社会的基本要素是具体的、特殊的个人公民，他们的权利和自由是市民社会的最终目的，自治性团体等则是另一个要素，“需要的体系”构成市民社会及其活动的主要内容。家庭作为“私人利益体系”的一个要素，本应包括在市民社会之中，但却被黑格尔排斥在市民社会之外。他认为是国家决定市民社会，而不是市民社会决定国家。马克思认为市民社会乃是“私人利益的体系”或特殊的私人利益关系的总和，它包括了处在政治国家之外的社会生活的一切领域，实质上是一种“非政治性的社会”。整个近代的公民社会理论都是建立在政治国家和市民社会的二分法的基础上，把公民社会定义

① [德]黑格尔：《法哲学原理》，范扬、张企泰译，商务印书馆 1979 年版，第 174 页。

为非政治性的社会，把个体公民当做公民社会的基础，把公民组织当做要素。

到了现代，葛兰西把市民社会定义为制定和传播意识形态特别是统治阶级意识形态的各种私人的或民间的机构之总称，包括教会、学校、新闻舆论机关、文化学术团体、工会、政党等。哈贝马斯则将"生活世界"的概念引入公民社会的讨论，主张重建"非政治化的公共领域"，他还十分看重社会文化系统，认为晚期资本主义危机主要是文化的危机，是国家对市民社会的公共领域的破坏造成的危机。这在当代西方学术界产生了深远的影响。美国的柯亨和阿拉托以哈贝马斯的"生活世界"概念为基础建立起了自己的公民社会理论。他们认为公民社会主要是由生活世界的机构或制度组成的。具体说来，它是"介于经济和国家之间的社会相互作用的一个领域，由私人的领域特别是家庭、团体的领域特别是自愿性的社团、社会运动及大众沟通形式组成"[①]。柯亨和阿拉托认为经济系统已从市民社会中分离出去，构成了一个独立的领域，因而他们摒弃了传统的政治国家和公民社会的二分法，而采用了公民社会—经济—国家的三分法。他们主张采用以社会为中心的研究模式，而反对以国家为中心和以经济为中心的研究模式，三分法的出现就是服务于这一目的的。柯亨和阿拉托认为，解决当代资本主义国家存在的种种问题的希望在于公民社会的重建，实现现代乌托邦理想——保障个人的基本权利，实现民主、自由、平等、团结、公正的理想的希望也在于此。"当代使用这个术语的大多数人所公认的主要思想是：公民社会是国家和家庭之间的一个中介性的社团领域，这一领域由同国家和社会分离的组织所占据，这些组织在同国家的关系上享有自主权并由社会成员自愿结合而形成以保护或增进他们的利益和价值。"[②]现代西方公民社会理论从不同角度对公民社会进行规定，但是大多数最终落脚到文化的批判上，强调社会文化系统在整

① [美]柯亨（JeanL.Cohen）、阿拉托（AndrewArato）:《市民社会与政治理论》（Civil Society and Political Theory），麻省理工学院出版社 1992 年版，第Ⅸ页。

② 何增科:《公民社会与第三部门》，社会科学文献出版社 2000 年版，第 65 页。

个社会生产以及社会变革中的作用，主张把社会文化系统从国家和经济的控制下摆脱出来。因而，现代西方公民社会理论是把社会文化系统作为研究对象的。

西方公民社会理论，无论是二分法还是三分法，都是对当时社会现实的反映，这些理论的提倡者们所处的环境和关注的问题，与我们国家的有着很大的区别，还有他们学说自身的问题，所以不能简单地用他们的理论来分析中国问题。我们中国的公民社会理论不能对西方的公民社会理论进行简单的肯定，也不能进行简单的否定，而必须依据中国的现实，具体问题具体分析。西方发达国家与中国有着很大的差异，无论是社会体制还是市场经济的发展都存在差距，因此，西方公民社会理论并不完全适合对我国的现实进行分析。

公民社会不仅仅是一个概念和人们关于这个概念的思想，更是一个历史的过程，是一种发展着的客观的社会形态。邓正来、景跃进是我国较早研究公民社会的代表人物，我国第一个关于公民社会的定义也是由邓正来、景跃进共同给出的，是立足于国家与社会两分的基础之上给出的定义："根据中国历史的背景和当下的现实，我们认为中国的市民社会乃是指社会成员按照契约性规则，以自愿为前提和以自治为基础进行经济活动、社会活动的私域，以及进行议政参政活动的非官方公域。它的具体内涵是：中国市民社会是由独立自主的个人、群体、社团和利益集团构成的，其间不包括履行政府职能、具有'国家政治人'身份的公职人员、执政党组织、军人和警察，也不包括自给自足、完全依附于土地的纯粹农民。"[①]这个定义同中国的国情基本还是相符合的。但是，虽然他们说随着农村商品经济的发展，农民企业家和乡镇企业工人将会成为中国市民社会一支不可或缺的力量，但他们关于中国市民社会的定义还是把广大的农民排除在外了，而农民恰恰是占中国人口的绝大多数的。邓正来和景跃进先生认为市民社会是建立民主政治的强大动力，市民

① 邓正来:《市民社会理论的研究》，中国政法大学出版社 2002 年版，第 7 页。

社会为民主政治奠定了坚实的基础。但是笔者觉得他们说的民主只能算是所谓的“精英民主”，民主是人民当家作主，应该是人民大众的民主，而不是少数精英的民主。邓正来和景跃进把公职人员和警察都排除在外了，而且更排除了占人口绝大多数的农民，这样一来民主成了占人口少数的人的民主，带有强烈的精英主义色彩，这样的民主是否还是真正的民主，是一个值得考虑的问题。

俞可平先生在《中国公民社会的兴起与治理的变迁》一书中认为：“各国学者关于公民社会的定义大体上可以分为两类，一是政治学意义上的，一是社会学意义上的。两者都把公民社会界定为民间组织。”“在这里我们把公民社会当做是国家或政府之外的所有民间组织或民间关系的总和，其组成要素是各种非国家或非政府所属的公民组织，包括非政府组织（NGO）、公民的志愿性社团、协会、社区组织、利益团体和公民自发组织起来的运动等，它们又被称为介于政府与企业之间的‘第三部门’(the third sector)。”[①]

在《对中国公民社会若干问题的管见》中，俞可平先生说：我们可以把公民社会当做国家或政府系统，以及市场或企业系统之外的所有民间组织或民间关系的总和，它是官方政治领域和市场经济领域之外的民间公共领域。公民社会的组成要素是各种非政府和非企业的社会组织，包括公民的维权组织、社区组织、利益团体、同人团体、互助组织、兴趣组织和公民的某种自发组合，等等。它既不属于政府系统（第一部门），又不属于市场系统（第二部门），而是介于政府与企业之间的“第三部门”(the third sector)。[②]从定义上来看，虽然俞可平先生强调了把公民社会组织当做公民社会的主体，丝毫没有贬低公民本身在公民社会中的基础性作用，但是他所强调的个体是公民社会组织中的个体，没参加任何组织的个体的公民在俞可平先生的定义中根本就没有出现，定义中出现的只是各种

① 俞可平等：《中国公民社会的兴起与治理的变迁》，社会科学文献出版社2002年版，第190页。

② 高丙中、袁瑞军：《中国公民社会发展蓝皮书》，北京大学出版社2008年版，第17页。

公民组织。而现实的情况是，参加组织的人毕竟占人口的少数，占人口多数的人仍然被排除在公民社会之外了。

王新生在《市民社会论》一书中把市民社会定义为“所谓市民社会，就是指在市场经济条件下，独立于政治国家的私人活动领域；它由逐步趋向于公共旨趣的三个层级——家庭、经济领域、公共领域构成；独立的个人之间相互承认和自主交往关系，是这一领域的基本准则和纽带，它将自主的个人以及由他们组成的独立社团连结为一个有机的整体，从而形成一种制约国家政治行为的社会力量。”①王新生说市民社会是独立于政治国家的私人活动领域，又说是由三个层级——家庭、经济领域、公共领域构成，私人领域与公共领域好像应该是相对的两个领域，而按照王新生先生的定义，市民社会既是私人领域又是公共领域，看起来似乎有些矛盾。

王名先生把公民社会定义为：“公民社会指称的是这样一种状态：在一个社会中，各种形式的民间组织都能够得到较为充分的发展，它们作为公民自发和自主的结社形式能较容易的获得合法性地支持，作为公民及其群体的社会表达形式能够多渠道地进行沟通、对话、协商和博弈，作为公民参与社会公共事务的组织制度形式能在公平竞争的条件下得到来自公共部门的资源；公民及其群体因民间组织的存在而增加社会资本，企业等盈利组织因民间组织的存在而富有社会责任，党和政府等公共部门因民间组织的存在而更加民主、高效和拥有更高的问责能力，整个社会因民间组织的存在而富有和谐性、包容性、多样性和承受力。这样的一种由民间组织的充分发展所带来的社会状态，我们称之为公民社会。”②王名先生关于公民社会的定义够长也够烦琐，其定义的核心还是强调公民社会是民间组织，依然把未参加组织的广大公民排除在外了。

戈登·怀特先生和俞可平先生都说了为大多数学者所使用的公民社会的含义：“当代使用这个术语的大多数人所公认的主要思想

① 王新生：《市民社会论》，广西人民出版社 2003 年版，第 64 页。

② 王名主编：《中国民间组织 30 年——走向公民社会》，社会科学文献出版社 2008 年版，第 9 页。

是：公民社会是国家和家庭之间的一个中介性的社团领域，这一领域由同国家分离的组织所占据，这些组织在同国家的关系上享有自主权并由社会成员自愿地结合而形成以保护或增进他们的利益或价值。”[①]“从公民社会这一术语的大多数用法来看，其主要思想是，公民社会是处于国家和家庭之间的大众组织，它独立于国家，享有相对于国家的自主性，它由众多旨在保护和促进自身利益或价值的社会成员自愿结合而成”。[②]从这两个说法看，来自中西方的关于公民社会的说法都没有离开所谓的组织，因此，中国学者对公民社会的定义也深受西方影响，把各种组织作为公民社会的主体，即使承认包括个体公民也只是承认包括公民社会组织中的个体公民，而没有把不参加任何组织的公民包括在内。

《中华人民共和国宪法》第五十三条明确规定“凡是具有中华人民共和国国籍的人都是中华人民共和国公民。中华人民共和国公民在法律面前一律平等。任何公民享有宪法和法律规定的权利，同时必须履行宪法和法律规定的义务”。从政治上来说，公民是指有权利参加国家政治生活的政治人。一个国家中不参加任何公民组织的公民毕竟是占大多数的，而上述定义都把大多数公民抛在了公民社会之外，这样就把民主变成了少数人的民主，按照如此理解来建构公民社会，恐怕中国的民主只会是精英民主。在笔者看来这不能不算是一个缺憾。从参加国家政治生活的角度来说，在目前的中国，公民社会的各种组织确实起着重要作用，但是这并不能就成为把大多数公民排斥在公民社会之外的理由。随着时代的发展，科技的进步，互联网的发展，网络在民主政治生活中所起的作用越来越大，网民的舆论监督作用也变得非常重要，很多公民通过互联网参与到国家的政治生活中来，而其中很多网民是没有参加任何组织的。因此，笔者认为上述公民社会概念都不够精确。“西方的市场经济已经变得非常发达、非常成熟，而且成为一个独立的体系，司法这种宪政立

① 何增科：《公民社会与第三部门》，社会科学文献出版社2000年版，第64页。

② 俞可平等：《中国公民社会的兴起与治理的变迁》，社会科学文献出版社2002年版，第190页。

法显然已经成为国家的基础，所以，人们不需要再去强调：我们需要一个司法、需要一个市场。这时候，在它的社会里面，更重要的矛盾是第三部门志愿部门怎么发展，所以，第三部门就被突出出来了。而在中国，我们面对的恰恰是我们并不存在一个前提，就是已经有了完善的市场经济，已经有了独立的司法体系，所以在中国，我们解释中国问题的时候，就不能不考虑这个公民社会。它的含义就不仅仅指那些非营利的组织，而很重要的是和国家权利相对应的那些保护私权的所有的机制和所有的现象。”[①]对照一下西方公民社会的演变,可以看出中国的公民社会应该大致处于第二次分离阶段，因而将当代西方公民社会的概念直接套用过来使用是不合适的。三分法的公民社会并不适合中国的现状，中国的社会现实比较符合西方二分法的公民社会理论。“我们在中国看到了对公民社会的不同判断，因为：① 假如你仅仅是以一些社会组织为观察对象，如果把这个社会组织的范围包括到甚至像共青团这样的一种社会群众团体，我们可能作出这样的判断：中国的公民社会现在非常大、非常发达；② 如果你站在另外一个层次上，如果我们看和国家相制衡的、可以保护私权的这些制度体系，我们可能就发现中国的公民社会正在发育；③ 如果站在自由秩序的角度而言，你可能会得出中国没有公民社会的判断。”[②]那么公民社会该如何界定呢？本书认为应该把二分法和三分法结合起来，从狭义和广义两个方面界定公民社会，从狭义方面来说，笔者赞同俞可平先生的定义：即公民社会是国家或政府系统，以及市场或企业系统之外的所有民间组织或民间关系的总和，它是官方政治领域和市场经济领域之外的民间公共领域。从广义方面来说，公民社会是指相对独立于国家的社会生活的一切领域。公民社会由以下构成要素：① 具体的、特殊的公民构成公民社会活动的基本要素，公民是公民社会活动的主体；② 非政府和非企业的

---

① 贾西津：《中国公民社会的现状与前景》，http: //www.chi nael ect ions.org/NewsInfo.asp?NewsID=124808。

② 贾西津：《中国公民社会的现状与前景》，http: //www.chi nael ect ions. org/NewsInfo.asp?NewsID=124808。

社会组织构成官方政治领域和市场经济领域之外的民间公共领域；③ 经济、社会、文化生活领域既是私人活动的领域也不排斥国家的进入或干预。

二、公民社会的要素[①]

从以上对公民社会界定的梳理可以看出，几乎没有一个学者能给公民社会作出一个明确的界定。尽管当代也有学者对公民社会尝试给出一个总结性的界定，但始终无法形成一个可行的定义。Naidoo 和 Tandol 对公民社会作了这样的界定：公民社会是一个由既享有权利又承担义务的公民自愿组织，解决共同问题、促进共享利益、增进共同旨趣的自治群体网络。作为合法的公共事务的参与者，公民社会并不取代，而是与国家和市场组织共同制定和实施解决集体问题的政策。从这个定义可以看出，公民社会的组织是自愿和自治的组织，公民（成员）享有权利的同时承担义务，公民社会的目标是增加公共福祉。公民们可以通过参与公共生活而维护自己的权益。伦敦经济学院公民社会研究中心尝试从公民社会的多元特征中捕捉这样的内涵：公民社会是指围绕着共同的利益、目的和价值，公民不受胁迫地集体行动的舞台。从理论上讲，其体制形式不同于国家、家庭和市场，但在实践中，公民社会与国家、家庭和市场之间的界限往往是复杂的、模糊的。公民社会通常包含了一个其成员和体制形式具有多样性的空间。公民社会往往是这样一些组织，如慈善机构、非政府组织、社区团体的组织、妇女组织、宗教组织、专业协会、工会、自助团体、商业协会、联盟和宣传组。[②]这个描述性界定指出了公民社会的诸多特点。公民社会的参加者处于这样一个社会环境：其成员不受来自集体的制裁，多元的空间和共同的利益追求。这个定义强调国家和市场之外的任何结合的组织和网络都属于多元的公民社会。

① 曾玉梅：《公民社会与网络社会两种理论路径下网络社会交往的结构分析》，武汉大学博士论文，2010 年。.

② http：//www.lse.ac.uk/colleetions/CCS/introduetion/what is civil society.htm。

大多数当代研究公民社会的学者对公民社会形成了一些共识。公民组织基于平等的关系更加容易共事合作而不必担心制裁。严密的公民组织网络有助于促进民主政治的稳定和有效地通过公民社会形成“来自心灵的习惯”，同时结社的能力更加有利于调动公民服务于公共目的积极性。尽管对公民社会不可能形成完全一致的共识，但是，我们已可以找出一些公民社会的共同基础。基于讨论公民社会文献的论述，培育强大的和健康的公民社会大致需要这样一些基本条件。

（1）公民自由、自愿和自治的结社团体。公民社会组织是由享有自由、平等、自主权的社会公民以自愿的形式，为某些特定的共同利益自发组织起来的。

（2）选择的多元、多渠道化——可基于多元的目的结社。公民社会组织既不同于政府，代表国家利益，也不同于私人，捍卫个人权利，它是社会成员为某种共同的目标结合起来的，代表公众的共同利益，因此，公民社会组织是基于多种目的带有公益性质的组织。

（3）足够大的规模，达到普及的程度。公民社会不是少数人零散无组织的集合，公民社会组织拥有自己的组织机构和管理体制，有独立的经济来源，它们无论在政治上、管理上，还是在经济上，都在很大程度上独立于政府。

（4）博识的、积极参与的公民。一般而言，公民社会需要公民积极地参与，并且公民要具备一定的素质以使其具有有效参与社团的能力，还要随着参与公民社会的活动使其见识不断增长，而参与的前提是参与者能够获得相对充足和有效的信息。

（5）免于组织的强制和制裁。公民社会不同于公权力机构或组织的最大特点在于其成员之间不能互相强制和制裁，一般情况下它可以按照由成员共同制定的社团章程或其他规则进行有序地自治。

（6）参与者之间地位平等。公民社会的组织内部只存在横向的平等关系，而不存在纵向的隶属—服从和被服从的关系，否则，这样的组织就不是自愿、自由、自治的组织。

第二章　企业的社会性

企业作为社会构成的一个组织，它应当在社会发展中扮演什么样的角色，以及如何处理与社会的关系是企业存在和发展的基础，通过考察企业的本质和目的，可以使我们清楚地认识到企业在人类社会发展中应当扮演的角色，有助于我们正确处理企业和社会发展的关系，从而使企业与社会和谐发展。

第一节　企业特征

了解企业的本质和目的首先有必要了解企业的起源。从原始社会到封建社会末期，人们以各种各样的形式开展生产活动，以满足自身生存发展的种种需求。在漫长的历史时期里，家庭一直是最终产品提供、生产技术传承和劳动产品消费的主体。随着社会生产力的提高，劳动分工的深化，工厂逐渐取代家庭成为提供最终产品的专门性生产组织，其后，企业成为资本主义生产方式得以确立并迅速繁荣起来的物质基础。

历史地看，企业是人类社会生产力发展的产物，是在生产效率不断提高、社会分工与协作不断裂变的过程中逐步形成的。从人类生产活动组织形态的演变来看，在企业产生之前经历了农业生产时期、手工业时期、商业活跃期、工场手工业时期等。在农业生产时期，社会生产活动以自给自足的农业生产为主，生产活动的主体是家庭。产品仅够供给农户家庭内成员消费，即使偶尔有剩余能够进行交换，其空间范围和交换对象也是十分有限的。

随着劳动生产率的逐步提高，农业产量逐渐增加，使得家庭有了更多的剩余产品可以用来进行交换，甚至可以在满足温饱的条件下开始追求财富的积累或是娱乐享受，由此进入了手工业时期。这一阶段，手工业已经完全从农业中分离出来，可供交换的制成品数量和品种迅速增加。商人就顺理成章地成为生产者与消费者的中介，这使得生产和销售的职能逐渐分离了，并逐渐形成商人包买制。受资金、原料供应和销售等因素影响，以家庭为单位的个体生产开始从属于一个较大的生产单位。[①]克拉潘把这种加工方式称为“资本主义厂外加工制”[②]，而诺斯则视其为一种“早期的企业”[③]。随着商人包买制的日益成熟，家庭手工业者逐渐丧失了生产的主动性，不再提供最终产品，而成为在整个生产过程的某个环节上单纯出卖劳动力的一员。在这种情况下，如果商人再提供统一的劳动场所，将散布在乡间的家庭手工生产者集中起来，在工场里完成最终产品的所有生产环节，那么手工工场就出现了，即通常认为的真正意义上的初级企业形态。

一、企业的性质

企业的性质问题是经济学的基本问题。尽管古典经济学的分工理论通常被认为是企业理论的逻辑起点，但经济学并没有沿着这条理论道路发展下去。在马歇尔之后，由于经济学理论形式化的需要，新古典经济学最终建立在了以产业为主要分析层次，视企业为同质的投入产出系统的外生变量的理论基础之上，其中的企业则被抽象为一种投入产出关系、一个没有打开的“黑箱”，它的厂商理论实质上是没有企业的企业理论。

科斯（Ronald H.Coase）于1937年发表的一篇经典论文《企业的性质》成为现代企业理论的原点，从此企业理论走上了交易费用

① [英]考特：《简明英国经济史》，商务印书馆1992年版，第69-71页。
② [英]克拉潘：《现代英国经济史》（上卷），商务印书馆1996年版，第230页。
③ [美]诺斯：《经济史上的结构和变革》，商务印书馆1999年版，第165-166页。

分析的逻辑轨道。在这篇文章中，科斯认为企业因交易费用而存在，“企业的本质特征是对价格机制的取代”。[①]在科斯看来，市场和企业是资源配置的两种可互相替代的手段，作为两种协调机制，企业与市场在市场定价的成本与企业内官僚组织的成本之间是可比的，因而也是可以替代的。企业是用权威替代市场，从而节约了市场配置资源的交易费用，而企业的边界就出现在两种成本比较的平衡点上。由此，也可以说当企业的交易费用低于市场的交易费用时，企业便产生了。

科斯之后，企业理论有所发展，例如，张五常（1983）的“要素市场”关于“产品市场”的合约替代、阿尔钦和德姆塞茨（1972）的基于团队生产的监督成本与制度安排，以及交易费用理论的集大成者威廉姆森（1983）基于不确定性、交易频率和资产专用性三个维度的规制结构等理论。但这些现代企业理论基本上可以看做交易费用理论的衍生物。这些建立在交易费用的框架内、以制度安排和信息效率为基础的现代企业理论只提供了对于企业的另一种抽象化的解释。

现代企业理论存在共同的不足，主要表现在：第一，都是功能性而非实体性解释，给出的往往只是企业存在的必要条件，同时缺乏历史与逻辑的一致性；第二，在这些理论中，企业实际上已经成为既定的事实，或者说在分析框架当中，企业并非是比较的结果，而是比较前既定的选项，正因为如此，在理论上很难解释企业的起源；第三，在分析方法上，都属于共时性的静态分析，而非历时性的动态分析，存在着企业演化分析方法论的缺陷；第四，它们大多忽视了企业协调机制的分工基础，忽视了古典经济学分工理论对于解释企业起源和演化的重要意义；第五，这些理论中虽也有一些注意到企业的生产问题，但没有注意企业生产性的实质及其市场的不可替代性，企业具有生产与交易双重属性，而生产性才是企业的本质属性，而这又是市场所没有的功能。所以，企业与市场具有互补

① 科斯：《企业的性质》，上海财经大学出版社2000年版，第79页。

性，但不具有替代性，可以说基于企业与市场两分逻辑的现代企业理论仍然是一个没有企业的企业理论。

实际上，企业作为独立的社会组织，是具有生产和交易两种不同功能的经济实体，它的生产功能是市场本身无法实现的，可替代的只是其与市场类似的交易协调功能。倒是由于市场的非实体性和企业的双重属性，可以说企业具备了对市场的替代作用，只不过这种替代或者说相互渗透都是有限的，不完全的，两种机制在经济运行中一直是相互补充、缺一不可的。在实体意义和现实社会中，企业最主要的两个属性就是它的社会属性和经济属性：它是一个独立的社会组织，它有较为固定的组织形态，是自主经营、自负盈亏、自主发展的市场主体；它是一个具有生产（或服务）功能的经济实体，其基本目标是通过商品生产获得经济利益。具体而言，企业的基本属性主要表现在：① 企业的组织属性。企业是一种基本的社会组织，它可以是自然形成的（如家庭组织）或人工组建的（如跨国公司），后者即人工组织是企业组织中最常见的形式，但依托家庭的自然组织形式是最原始的，它在当今社会也依然是一种并不少见的企业组织形式，企业组织实质上是由自然组织的社会化而形成的一种社会组织形态。② 企业的经济属性。企业是经济实体，是占有和使用一定生产要素并独立经营的经济主体，在资本雇佣劳动的逻辑中，企业的经济性质主要表现在其产权结构的差异上，以及企业的经营目标要符合“经济人”的理性要求上。③ 企业的生产属性。就社会关系而言，企业并非自给自足的自然经济的生产者，而是市场经济中为他人生产的微观主体。就自然关系而言，企业的生产主要是工业生产，无论是原始的手工业还是机械化大工业，企业的生产与自然生产的本质不同就在于它是人工物的生产，由此，企业是人工自然的行为主体。总之，企业就是一个为商品交换而生产的独立的社会经济组织。从主流观点来分析，关于企业的本质主要有以下观点。

（一）交易费用理论

1937 年科斯在《企业的性质》中用“交易成本”这个概念解释

了企业的出现和发展过程。科斯重新定义了企业的性质，认为企业是市场机制的替代物。科斯的文章中虽然论证的是企业的性质，其实研究的是企业的本质问题，也就是企业为什么会出现。科斯认为企业之所以出现是因为企业可以节约交易成本。所谓“交易成本”，从狭义来看，指的是一项交易所需花费的时间和精力。从广义来看，指的是协议谈判和履行协议所需的各种资源，包括搜集谈判所需信息的成本、谈判所花的时间以及防止谈判各方欺骗行为的成本。

科斯所提出的“市场运行的成本”也被称为“交易费用”。在科斯看来，市场交易过程不是没有代价的。由于价格信息不充分、不确定，因此，市场的交易过程并不顺利，交易人之间常会发生纠纷、冲突，因此就需要谈判、履约，并诉诸法律，所有这一切都要花费一定的交易费用。企业的出现和存在正是为了节约市场交易费用。科斯认为市场的运行是有成本的，通过形成一个组织，并允许某个权威支配资源，就能节约某些市场运行成本。在此意义上企业是市场机制的替代物，企业这种组织形式使得生产要素的交易内部化。正如科斯所指出的：“企业就是作为通过市场交易来组织生产的替代物而出现的。在企业内部，生产要素不同组合中的讨价还价被取消了，行政指令替代了市场交易。那时无须通过生产要素所有者之间的讨价还价，就可以对生产进行重新安排。”①其后，张五常、杨小凯和黄有光、威廉姆森、克莱茵、格罗斯曼和哈特、莫尔等人沿着交易成本理论，以“交易费用”、“权威”和“替代”为关键词进行了深入的研究。

（二）契约理论

阿尔钦和德姆塞茨在 1972 年发表了一篇影响很大的论文——《生产、信息费用与经济组》。在这篇文章中，他们对企业的性质提出了不同于科斯的解释。他们认为企业并不是对市场的替代，命令或强制性计划也不是企业的本质特征。企业从本质上说是一种契约

① R.H.Coase. The Natuer of the Firm. Eeonomica，1937（4）：386-405.

关系，是各种要素投入的所有者所签订的契约。为了说明为什么会出现企业，阿尔钦和德姆塞茨提出了队生产（team production）的概念。在队生产中，我们无法通过观察来确定个人对队生产所作出的贡献，换言之，我们无法得到关于各种要素的边际生产率的完全信息。例如，两个人共同设计一个计算机软件，我们无法准确地指出每个人付出了多少劳动，这就是一种队生产。在这种情况下，对每个队成员来说，偷懒是一种理性选择，“搭便车”行为将无法避免。

“公司和商业企业都试图灌输一种忠诚精神……它促进了雇员潜在的生产与闲暇的替代率的更加接近，并能使每个队成员实现一个更好的境况。当然，要创造一种经济的队的忠诚精神是很困难的。”[①]因此，通过“监督”来减少队成员的“搭便车’行为有利于增加队生产的产出。各种要素的投入者为了解决监督问题，就聘请一位专家，由他来专门监督队成员在队生产中的表现。为了保证这位专家有充分的积极性来对队成员进行监督，队成员会将通过监督所增加的产出交给他。同时，为了保证监督有效，队成员还给予他留用和开除队成员的权力。由此，这位监督者就成了企业家，而队生产就成了一个企业。因此企业的产生是为了解决队生产中信息不完全的问题，是为了使监督费用最小化。

张五常在1983年发表的《企业的合约性质》一文中提出的思想被认为是科斯之后关于企业性质的一个更透彻的解释。张五常将科斯的观点与阿尔钦、德姆塞茨两人的观点结合了起来，认为企业的存在是为了节约交易费用，但并不是对市场的替代，而是一种契约关系对另一种契约关系的替代。企业所涉及的是要素所有者之间的一系列长期关系的契约，因此企业实质上是一种更高级的市场形式，是要素市场对产品市场的替代。在要素市场中，价格信号的作用远不如产品市场上那样明显，而主要是用科层关系替代市场交换关系。

---

① 阿尔钦、德姆塞茨：《生产、信息费用与经济组织》，见R. 科斯、A. 阿尔钦、D. 诺斯等：《财产权利与制度变迁——产权学派与新制度学派译文集》，上海三联书店、上海人民出版社1991年版。

二、企业人格假设

虽然科斯和阿尔钦对企业本质论述的角度不同，但强调的中心思想基本一致，都认为企业存在的合理性是因为企业“更有效率”，都是从企业的作用来研究企业的产生，却没有论及企业存在的目的。在现代企业理论中，关于企业的争论往往是围绕企业目的展开的，特别是在企业发展历史中，关于企业目的的争论从未停止。在关于企业目的的研究中，有两种主流理论，即以亚当·斯密为代表的“企业是经济人”的理论和以马克斯·韦伯为代表的“企业是道德人”的理论。

（一）企业经济人人格

亚当·斯密是英国古典经济学家，其代表作《道德情操论》和《国富论》把经济理想和道德理性有机地统一起来，提出了著名的“经济人”观点。首先，“经济人”把对自身利益的追求和满足，看成是人们从事经济活动的原始驱动力。人是理性的存在物，其行为受自我利益的驱使。在市场经济条件下，生产者为社会提供各种产品和劳务并不是出于仁慈的考虑，而是为了满足自身追求物质利益的需求，因为“每个人都不断努力为他自己所能支配的资本找到最有利的用途”[①]。正是缘于人类对自身利益的追求，产生了人们的经济冲动，即为了追求更大的经济利益，进行社会分工和交换，并创新出商品经济这种形式以满足人类对更多的物质利益的追求。

在自然经济时代,人们的生产仅仅是为了满足一家一户的需求，生产的有限性导致人们无须对资源进行疯狂的掠取；而且，社会生产力也远未达到这种地步。然而，商品生产作为一种普遍的生产方式占统治地位以后，生产目的不再是满足人们自身物质产品的需求，而是以价值追求为目的。价值的无限膨胀趋势，造成对社会资源的疯狂掠取。由此，经济伦理的矛盾就摆到议事日程上来，如何使用

① 亚当·斯密:《国民财富的性质和原因的研究》，郭大力、王亚南译，商务印书馆 1997 年版。

有限的资源，如何实现效用的最大化，就成为人类所必须面对的经济选择以及道德选择的问题。

其次，“经济人”面对市场经济活动的利益抉择，在理性权衡的基础上，把个人及其利益看成是市场行为取向的最后决定者和判断者。自利，成为人们经济活动中滋生的一种行为意向。因此，要判断一个人的行为是否符合经济理性，无须用外在的标准，每个人自己就是其利益的判定者。因而，亚当·斯密认为如果人人从自利的原则出发，通过自由的交换，使彼此的利益得到满足，那么，“人们在此种场合，就像其在其他场合一样，他受着一只看不见手的指导，而去尽力达到一个非他本意想达到的目的”[①]。由此可见，自由的经济活动，锻造了“经济人”的主体意识、平等观念和自主精神，使其成为独立意义上的经济人。

最后，经济人确立的合理主义精神，逻辑地导出把追求最大限度的利润作为经济活动的唯一目的。以自利为出发点的经济活动，向人们展示了发展物质生产、改善物质条件、满足物质需要的巨大魅力，激发人们去创造财富，获取尽可能多的利润。

以上就是亚当·斯密提出的经济人观点，从而也构成了传统经济学的逻辑前提与假设：每个人都追求自己的经济利益，由此构成社会动力之源，制度的设定只有符合这个需求时才是有效率的；由于活动主体的完全理性，因此，其有能力充分了解交易对手和其他方面的信息，并由此做出合乎理性的决策；一个能自动提供价格信息，并使交易双方互利的现成的市场制度，构成了现代市场经济的主体内容。

在企业是经济人的假设下，企业的目的表现为追求经济效益，从早期传统微观经济学假定企业追求的是利润最大化，到 20 世纪 50 年代后股份公司的出现使股东财富最大化成为企业目的，再到所有权和经营管理权的分离，现代企业理论认为企业的经营活动的目

① 亚当·斯密：《国民财富的性质和原因的研究》，郭大力、王亚南译，商务印书馆 1997 年版。

的是追求企业价值的最大化。虽然在不同时期表现形式有所不同，但其核心思想仍然是“企业是经济人，企业的目的是追求经济利益最大化”。

（二）企业道德人人格

经济人的利益最大化原则，使高产为善原则遇到了这样的悖论：产品如果难以实现社会价值，即使耗费了大量稀缺资源，其结果仍难以被社会认可，这样的企业行为还是善吗？如果生产过程中造就了极大的外部不经济性，企业难道还能够只顾利益最大化而不调整自己的行为吗？企业为了追求利润最大化，生产了大批有害于社会的产品，这样的企业还能与社会和睦共处吗？凡此种种，不胜列举。由此可见，企业只有经济人观念，只有经济人意识，是远远不够的。经济人的成长必须有道德的支持，有道德的规范，因此，道德人观点的提出，本身就是对经济人观点的有益补充。没有道德准则的经济人行为，是一种纯利益驱动的遵循弱肉强食原则的动物行为，因而，最终是要被社会抛弃的。

马克斯·韦伯在他的名著《新教伦理与资本主义精神》一书中明确提出，由新教伦理所创造的资本主义精神和道德力量，“哺育了近代经济人”。虽然他最初论证的是，为什么近代资本主义精神和企业家首先出现在西方而不是东方，但在实际上他却说明了这样一种观点：近现代市场经济作为一种法治经济，作为一种不再是建立在暴力掠夺基础上的“经济型”经济，是以社会的道德进步为前提的。近代资本主义文明不仅是文化更新和积累的产物，而且是社会道德进步的结晶。人们不再从赤裸裸的战争掠夺中实现自身财富的积累，却学会从经济活动中追求自己的利益。其结果，社会财富不用再凭借暴力在不同所有者之间转移，人们可以通过经济活动最终实现整个人类社会财富的增长和经济文明的进步同步化。由此可见，没有新教伦理的哺育，没有近代资本主义精神的培育，是不可能产生现代市场经济的。马克斯·韦伯提出的道德人特征有3个：

第一，“道德人”强调合乎理性的伦理精神是推动社会经济发展的巨大动力。社会经济发展的根本动因，在于当事人对其物质利益的追求，但是经济发展必定是社会各种力量综合的结果，是特定社会“合力”之产物。市场经济的发展，除了依赖科学技术和法律制度外，还取决于实际从事经济活动的“人的能力和气质”。而合乎理性的伦理精神和新的价值观念，引导人们从狭小的密室走上广阔的社会，把从事经济活动当做道德完善和实现最高价值的重要手段，从而突破了传统道德束缚，成为推动市场经济发展的精神动力。

第二，“道德人”追求经济活动的社会目标，认为只有合理的获利行为，才是道德的行为。现代生产是一种社会化的经济活动，个体行为不仅关系自身，而且直接影响他人和社会。“理性精神，对生活普遍指导的合理性，以及合理的经济伦理”，是指导人们调整相互关系的行为准则。因此“道德人”并非把获利看成是绝对的坏事，相反认为，赚钱是人人都必须追求的自身目的，是一种职业。有效的经济行为本身具有伦理性。同时，人们对于物质财富的追求，应当通过人们自身的能力和主动性去合乎理性地、合法地进行。做到取之有道，得之有理，从而使获利的行为成为按照理性来追求、根据资本核算来调节的道德行为。

第三，“道德人”把促进经济与道德的同步发展，看做社会发展的客观要求和自己肩负的历史使命。在资本主义上升时期，诚实、信誉、守时、勤劳、节俭这些体现现代经济合理性的道德精神，把获利行为从宗教伦理的禁锢中解放出来，使经济冲动合法化，给市场经济的发展注入生机与活力。

在道德人假设下，企业的目的更多地被规定为追求社会效益的最大化，即企业的存在应当是为社会服务的，但这一观点却没有得到主流经济学应有的重视。

三、企业的目的

随着对企业和社会关系认识的逐步深入，企业经济人和道德人正在走向融合，其实经济与道德，本身就是企业经营活动中两个不可分割的层面。从事经济活动的主体是人，在经济活动中人要追逐其自身的经济利益，不得不受制约于特定的经济规律，并按经济规律办事。同时，从事经济活动的人作为社会成员的一分子，又受制于特定的文化背景与社会背景，受制于特定的价值理念和道统观念。不论其经济行为表现为一种善的追求，还是一种恶的贪婪，都表现为一种特定的道德追求和价值趋向。由此可见，无论是个别人、群体人，还是企业人、社会人，都应该是经济人和道德人的统一，其行为都应该是经济求利行为和道德求善行为的统一，也正是这两者的统一，构成企业伦理的精神核心。企业成为经济人和道德人的统一，表明企业不仅承担着促进社会“经济发展”的使命，而且承担着促进社会“道德发展”的使命。两者结合，构成企业必须承担的社会责任与使命。

通过考察企业的目的和性质，可以使我们清楚地认识到企业在人类社会发展中应当扮演一个什么样的角色，从而可使我们更易理解企业公民这一理念的形成与发展。

（一）企业视角的企业目的

在现代企业理论中，关于企业的争论往往是围绕企业目的展开的，特别是在企业公民发展中，关于企业目的的争论从未停止。到目前为止，对企业目的的论述虽多，但具有代表性的观点主要有以下几种：

1. 利润最大化

不管企业采取什么样的形式，企业的社会功能是一样的：购买各种经济资源或生产要素，如劳动要素、资本要素和原材料等，经过企业内部的生产过程，把它们转化为新的产品或服务提供给社会。企业从事这些经济活动的目的是为了什么呢？传统经济学理论一般都假定企业的目的是追求利润最大化，而且利润最大化被认为是企业唯一的目的。

2. 股东财富最大化

20 世纪 50 年代以来，随着各国经济的高速增长，企业出于筹集资金的需要，纷纷发行股票、设立股份公司。股份公司的出现使股东的投资更易于转换或退出，资本相对于其他企业投入资源具有更好的“通用性”。由于资本的“通用性”，在公司权力分配的谈判中，资本占据了主导作用，因此逐渐形成了以股东为中心的公司治理结构，企业的目标也转变为股东利益最大化，其直接表现企业追求的是股东财富最大化。

3. 企业价值最大化

虽然在以股东为中心的公司治理结构中企业目标是股东财富最大化，但现实的问题是股份公司是在所有权和经营权分离的情况下运行的，企业管理者不一定把企业所有者的目标函数作为自己的目标函数，企业管理者作为独立于企业所有者的主体，有其自己的目标函数，如管理者收入的最大化。现代企业理论认为企业经营活动的目的应该是追求企业价值的最大化。企业的各个功能部门，如市场营销部、成本管理部、会计部以及投资部等，都是围绕着企业价值最大化这一主要目标来展开工作的。综合起来看，所有的部门都是在努力增加本企业的销售收入，降低各类成本。为了增加销售收入，企业的市场营销部要尽力开拓市场，增加本企业产品的市场份额；研究开发部门要不断创新产品，改进产品；会计部门要注意生产要素价格的变动和产品价格的变动并向有关部门提供这些变动的信息数据；成本管理部门要根据会计部门提供的信息数据，控制成本的上升；投资决策部门要根据有关融资的成本信息和投资项目的预期收集信息，进行投资项目的可行性分析，做出是否投资或投资何种项目的决策等。

（二）社会视角的企业目的

实际上，说到企业存在的目的，不能仅从企业角度来考虑，还必须从社会角度来考虑企业目的。而从企业和社会角度考虑企业的目的，至少应包括两个相互独立而相互关联的范畴，即企业的经济目的、企业的社会目的。

企业的经济目的是很明确的，就是追求经济效益，通过提高管理水平不断追求企业价值的最大化。但是企业的经济行为必须符合社会发展的要求。从实践上来看，企业的发展必须既符合社会原则，又符合经济原则，做到和人类经济文明社会同步，如果一个企业是无道德的企业，那它虽然有经济效益，却背离了社会伦理需求。这样的企业在短期内可能是有利益的，但最终仍将被社会所抛弃。因此，企业为社会提供的商品必须是为社会所需求、所欢迎，并符合社会道德准则的商品；企业赚取的利润必须是正利，即通过正当途径所获取的利润，而不是邪利或暴利。人类经济文明的发展，已经到了局部和整体、个人和社会同步发展的阶段，任何背离这种趋势的行为，都不符合现代文明的发展趋势，企业只有将经济目的和社会目的有机地结合起来才能获得长久的发展，收到与社会共同进化的效果。

第二节　企业的社会起源

“人的本质不是单个人所固有的抽象物，在其现实性上，它是一切社会关系的总和”[①]，人通过积极地交往实践创造、生产人的社会关系，社会组织就产生在社会关系的生产之中，企业也不例外。企业不是企业理论预设的选项，企业的进化是其社会存在与社会关系的生产过程。企业是一级社会组织，企业是工业社会的缔造者。企业起源于社会，它脱胎于原始的家庭工业，经手工工场的萌芽期，逐渐演变为以机器大生产为主导方式的工业社会的经济主体。在工业国家中，企业已经成为社会经济生活中不可替代的主体。因而，

① 中共中央马克思恩格斯列宁斯大林著作编译局：《马克思恩格斯选集》（第1卷），人民出版社1995年版，第60页。

研究企业与社会的关系是企业进化的基本课题。本章以企业社会化为一条基本线索，以企业制度的演进、企业社会责任与社会治理为基本论题，探讨企业与社会协同演化的问题。

一、企业的社会起源[①]

（一）古典分工理论对企业起源的解释

分工思想由来已久，公元前古希腊的思想家色诺芬就曾论述过劳动分工的必要性，柏拉图也在他的《理想国》中论述过专业化、分工对增进社会福利的意义，而真正开始对分工进行系统经济分析的是亚当·斯密。他在《国富论》中强调，分工和专业化的发展是经济增长的源泉，并在该书的前三章集中阐述了他的分工理论。在斯密看来，推动经济增长的最根本原因是劳动分工的日益深化和不断演进，而新的劳动分工的深化取决于市场范围的扩大。在古典经济理论体系中，马克思继承和发展了斯密的分工理论，区分了以分工为基础的协作和简单的协作、商业中的分工与生产中的分工、社会上的分工与企业内的分工。在马克思的著作中，他的企业分工起源说实际上是与考察资本主义生产方式相关联的。在有关工场手工业和工厂制度的起源的论述中，马克思以分工、协作到工场手工业，再到机器大工业生产为主线来阐述他的企业起源理论。马克思首先把分工区分为工场手工业内部分工和社会分工两种基本形式，并认为这两种分工的本质区别在于："社会内部的分工以不同劳动部门的产品的买卖为媒介；工场手工业内部各局部劳动之间的联系，以不同的劳动力出卖给同一个资本家，而这个资本家把它们作为一个结合劳动力来使用为媒介。"[②]在第二次社会大分工之后，手工业从社会中析出，随后的工场手工业预示着大工业时代的即将出现。工场手工业主要脱胎于家庭手工作坊，它的出现改变了长期以来的以家庭为基本经济单位的生产格局，使生产超出了家庭的限制，由此使

① 张斌：《企业进化规律研究》，吉林大学博士论文，2007年。

② [德]马克思：《资本论》（第1卷），人民出版社1975年版，第393-394页。

真正意义上的社会生产协作变得必要。马克思指出："许多人在同一生产过程，或在不同的、但互相联系的生产过程中有计划地一起协同劳动，就叫协作。""这里的问题不仅是通过协作提高了个人生产力，而且是创造了一种生产力，这种生产力本身必然是集体力。"①马克思正是从集体协作角度分析企业的起源的。"较多的工人在同一时间、同一空间（或者说同一劳动场所），为了生产同种商品，在同一资本家的指挥下工作，这在历史上和逻辑上都是资本主义生产的起点。"②

马克思把协作视为最简单和最基本的内部分工形式，因而，协作的产生从某种意义上说，也就是最初的企业的产生，或者说内部分工协作的组织化是企业区别于其他手工业生产组织的基本特征。马克思还强调协作的性质转换对于资本主义企业生产的必要性，在马克思看来，虽然简单的协作（无分工的协作）对社会生产力的发展起了巨大的推动作用，但由于它缺乏内部分工，限制了劳动生产率的提高，而分工协作（以分工为基础的协作）把复杂的工艺分成个别的操作，可以使工人成为局部工人，节省了操作转换时间，提高了劳动效率，而且劳动工具的分化和专门化又为创造机器提供了条件，于是，手工工场演变为机器生产的工厂。马克思关注的是资本主义生产方式的起源，当时的企业形态主要是工厂制古典企业。在马克思看来，手工工场并不是真正的企业，它要演变为资本主义企业还须具备两个条件：一是足够的资本和自由劳动力的储备；二是技术的储备，尤其是机器大工业导致的工厂制度的出现。

马克思以生产力与生产关系的矛盾运动为出发点来考察企业的起源，这体现了历史唯物主义的观点和精神，也实现了历史和逻辑方法的有机统一，科学地论述了人类生产组织方式发展演变的历史进程。但由于马克思理论视野的宏观性及其对企业的资本主义性质的设定，他对企业起源的微观机制和社会历程并没有做充分的阐述。

---

① [德]马克思：《资本论》（第1卷），人民出版社1975年版，第362页。

② [德]马克思：《资本论》（第1卷），人民出版社1975年版，第358页。

要想探寻企业的起源，应该回到企业的原始社会背景中。

（二）企业组织起源的社会历史原点

总的说来，企业起源于人类的工业生产，它是由人类社会的生产分工和组织分化演变而来的。人类的工业文明可以上溯到原始生产工具的制造，但那时并没有企业组织，因为，当时的生产并不是为了交换，而且尚未形成固定的社会组织，原始公社的公有制也并未给企业的产生提供制度环境。在原始社会早期的蒙昧时代，人类的生存依靠采集与狩猎经济，社会组织是几乎没有分工的集体氏族部落。随着社会进入野蛮时代，尤其是新石器时代，社会就开始分化，社会生产以社会大分工的形式逐渐展开。尽管此前社会中已经出现了以体能为主、以性别和年龄为基本特征的自然分工形式，但这种分工对社会生产的意义并不大，而以产业分化为基本特征的社会大分工的出现才使得人类社会真正具有了专门生产的意义，它导致了原始生产方式的变异。首先发生的是农业与畜牧业的分离，即第一次社会大分工，它对社会生产产生了巨大的影响，然而，这种分工对于未来的企业而言，除了以最原始的方式检验了专门化生产的益处之外，大概没有给人们更多的启迪。因为它毕竟是仅局限在依托自然的生产原始阶段，更确切地说，那只是人类主要以自然的方式生产自然物，并非真正的人工自然的生产。当然，在第一次社会大分工的生产过程中，人类已经开始学会运用石器、木器直至后来的金属工具等来作为生产手段，但那大多是半人工物而已，而且生产工具的生产尚未形成规模，它只是附属于当时的农、牧业生产过程。也不可否认的是，社会的第一次大分工导致的生产分化使得古人更有针对性地积累生产经验，运用各种专业性的生产作业方式并创造和使用专业性生产工具，在这种专业性生产中逐渐孕育出具有专业技艺的工匠，而正是他们才是第二次社会大分工的主体。此外，农、牧的分离，“这就第一次使经常的交换成为可能”[①]，商品

① 中共中央马克思恩格斯列宁斯大林著作编译局：《马克思恩格斯选集》（第4卷），人民出版社 1995 年版，第 160 页。

生产与交换逐渐展开。

在 300 万年以前，人类就开始学会制造简单工具，这说明手工制作具有悠久的历史，但手工业却经历了漫长的演变过程。其间随着社会生产力的发展，生产有了剩余，开始出现了商品交换和私有制，到了野蛮时代的高级阶段，“发生了第二次大分工：手工业和农业分离了”，这样“随着生产分为农业和手工业这两大主要部门，便出现了直接以交换为目的的生产，即商品生产；随之而来的是贸易，不仅有部落内部和部落边界的贸易，而且海外贸易也有了”①。起初的市场交换是简单的易物贸易，之后，从交换商品中逐渐分离出了一般商品等价物，它的固化改变了市场交换方式，于是产生了以货币为介质的贸易。这些又最终促成了社会的第三次大分工：一个不从事生产而只从事产品交换的阶级——商人的出现。手工业从农业中分离，标志着工业生产作为独立产业的开始，人工物品的生产走上了专业化社会生产的道路，工业经济开始显现。而第三次大分工改变了生产的联系方式，生产者之间加入了中间人——商人，他们虽不参与生产，但完全夺取了生产的领导权，并在经济上使生产者服从自己。除了私有制的产生、商品市场的出现、手工生产者的析出之外，生产组织的固化也是必不可少的。人类社会发展取决于社会生产，而生产的进行又都是有组织的，但原始社会的氏族公社并不是后来的企业，历史已经证明，由氏族公社的社会分化所形成的家庭不论从社会生活还是从生产功能上，都成为了一个基本的社会细胞。因而，企业来自于家庭生产是历史事实，只有家庭才是一个独立的经济实体。实际上，关于家庭的起源、它是否是最古老的经济组织，以及家庭的血缘规模等问题，历史上一直有争论，这些争论也关联到企业的社会起源问题。历史上，手工业的原始组织形态可能不同，例如，早在古罗马的奴隶制时期，随着市场的扩大和东方工匠作为奴隶的涌入，手工业已经以手工作坊的形式组织起

① 中共中央马克思恩格斯列宁斯大林著作编译局：《马克思恩格斯选集》（第4卷），人民出版社 1995 年版，第 160 页。

来，并形成了初步的内部分工和比较大的生产规模。但一方面，工匠及其家庭显然已经在此前分化形成；另一方面，奴隶制社会的生产并不全是为了市场交换，生产者（工奴）也并没有独立的人身自由和经济权利，而是与生产资料一起被奴隶主完全占有。人们通常认为家庭生产方式的确立，尤其是在封建社会，生产者人身自由权利的获得是企业组织固化为家庭的基本原因。在封建社会，家庭成为了基本的经济实体和独立的社会组织，在这种稳固的社会组织中，掌握手工技艺的家庭成员可以以家庭为基本生产单位组织生产，所以，本书认为封建社会的家庭手工业生产是企业的原始形态，可称之为“原生态企业”。

当然，家庭组织虽然作为生产组织已经获得了独立的经济权利，可以自主地从事商品生产，但它显然没有像后来的企业那样分化为完整的社会经济实体。这表现在：家庭组织兼有生产和生活两种职能，而且这两种职能并未完全分开；其最初的组织结构也没有按分工协作的原则而完善，组织成员仍然以血缘关系为纽带；由于市场狭小、资本单一且总量不足，生产规模很有限。在当今社会，这也是家族企业的原发状态，世界上的大多数企业也都出身于这种家庭生产方式。家庭虽然是企业的社会母体，但家庭组织的固有缺陷制约了其发展，为此，开放其边界、走向社会化就成为企业进化的基本趋势，而从社会母体中衍生就是这一进化的第一步，这一步的结果就是古典企业的产生。

（三）协调机制的演进和古典企业组织的衍生

在社会维度内，企业进化是伴随着社会关系扩展的协调机制的演进过程。企业由家庭组织向古典企业的演变是企业的社会衍生，它是社会分工与分化、组织与人际关系扩展、协调机制演进的结果。如果说生产中分立劳动的协作是工作或操作层面的协调问题的话，那么，这里所说的协调主要是针对生产组织方式及其秩序化的运作过程。历史上，生产组织的协调演进可简化为三个阶段，即血缘协调演化到契约协调，再演化到管理协调，相应的组织就是血缘协调组织（家庭组织）、契约组织、古典企业组织。[①]

1. 早期隐性的缘协调组织

最早的协调形式是基于私人的密切关系（即缘关系）而自发形成的，处于小团体之间，称为缘协调。由于并没有专门的人员来组织、操作、管理和控制，缘协调属于隐性协调方式，其核心就是以家庭组织为核心的血缘协调。一般来说，家庭协调的拓延可以朝着几个方面发展，如血缘共同体可因血缘间接化而拓延为亲缘共同体，或因地域扩展而形成地缘（邻缘）共同体，也可因同业关联而变成业缘共同体，等等。这些社会共同体是随着血缘关系的层次扩展而形成的，由此还可以以其他社会关系而继续扩展，从而构成了多彩的“缘文化”。所有这些多缘关系形成的共同体就是缘协调组织，它丰富了社会关系的内涵，加强了人们利益上的联系。以家庭为本位的生产组织得以依靠这些多缘关系积蓄社会资源，而多缘协调组织成为分工的基础和最早的公共化组织形式。

家庭组织是从原始社会末期的氏族组织分化出来的，之后它长期作为社会综合组织存在，即社会血缘组织和社会生产组织，它的社会职能和生产职能常合为一体，该时期的生产活动仍以农业为主，作为社会生产组织，其内部存在着自然分工与协作。不同的家庭和氏族公社剩余产品的互相交换逐渐使产品变成商品，而商品交换的逐渐繁荣促使小手工业者开始出现，他们多以分散的形式在家庭作坊中组织生产，组织形式简单，常是一名师傅带一二名学徒。生产没有严格的内部分工，每个生产者参与最终产品生产的各个工序。开始，这种家庭式的生产组织主要是为了谋生，不以追求利润为目的。这种以血缘为核心的协调组织所依托的是家庭，它几乎没有组织费用，适合了社会分工和市场水平低下的近代早期社会。

在市场不发达的农业社会，缘协调组织的协调合作通常以缘域

---

① 朱富强：《协调机制演进和企业组织的起源》，《学术月刊》2004年第11期，第46-54页。

为限，它的好处是可以借助隐性治理机制有效地限制机会主义行为，减少交易费用和信息不对称，但如果长期固守这种缘协调机制，就会由于对缘域以外的“陌生人”的排斥而导致特殊主义。特殊主义的信任结构常会阻碍缘外交易和社会整体信任的形成，所以不利于社会关系的进一步扩展和组织社会化。此外，基于“缘关系”上的规则是一种“隐规则”，它没有一种明显的边界和制约措施，不能杜绝和有效地惩罚机会主义行为，可能造成“缘关系”的紧张和破裂，因而，协调机制的显性化就成为必然。

2. 由隐性协调向显性协调过渡的契约组织

社会发展必然会导致交易范围和领域的不断扩大，而分工的深化和生产职能的分化也使人们的交往逐渐转移到相同行业的人之间，出于共同利益的考虑，同业组织就可能逐渐脱离缘关系而形成，典型的就是行会。一般地，行会多生成于业缘组织中。起初，由于规模较小，内部协调容易，协调形式仍是非正式的“缘协调”，其基础往往是既成的惯例和共同的传统。随着行会组织的扩大，同业之间密切的私人关系逐渐淡化，而且跨越空间的非直接交易的不断扩展，对一致的规则需求增加，导致正式的行规作为一种早期的契约形态出现了，用以明示和规范业内行为。处理关系的规则随之从基于“缘关系”的“隐规则”，发展为基于直接利益关系达成契约的“显规则”，即从业缘的关系协调发展为契约的规则协调，并最终变成了个体之间具有普遍意义的协调工具。除行会以外，包买商主导的分包制也是一种早期的契约生产组织形态。这种生产组织形式扩大了市场空间，促进了家庭手工业的发展，并使部分从业人员职业化或半职业化，也改进了生产技术，所有这些都为以后古典企业组织的产生创造了条件。

在家庭生产的基础上，随着市场的缓慢拓展，手工业从农业中分离出来，产品生产也形成了完全的分工。生产开始集中，或仍以家庭形式（但它已不再从事所有产品的生产，而是以生产某种专门产品为主），或单独设店（手工作坊或早期的手工工场），它们散布在城市及其近郊，以及广阔的农村里，规模随着市场的扩大而扩展。到了中世纪，在欧洲，手工业逐渐集中到了城市，城市手工业成了工业活动的主导部分。这种城市手工业有别于农民的家庭副业和庄园经济中的专业手工业，它处于农业经济的基本单位之外，与农民家庭和农业活动的结合不再是直接的，而是通过市场交换关系实现联系。历史上，西欧的城市和乡村的手工业生产组织通常分别由行会和包买商控制。封建行会曾经对手工业生产起到过积极作用，但到了工场手工业加快发展时期，行会成了发展的障碍，城市的手工业逐渐衰退，大批手工业者扩散到乡村，分散的工场手工业在乡村迅速发展起来。随之，“包买商人”逐渐成为市场的主导力量。包买商人最早是在14世纪末，出现在英国毛纺织业中。起初，他们只是协调生产者和购买者，仅从事买卖，不参与制造，15世纪以后，包买商人开始直接支配生产活动。包买商人一方面控制着贫穷的店主师傅并使其沦为支薪工人，另一方面更牢固地控制着大量分散于乡村的帮工和农村手工业者，但这时的包买商人大多还不是真正的企业主。行会的行规与包买商的交易契约的显化使得契约协调成为手工业生产时期的主要规制形式。契约协调的意义在于它自缘协调中显化出来后，就具有了超越人际关系的一般规制特征，在制度上使经济交往合法地拓展到“非熟人”社会空间，从而节约了交易费用，规范了社会行为。

3. 内部协调的古典企业组织

协调规则的显化是契约社会和市场开放的标志，但早期的契约关系是粗线条的，还存在着诸多的缺陷，运行规则尚未系统化、法制化，而且常与传统的基于“缘关系”的价值伦理相悖。所以，单纯依靠包买商人通过外部协调来组织生产会出现严重的机会主义行为，如由于生产者拥有产品质量和生产活动的信息优势，导致一方面，“当雇主出于鼓励勤劳的意图而提高计件单价时，他常常发现这样做实际上是降低了产量”；另一方面，“减少工资同样也不见效。这样做的结果，只是造成或者是工人的离去，或者是工人变本加厉地侵吞商人的原材料”。此外，由于生产没有标准，工头有时按自己的意愿安排生产流程，生产往往缺乏技术性、准确性和效率。契约协调的低效率也显示了契约在没有健全的社会法制时对社会生产的约束力不够，人们试图寻找更强力的内部协调机制。于是，一种能独立地实现内部有效控制、“监督劳动和指挥劳动”的科层制组织——古典企业诞生了，工厂制企业的社会衍生是企业走上历史舞台的标志。

自16世纪，英国的工场手工业在地理大发现、都铎王朝的工商业鼓励政策和生产技术进步的刺激下，迅速地发展起来。在长期支配分散的手工工场，迅速积累起向集中的手工工场转变的资本之后，包买商人开始关注制造上的某些次要细节，进入生产活动，并直接雇用工人组织生产，他们由分包商成为手工工场主进而演变为大工业家。18世纪，在工业革命的推动下，集中的手工业工场演变成机器化的工厂。采用内部协调的工厂制相对于契约协调的最显著特点是引进了专职管理人员，由它规定生产什么、生产多少及如何生产，从而建立了指令性制度强制。这种强显性权威的存在及其逐渐完善的权力等级体系提高了组织效能，从此，集中生产的形式——工厂制被固定下来。

资本家占有生产资料从而占有劳动成果、作为劳动者的工人只有出卖自己的劳动力才能生存的资本主义雇佣关系和资本主义企业，除了需要分工协作的技术基础之外，还应具备两个基本条件，一是市场范围的扩大，二是生产要素的有效供给和大规模的集中。这种资本主义生产方式最终被工厂制确立下来，规模化机器生产和资本雇佣劳动使世界工业化过程进入一个不可逆转的轨道。

总之，资本主义在经历了其原始积累之后，至19世纪中叶，产生了在产权上具有主体单一特征和集权结构，内部分工协作体系比较健全，采用业主制或合伙制构成，将部分社会分工内部化，以机器大生产为主体的古典企业。它的出现，标志着人类工业社会的来临，一个基本上脱离传统社会组织的企业开始主导社会的生产和生活。

二、企业制度的演进

（一）企业制度的演进：合法化机制

如前所述，古典企业的起源是社会劳动分工深化及协调机制演进的必然结果，但它同时又表现为生产方式及社会关系的扩展过程，或者说是原始的家庭生产组织不断社会化的过程。然而，这时的社会化只是初生的社会化，它只是社会生产组织的初级形态，企业与社会的博弈才刚刚开始，还存在继续社会化的必要和空间。

古典企业诞生以后，人类社会走上了工业化的道路，随着社会的进步，企业也不断地演化，越来越发挥出重要的作用。企业诞生后的演化表现在多个方面，如生产技术和生产方式的进步、组织形态的变化、企业制度的演进等。企业是以团队生产的方式创造合作剩余的社会机制，它的行为是社会行为。在社会领域中，企业的进化也离不开社会资源的供给及其对社会环境的适应，企业与社会博弈的根本机制就是协同和共生。由于企业与社会高度相关，所以对社会环境而言，企业进化在于其对自身合理性与合法性的认同、调和与统一。企业的“经济人”本性要求它能尽可能地以一种理性的行动获取经济利益，但现实当中，这种利益的获取又以其行为的合法性为限，企业就是在合理性与合法性的考量中、在与相关者的社会博弈中成长和进化的。一般来说，合理性与合法性并不是预设的，而在本质上是企业与其环境互动生成的，从某种意义上说，这种互动作用越强，企业与社会就越和谐。所以，就发生机制而言，企业的进化理性是生成中的理性，而合法性也是互动中的合法性，不论是建构的还是自生自发的，二者都是在协同演进。合理性与合法性原本是政治哲学上的两个论题，为此政治哲学应能证明国家权力既有道德上的根据，又可诉诸公共理性，即所谓公正、合理。这两个论题都是由马克斯·韦伯（M.Weber）在对近代西方社会进行诊断时正式提出的，随后合理性与合法性成为了现代化的基本议题，是贯通于现代的市场、企业、社会中的两条基本轴线，也是衡量现代化程度的两把主要尺度，因此是现代化的两块主要基石（金东日，

2005)。由于社会语境不同，人们对于合理性与合法性的理解存在差异，而且它们的尺度也会因时而易，本书提及并应用这两个概念是为了在企业和社会共维中阐述企业的进化机制。这里，主要提出企业的合法性问题，它属于组织的合法性范畴。在组织社会学中，组织合法性的基础不单体现在政治和法律的层面，还体现在文化和社会认知层面，后者才是组织合法性的公共基础，因为合法性取决于社会的一致认同。对组织合法性的认同既来自内部组织成员，同时又来自组织外部社会成员，前者称为组织的内部合法性，后者称为组织的外部合法性。

卡罗尔、巴克霍尔茨关注的是在社会场景中，企业组织的外部合法性机制，因为作为一种普遍的条件，组织是否合法，很大程度上取决于这些组织的活动与这些组织所在的社会体制的目标、价值及其社会期望是否一致。[①]按照组织社会学的新制度学派的解释，所谓合法性机制（legitimacy）就是指，当社会的法律制度、社会规范、文化观念或某种特定的组织形式成为“广为接受”(for granted)的社会事实之后，就成为规范人的行为的观念力量，能够诱使或迫使组织采纳与这种共享观念相符的组织结构和制度。[②]由此，组织不仅要满足内部的技术效率，还要符合社会公认的合法性要求，二者并非是归一性的。本书认为，以社会文化观念和制度规范为基础的组织合法性机制，它的作用是双重的。一方面，它是一种生成性机制，即社会观念和制度作为一种社会事实，它可诱发社会组织的合法性生成，它通过利益激励和社会预期引导组织自发形成，例如，企业在新生时，它的组织成员就已经对社会合法性知识有了先验性认知，甚至对特殊的地方性知识（如社会习惯）也需要充分地感知，这种认知提醒企业的创立者需做出嵌入性设计；另一方面，它是一种选择机制，不论是强意义上的还是弱意义上的合法性机制，都有对组织的选择性，迫使组织与社会认同保持一定程度上的一致性，

① [美]卡罗尔、巴克霍尔茨：《企业与社会：伦理与利益相关者管理》，黄煜平等译，机械工业出版社 2004 年版，第 372 页。

② 周雪光：《组织社会学十讲》，社会科学文献出版社 2003 年版，第 75 页。

这种环境选择压力可以促使既成的组织发生变异。

合法性机制强调的是，组织的结构和行为不仅仅是技术需要的产物，而且受到制度环境（特别是社会的共享观念）的制约与规范。企业的进化是通过对合法性的适应性学习根植在具体的社会场景中的，企业同样可以改变和创造出适合于自身的社会环境，因为"个体是不完全社会化、有知识的行动者，在某种意义上，他们以社会规则体系——在群体、社区和国家成员中共有的规则体系的形式——内化了社会结构。通过遵从这种规则体系，团体成员形成了某种活动模式，并产生影响现实的结果"[①]。按照这种社会规则体系理论，人类行动者（包括个体、群体、组织、社区及其他团体）既是社会规则体系的创制者，又是其负载者。规则体系建构并支配社会交易和社会组织。同时，行动参与者又可以诠释、遵从、重组规则和规则体系。这就是企业与社会的协同进化。

（二）企业制度演变的历史进程

企业制度的形态演化主要取决于生产力的社会化发展状况和经济市场化的进程，但自企业诞生以来，企业制度的规定性及协调机制的演进一直遵循着资本主权雇佣劳动的逻辑，资本总量及其结构也一直是影响企业发展的基本因素，因而企业的社会化演变主要体现在其资本的社会化过程中。从主流企业制度的产生与更迭来看，它先后经历了业主制、合伙制、股份制的有序更迭。沿着这条线索继续追寻企业由古典的业主制向现代企业的演变历程，可以让我们对企业制度演化历程有一个清晰的认识。

1. 业主制与合伙制

业主制是指由业主个人出资经营，企业归个人所有和控制。这时的企业是不具有法人资格的自然人企业，业主来自原家庭生产组织中的家长、手工工场主和早期的分包商。在19世纪以前，这是古

① [瑞典]汤姆·R.伯恩斯等：《结构主义的视野：经济与社会的变迁》，周长城等译，社会科学文献出版社2000年版，第178页。

典企业最典型的、占支配地位的企业制度形式，它适应了当时的生产力发展状况和经济商品化状况：生产多依靠自然力；社会分工很不发达，生产规模小；经营管理还没有成为一种专门的技术和职业；经济的信用化程度很低，资本市场、劳动力市场的发育程度低。

业主制的缺陷在于企业的存亡取决于企业主的寿命，难形成强大的市场生命力；企业的发展主要是靠内部积累，个人财产限制了企业的资产规模；债务上的无限责任，使企业所有者承担过大的风险，导致其不愿将许多要素投到风险大的产业上，从而阻碍了新兴产业的形成和发展。可以在一定程度上弥补业主制缺陷的另一种古典企业制度是合伙制。中世纪曾在西方广为流行的索塞特(Societas)就是其中一种。合伙制除出资方为两个以上自然人之外，与业主制别无大的差异。与业主制相比它的优势主要是改善了资本结构，可以筹措到更多的资金，扩展机会增多和抗风险能力增强。其特点是：合伙人通过订立合伙协议，共同出资、合伙经营、共享受益、共担风险，并对合伙企业债务承担无限连带责任。这种企业制度相对业主制是一大进步，但它也存在着与业主制相同的问题，它的融资能力受个人资本和入伙人数的限制，不利于扩大规模；每一个合伙人都要对企业债务负连带无限清偿的责任；合伙关系依然受到自然出资人的各种影响而不够稳定。合伙是企业资本社会化的第一步，同时，连带责任和以信任为基础的合伙形式对出资者个人关系的依赖都使得在合伙制企业产生时，如何选择合适的合伙人变得极为重要，因此以血缘关系、地缘关系建立起的合伙企业就较为普遍。可见，古典企业的社会化还是很有限的，它的身份也未得到法律的确认，随着生产力的发展和市场化程度进一步向前推进，古典企业形式已不适应社会化大生产的需要，到了19世纪中叶便逐渐退出了主流企业制度的行列。

2. 股份制的出现

现代股份制的源头一直可追溯到欧洲中世纪，甚至商品和货币关系已较为发达的古罗马时代。当时，在宗教、军事组织中产生了与股份公司相似的经济形式，“古罗马的包税人的股份委托公司，被经济史专家认为是股份经济的先兆”[①]，而具有有限责任特征的经营组织原形则可以追溯到中世纪的康孟达（Commenda）。康孟达来源于阿拉伯人商业经营的委托经营制，它最早出现在意大利的威尼斯，至11世纪，这种合伙形式被广泛运用于各类海外贸易及高风险事业中，它实质上是一种有限合伙的形式，是两合公司的雏形。康孟达与索塞特是中世纪贸易中两种最流行的商业经营形态，但它的混合责任却与索塞特的无限责任不同。在康孟达组织中的有限责任合伙人常常是不参加或被限制参加康孟达合伙的管理，且身份一般不向外披露，因而被称为“隐名合伙人（dormant partner）”[②]，这种隐名性和有限责任与后来的公司制特征相同。在大陆法系的国家中，康孟达组织后来发展成为两合公司。

至14世纪末15世纪初期，随着资本主义生产关系的萌生，中世纪西欧的封建制度开始走向解体，西欧各国相继进入了资本的原始积累阶段。新大陆的发现和新航线的开辟改变了世界贸易和经济格局，欧洲沿海国家如西班牙、葡萄牙、荷兰、英国通过掠夺性海外贸易而迅速成为世界强国。海上贸易利润高、风险大，需要巨额资金，要求人们以更加合理的组织形式来经营航运业，于是船舶共有、康孟达、索塞特等合伙企业经营方式被普遍运用。与此同时，“company”（公司）一词也出现在海外冒险事业中，但最早的股份公司是以政府特许的方式建立的。通过皇家特许状授予公司以特权的做法虽在14世纪即已开始，但直到16世纪，由于海外贸易的扩大，海外贸易的重要性导致一些欧洲国家直接干预经营者的经济行为，英国、荷兰、法国、丹麦、葡萄牙等国出现了一批由政府特许建立的、具有在国外某些地区的贸易垄断权的贸易公司，特许公司才得以普遍发展。这个时期最为著名的是1600年由英国女王伊丽莎

① 蒋一苇、陈佳贵主编：《股份制理论与实践》，中国人民大学出版社1988年版，第27页。

② 虞政平：《论早期特许公司——现代股份公司之渊源》，《政法论坛》2000年第5期，第52-67页。

白特许建立的东印度公司和1602年荷兰成立的东印度公司。荷兰东印度公司以资方股份集结而成，该公司组建时，资本金总额为650万盾，共2 153股，56.9%的股份为阿姆斯特丹商会拥有，其余面向全国招募；公司设立股东大会作为最高权力机构，由股东大会选出60名董事组成董事会，作为公司决策机构；另选17人组成经理会，作为执行机构，主持日常事务；公司所得按股分红。[①]1610年，它就在其投资公告中首次使用了“股份”和“股东”的概念。在当时，社会信用制度也开始出现，1611年初，一些商人开始在阿姆斯特丹出售东印度公司的股票。公司在1612年规定其股票兑现必须到股票交易所公开出售，从而保证了公司的稳定性。正是由于股票市场的出现，标志着原始的股份公司向现代股份公司过渡，公司的资本协作不再局限于有限的个别人群，开始走向社会化并向现代公司制组织过渡。荷兰东印度公司被经济学家认为是最早的股份公司。它的产生对于资本主义经济有着转折性的意义。

此后，历经三个半世纪左右的发展历程，至19世纪中叶前后，随着普遍特许制度向自由注册企业制度的过渡，特许公司占据企业形态主流的地位才日渐从历史上消退下来。

3. 现代公司制的确立和发展

在此前，欧洲大陆出现的公司虽有部分受国家的特许，但这只是少数，更多民间自发而成的公司则以契约或代理形式创立，由于没有获得法律的承认和规范，致使投机行为盛行，造成了经济生活秩序的紊乱。为此，急需从法律上保障新生的股份公司制度的优越性。于是，标志着现代公司制度合法化的公司法开始颁布。1673年，法国国王路易十四颁布的《商事敕令》是世界上第一部关于公司的立法，它首次以法律的形式确认家族营业团体为公司制度。之后，1807年，法国又对合伙公司、股份公司的经营原则及法律地位作了规定。英国也在1826年颁布条例，给股份银行一般法律认可，之后

① 叶祥松：《现代企业制度形成的历史考察》，《经济评论》1996年第1期，第64-67页。

又在 1855 年认可了公司的有限责任制，最终在 1862 年颁布了股份公司法。因为有了法律规范，公司的协作效率得到提高，公司这种企业组织形式走向成熟，最终成为现代企业制度的核心。

从 17 世纪末开始,资本主义商品经济和社会分工与协作进一步发展并走向国际化，市场的扩大构成了对金融业和交通运输业的需求，它们都需要大量的社会资本的支持，于是，股份公司首先在金融业和交通运输业中兴起。在金融业方面，1694 年英国成立了世界最早的国家银行——英格兰银行，1790 年美国第一家国家银行合众国银行成立。从此股份制银行采用发行银行券的方式吸纳社会资金，并为工商业提供贷款。在竞争中，股份制银行排斥了非股份制银行，最终成为金融市场上的统治力量。

在美国，独立战争之后，为了开发西部，大量人口向西部流动，修建沟通东西部的铁路、公路就成为美国经济发展的中心问题，交通运输业由此得到很大发展。1794 年由私人修建成费城——兰卡斯特的公路，采取设卡征收过路费等办法获得了丰厚的回报，由此带动了各种筑路股份公司的兴起。同时，在美国政府的经济扶持下，铁路股份公司也得到发展，其股票还远销欧洲，首次把外资引进铁路建设中来，加快了铁路业的发展。到 19 世纪下半叶，随着机器大工业的发展和竞争的加剧、新技术的采用，使得资本有机构成大为提高，仅靠独资或合伙已经难以适应这种要求，于是股票市场正式出现，股份公司的数量急剧增加，而且许多独资企业和合伙制企业也改组为股份公司，使得股份公司成为一种主要的企业组织形式。在股份公司迅速发展的过程中，美国的工业公司普遍采用铁路公司的做法，并发行了一种叫优先股的股票，规定了其在支付股息和财产分配等方面的优先权。此外，18 世纪末欧洲还产生了一种具有无限公司和股份有限公司两种特征新型的公司组织——股份两合公司。

到了 19 世纪末 20 世纪初，工业生产的集中化程度越来越高，大量的企业涌现和激烈的市场竞争导致自由竞争向垄断转变，资本主义的发展进入了帝国主义阶段。此时的一个突出特点是企业间的吞并组合使企业规模不断增加，出现了巨型的垄断企业和跨国公司。例如美国的洛克菲勒在 1870 年把美孚石油公司改组成当时美国最大的股份制石油公司后，于 19 世纪 70 年代后期又在产量和运价的激烈竞争中取得铁路运价优惠，并把 14 家石油公司的股票和另外 26 家公司的大部分财权集中到完全有代表权的 9 名董事手中，进而于 1879 年通过实体合并组成了美国历史上第一个托拉斯组织——美孚石油公司。此后，这种新型的公司组织形式扩展到英国和日本等各国，成为垄断国内或国际某一领域，决定一国国计民生的大公司。在进行国内垄断竞争的同时，从 19 世纪末 20 世纪初，随着资本市场的逐步国际化，一些公司开始了海外扩张的步伐，在争夺国际市场中主要通过资本输出方式崛起了一批大型的跨国公司。跨国公司的出现标志着企业组织已经超越了国界甚至政治制度、社会文化的差异，开始成为资本主义国家主导世界经济格局和进程的重要工具。在第二次世界大战之后，尤其是在 20 世纪 50 年代末 60 年代初，跨国公司在规模上和数量上发展迅速，诸如美国的埃克森石油公司、日本三菱重工业公司、荷兰菲利浦电气公司、德国的西门子公司、意大利的菲亚特汽车公司等成为国际经济生活中的重要的经济力量。

现代企业制度的核心就是股份制，简单地说，它是指由若干出资者投资入股形成企业、实行按股分红的这样一种法人企业制度。从企业的角度看，股份制包括无限责任公司、有限责任公司、股份有限公司、两合公司和股份两合公司五种形式，其中股份有限公司是最典型的形式。建立在所有权和经营权相分离基础之上的公司法人制度是现代股份公司的显著特征。股份制弥补了业主制和合伙制的多数缺陷，它以企业财产社会化、分散化和证券化机制，以有限责任原则，在社会信用制度的支持下，首先确立了企业法人制度，摆脱了对自然人的依赖关系，成为当代主导的企业制度，实现了与社会生产力、现代市场经济的充分兼容。纵观资本主义企业的发展历史，尤其是由古典企业到现代企业的进程，可以看到随着企业制度的演化，企业逐渐走向社会化乃至全球化，它由自然的存在到合法的存在，最终成为支撑社会经济体系，改变社会面貌的经济实体。尽管伴随着资本主义发展，企业曾经成为殖民掠夺的工具，给很多国家带来了深重的灾难，在其内部也通过剩余价值的榨取导致阶级分化和劳资紧张，但它对经济和生产力的促进作用，对社会进步的贡献是有目共睹的。因而，在制度层面上看，现代企业制度的出现是社会的一种进步，企业在这一过程中实现了自身的合法化和进化。实际上，生成于西方的现代企业制度也是适应社会文化发展的结果。例如，英国的重商主义和资本主义精神，以及自由、平等、公正、交往、秩序等传统思想都对企业的发展产生了不同的影响，伴随着由传统“身份社会”到现代“契约社会”或者说由“熟人社会”到“陌生人社会”的演变，企业由亲缘本位到社会个人本位，它的社会关系逐步扩展，并最终获得了合法身份。企业公司制度的确立是对契约经济的最好的诠释，它标志着企业合法地位的确认，它说明经过长期的发展，企业组织行为已经不是过去那种单纯的家庭经济行为，企业已经从社会中独立出来，成为正式的、合法的社会实体。“随着时间的延伸，企业的社会化确认下来，并在产生独立、妥协、契约规章制度的内部社会关系冲突构想中根深蒂固。”从此，“企业不是普通组织中的一员而是当今社会占中心地位的机构，可以重新调整社会关系”[①]。那么，在现代企业的公司制度建立之后，企业的社会化进程是否就完成了呢？或者说，企业进化的未来将会面临什么样的问题呢？实际上，上述企业的社会化或者社会合法化进程都是建立在资本逻辑的基础之上的，资本的概念原本只局限在物质资本上，但企业的生产并非只取决于物质资本，它的投入要素来自于多个方面，或者说企业的价值创造是由全部生产要素的投入完成的，那么这些要素的主体是否可以共享企业的价值呢？这其中一个最直接的问题就是，就公司内部组成来看，它已经由所有者、管理者和一般劳动者的三位合一发展到三者分离，而公司的外部又关联

① [法]克罗戴特·拉法耶：《组织社会学》，安延译，社会科学文献出版社2000年版，第77-79页。

着客户、供应商、社会民众等诸多利益相关者，由此，企业社会化将最终涉及企业的治理结构这一根本性的问题，于是，企业的利益相关者和社会责任正在成为企业更深层利益关系的主题。

三、企业的社会治理

（一）利益相关者和社会责任

如前所述，企业的演化与社会的发展是相依共存的，企业演化表现为它的社会关系的层次扩展。实际上，合法性问题一直伴随着企业，其原因就是企业与社会利益的高度相关。企业的利益相关者和社会责任等问题正是反映了社会对企业观念的变化。利益相关者（stakeholder）观念并非现在才有，1963 年，斯坦福研究院（Standford Research Institute，SRI）的一些学者利用与股东（shareholder）相对应的词“利益相关者”（stakeholder）来表示与企业有密切关系的所有人。斯坦福研究院给出的利益相关者的定义是：对企业来说存在这样一些利益群体，如果没有他们的支持，企业就无法生存（Clark，1998）。这个定义对于利益相关者界定的依据是某一群体对于企业的生存是否具有重要影响，它使人们认识到，企业存在的目的并非仅为股东服务，在企业的周围还存在许多关乎企业生存的利益群体。安索夫（Ansoff）是最早正式使用“利益相关者”一词的经济学家，他认为“要制定理想的企业目标，必须综合平衡考虑企业的诸多利益相关者之间相互冲突的索取权，他们可能包括管理人员、工人、股东、供应商以及顾客”（Ansoff，1965）。在 20 世纪 70 年代，利益相关者理论开始逐步被西方企业接受，并进入大学课堂。①

企业社会责任（corporate social responsibility，CSR）问题与利益相关者是相关的，但企业社会责任概念的提出要比后者早一些，早在 1924 年美国的谢尔顿（O.Sheldon，1923）就提出了“企业的社会责任”这一概念，但至今对于这一概念的表述尚无定论。其基

① 贾生华、陈宏辉：《利益相关者的界定方法评述》，《外国经济与管理》2002 年第 24 卷第 5 期，第 13-18 页。

本含义是：一定时期社会赋予企业的经济、法律、伦理以及人道主义的期望。它使企业在追求自身利益的同时，关注消费者、股东、雇员、政府和社区等相关利益者的需要，扮演社会角色。目前国外学者关于企业社会责任的定义很多，有人认为，企业社会责任就是企业有义务按照社会的目标和价值观的要求，制定政策，做出决定，采取行动；也有人认为，企业社会责任就是企业在采取有关决策和行动时，至少需要部分地考虑企业直接的经济和技术利益以外的原因。美国经济发展委员会曾于1971年提出"三个同心责任圈"来说明"企业的社会责任"，即：最里圈，包括明确的有效履行经济职能的基本责任，比如产品、就业以及经济增长等基本的责任；中间圈，包括在执行这种经济职能时对社会价值观和优先权的变化要采取一个积极态度的责任，比如尊重环境保护、雇佣以及与雇员之间的关系，以及消费者希望得到更多的信息、公平对待、避免受到伤害等；最外圈，包括新出现的还不明确的责任，也就是企业必须保证越来越多地参与到改善社会环境的活动中来。①

企业利益相关者和企业社会责任几乎是两个等价的问题，二者都反映出一个问题，即企业除去其自身的核心经济利益之外，是否应该承担其他相关责任。这显然不只是一个技术层面和制度层面的问题，还是伦理层面的问题，它虽为"企业新概念"，但并非是一个新问题。对此，向来就存在着两种对立的观点，企业社会责任之争本质上是经济与伦理之争。斯密之后，经济学的"无伦理(nonethical)"和"工程学"②工具理性传统一直延续至今，其企业行为标准是，企业如果尽可能高效率地使用资源以提供社会需要的产品和服务，并以消费者愿意支付的价格销售它们，企业就尽到了自己的社会责任，企业唯一的任务就是在法律允许的范围内，在经营中追求利润最大化。这个传统的信条一直是经济学的理论基石。企业社会责任的观念是在与传统经济观念相对抗的过程中缓慢发展起

① 屈晓华：《企业社会责任演进与企业良性行为反应的互动研究》，《管理现代化》2003年第5期，第13-16页。

② 阿马蒂亚·森：《伦理学与经济学》，商务印书馆2001年版，第8-9页。

来的。这两种观念之间的紧张状态并没有停止，它还会继续下去。①

在 18 世纪和 19 世纪，那时西方企业的规模普遍都还很小，企业家们行为节俭，但同时，慈善捐款被认为是一大善举，一些小企业的业主们经常捐助学校、教堂和穷人们。随着企业财富的积累，企业的慈善捐款持续增加，当时在美国也出现了像斯蒂芬·杰拉德、乔治·菲布迪、约翰·D. 洛克菲勒、安德鲁·卡耐基这样的大慈善家。然而，这些慈善捐款都属个人行为，不是企业行为。事实上，除了个人行为之外，在这个时期，企业在承担社会责任方面并不积极。其原因有两个，一是有些人消极对待捐款是由于信奉社会达尔文主义的主张，认为慈善捐款是与自然进化过程相违背的，即社会的保护会降低人类的适应能力。二是当时的法律在企业管理者如何使用公司的资金上也有明确的规定，限制了企业行为。法律上把企业做超越其特许业务范围之外的事称为“过度活跃”（cultra vires），意思是企业的活动超出了它的权力范围，而一个处于“过度活跃”状态的企业往往容易遭受股东的诉讼，或受到攻击，使企业陷入“过度活跃”的困境之中。

在 19 世纪末和进入 20 世纪以后，工业的大力发展产生了许多负面的社会影响。批评家们开始指责“社会达尔文主义”的残酷和冷漠，企业的领导者也开始寻找可规避因“过度活跃”而受制裁的社会行为。但事情有所改观还是在 20 世纪 20 年代。其时支持扩大企业社会责任的三种观念，即受托人观念、利益平衡观念和服务观念已为越来越多的企业和领导者所接受，企业也发现了很多可以资助社会的方法，如支持社区比赛、红十字会等，而且还参与各种政府事务、建立基金等。最终，1953 年，“过度活跃”条款作为不合理的限制而被美国新泽西州的最高法院废止。乔治·斯蒂纳和约翰·斯蒂纳认为企业社会责任观在 20 世纪中期以后逐渐扩大的原因在于：加速的工业活动不断地改变着社会。企业活动对社会产生

① [美]乔治·斯蒂纳、约翰·斯蒂纳：《企业、政府与社会》，张志强、王春香译，华夏出版社 2002 年版，第 131 页。

了前所未有的巨大影响，而且企业从事非企业原因的社会病症的治理，也可从中受益。事实上，企业社会责任观的演进是与社会积极互动的结果。在古代和中世纪时期的土地社会（agrarian society）中，社会对商人和企业就曾报以怀疑和批评的态度，由于商业活动与传统的利他主义家族式关系的价值观相冲突，常被看做是低级的利用交易过程谋取私利的行为，这时的企业活动范围也很小。

文艺复兴之后，工业活动加速，产生了亚当·斯密新的经济理论，老的宗教信条失去了支持者，但产业的发展所带来的生活方式、消费观念等变化又生成了新的社会矛盾。例如，在美国19世纪后半期，尽管公众对企业抱有信心，但随着巨型企业（如托拉斯）的形成及其对社会经济、政治生活影响的增强，也曾发生过农场主自我保护的民粹主义运动（populist movement）和具有宽泛的改革特征的进步运动（progressive movement），它们把矛头指向大企业，努力根治社会弊病，并引发了企业批评，最终促成了国家对于铁路干预法的实施，也带来了政府干预企业的改革浪潮。20世纪30年代的经济萧条挫伤了人们对企业的信心，企业再次处于各种攻击当中，直至20世纪60年代美国社会动荡时期产生了公众与企业间的“信任鸿沟”[①]。乔治·斯蒂纳和约翰·斯蒂纳认为对企业批评态度的基本原因在于工业的发展，但必须考虑复杂的历史、文化和心理因素，诸如美国人传统上对于实力集中的厌恶情绪、社会对企业谣言和恶意共谋的信念、资本主义与民主之间的紧张关系，以及企业在媒体和艺术作品中的形象等。尽管社会的企业批评各异，但所有的批评都是基于同样的思想，即企业界的人总是把利润放在各种永恒的价值之前，这些价值包括诚实、信念、公正、爱、虔诚、爱美、保护自然，等等。对文化价值的侵蚀、对消费者的欺骗和伤害、对工人的剥削、对政府的操纵、对自然环境的危害等，这些对企业的批评促使公众觉悟，导致了各种自发的或有组织的社会运动和压力

① [美]乔治·斯蒂纳、约翰·斯蒂纳：《企业、政府与社会》，张志强、王春香译，华夏出版社2002年版，第81-91页。

群体的产生，如消费者权益保护运动及其组织、环境保护运动与绿色和平组织、消费文化抵制和行动主义者，以及面向下一代的“期望提升革命”等。社会批评促成了社会规范的建立，同时企业的觉悟带来了企业的良性社会回应。正是在企业与社会的长期重复博弈中，信念获得共识，矛盾得到消解，关系趋于融洽，社会更加和谐。在最近的40年里，企业社会责任的观念不断发展和扩大，已超出了传统的经济责任观，并且越来越令人信服和被管理者接受，也比以前更多地被付诸行动。现在，企业实施大范围的社会行动涉及教育、公共健康、就业福利、住房、城区改造、环境保护、资源保护、双职工家庭的婴儿护理中心，以及其他许多项目。到了20世纪90年代以后，出现了像Ben&Jerry公司、默克公司这样品行优良的企业，一时间成了社会学习的楷模。衡量一个企业经营活动优劣的指标也从早期单纯的经济指标发展为综合性的“企业社会绩效指标”，即判断一个企业的经营效果不仅要看它的经济绩效、看它是否接受社会责任这一观念，而且要看它在主动寻求社会需求、实施具体项目以帮助实现这些需求过程中的表现。应该说与早期的企业社会责任观念相比，企业社会绩效的概念是全新的。在这种企业社会责任观的指引下，企业必须充分了解其利益相关者的利益要求的内容，并尽量调用企业资源来满足这些利益相关者合理的利益要求。也就是说，现代企业中利益相关者的利益要求之所以能够受到企业越来越多的重视，正是因为现代企业社会责任观的确立。

社会对企业的责任行为给予了广泛的关注，并在法律和政策上提出要求、做出引导，规范了企业行为，进一步调动了企业的热情。例如1971年，美国经济发展委员会发表了一个声明，提出“企业的职责要得到公众的认可，企业的基本目的就是积极地服务于社会的需要——达到社会的满意”①。《财富》和《福布斯》商业杂志在企业排名评比时就加上了“社会责任”标准。目前，企业的社会责任

① [德]乔治·恩德勒：《面向行动的经济伦理学》，高国希等译，上海社会科学院出版社2002年版，第230页。

运动正有演变成全球运动的趋势，一个标志就是1997年SA8000社会责任国际标准（Social Accountability 8000 International Standard）已由总部设在美国的社会责任国际（Social Accountability International）发起制定和逐步实施，尽管它目前还是一个局域性的标准，但已经预示着相关标准的国际认同和推广实行。

总之，企业的社会责任早已不是单纯的理论话题，而是一个社会共享观念和实实在在的运动，它正在改变着企业的生存环境，标志着无视社会的传统企业行为已经受到合法性新规则的制约，企业的社会化正在进入一个新阶段。

（二）企业治理机制的演进

自20世纪80年代以来，有关企业与社会的利益协调机制的公司治理（corporate governance）理论受到人们的普遍关注。英语中的治理（governance）一词源于拉丁文和古希腊语，原意是控制、引导和操纵。企业治理结构（enterprises governance structure）原本是法律用语，意为企业权力机关的设置、运行及权力机关之间的法权关系，后来，经济学家把它作为契约制度的替代语，用来解释企业的起源及企业与市场的关系。一般理解的企业治理结构主要是指企业剩余索取权和剩余控制权在企业参与者之间配置的状态。就企业治理机制而言，历史上企业制度安排经历了一个从单边治理演进到双边治理、三边治理再到利益相关者共同治理的拓展过程。[①]①单边治理，主要是就古典企业所遵循的物质资本逻辑而言，个人业主制和合伙制企业是其典型代表，企业契约中物质资本所有者对于雇佣工人的绝对优势和支配地位是其显著特征。②双边治理，是就企业作为物质资本与（异质性）人力资本的合约性质而言。人力资本职能开始从古典企业家身上分离出来而成为企业的重要制度性要素是其显著特征。③三边治理，主要是就企业“员工参与”，亦即“同质性”人力资本拥有者参与企业的治理以及剩余的分享而言。

① 田永峰：《制度环境变量条件下的企业共同治理机制》，《财经科学》2003年第51期，第349-350页。

“员工参与”的逻辑起点，是企业员工对其自身人力资本的产权；“员工参与”的现实状况，取决于企业契约中其人力资本所决定的谈判实力。三边治理体现了企业员工、经理人员、股东之间的博弈制衡关系。④ 共同治理，是就企业利益相关者共同参与企业的治理而言。共同治理已成为现代世界各国企业制度演进的共同趋势。从企业治理的发展历程不难看出，随着企业的社会化，其治理结构越来越趋向于社会制衡。正因为如此，目前各国的治理模式并不相同（例如，现在世界上具有代表性的两种公司治理模式就是英美模式和德日模式），其原因除了社会经济环境存在差异，以及它作为一种制度安排具有社会嵌入性之外，还有就是在治理机制的设计理念上存在着差异。简单地说，企业治理遵循着两种不同的模式，即股东治理模式和利益相关者治理模式，现实的具体治理形式实际上就是平衡这两者关系的结果。

关于股东治理模式，伯利和米恩斯（Berle and Means，1932）及詹森和梅克林（Jensen and Meckling，1976）认为，公司治理应致力于协调企业内部的所有者与经营者之间的关系，公司治理的焦点在于使所有者与经营者的利益相一致。施莱佛和维什尼（Shleifer and Vishny，1997）认为公司治理要处理的是公司的资本供给者如何确保自己可以得到投资回报的途径问题，公司治理的中心是要保证资本供给者（包括股东和债权人）的利益。可见，股东治理模式对公司治理内涵的界定偏重于所有者的利益，其治理目标是追求股东利益最大化，它的极端形式就是单边治理。关于利益相关者治理模式，科克伦和沃提克（Cochran and Wartick，1988）认为，公司治理要解决的是高级管理人员、股东、董事会和公司的其他相关利益者相互作用产生的诸多特定的问题。布莱尔（1995）认为公司治理是指有关公司控制权或剩余索取权分配的一整套法律、文化和制度性安排，这些安排决定公司的目标，谁拥有公司，如何控制公司，风险和收益如何在公司的一系列组成人员，包括股东、债权人、职工、用户、供应商及公司所有者之间分配等一系列问题。这些学者对公司治理的阐述把利益相关者放在与股东相同的位置上，其治理目标是追求社会利益最大化，这是一种共同治理模式。该模式强调有效的治理结构应向这些利益相关者提供所有者那样的激励、权力和责任。实际上，利益相关者治理的实践要早于利益相关者治理理论，其中对单边治理最早的挑战来自企业内部的“经理革命”。伯利（A.A.Berle）和米恩斯（G.C.Means）在 1929 年对当时美国最大的非金融企业中的股权分散和企业的支配状况所做的调查就显示，在最大的 200 家公司中，不依所有权为依据的支配占 65%，于是提出了经营者支配这一问题，后来人们发现经营者支配企业的现象越来越普遍。[①]如果说两权分离的“经理革命”通过人力资本的产权诉求，在事实上改变了“企业是所有者的企业”的观点的话，那么来自股东以外的其他利益相关者的批评以及消费者权益保护运动等社会现实使人们更加认识到企业不再是一种单一的产权结构，而是一组不可割离的利益网络和综合契约，既然股东利益最大化原则并不能导致社会整体的帕累托最优，那就需要企业的社会治理。当然，企业的治理机制设计只能以其内部治理为核心，在治理结构中吸纳利益相关者的参与（相关者内部化）并不应改变企业的基本结构和性质。总之，由所有者的单边治理到利益相关者的共同治理，企业的治理结构发生了改变，它的治理也因边界的不断扩展而趋于社会化，最终实现了内部治理与外部治理的连接。

（三）企业社会治理的产权依据与治理标准

1. 企业社会治理的产权依据

社会治理（social governance）本是社会公共管理的概念，它是在用治理替代统治的社会呼声中被提出的，治理理论和观念实质上是人类在面对共同的难题，寻求解决社会一致有效性问题而发生的一次深刻的认识转折，它因此也成为全球所关注的焦点。社会治理是一个上下互动的管理过程，它包括有权迫使人们服从的正式制度和规则，也包括各种人们同意或以为符合其利益的非正式的制度安

---

① 张其仔：《新经济社会学》，中国社会科学出版社 2001 年版，第 90-91 页。

排。它主要通过合作、协商、伙伴关系、确立认同和共同的目标等方式实施对公共事务的管理。治理的实质在于建立在市场原则、公共利益和认同之上的合作。[①]在公民社会的治理问题中，公共权力是其核心概念，多元化的治理主体在放弃自己的部分权力后结成公共事务的管理联合体，公民参与和政府服务为公共事务的治理提供了一个新的框架。工业社会造就的社会管理模式是政府集权化的、层级的和技术官僚的，而信息社会培育的是分权的、网络化的治理体系。[②]社会治理以共同治理为本，谋求政府公共部门、私营部门、公民社会等多种社会管理主体之间的广泛沟通与交流，通过共同参与、协同解决的方式提供公共服务与公共产品，从而确定社会管理对公众负责的公共责任机制，在社会公正的基础上提高社会管理的效率和质量。企业治理问题起因于同一不可分离的物质财产上行为权利的分割，这意味着传统财产权的完整性和不可分割性被打破，私有产权趋向社会化，使它与众多的利益相关者关联而成为"社会财产"。企业因生产社会化和两权分离而自然成为"社会存在"，相应地，企业治理由最初的物权治理关系发展到行为治理关系，即关系（核心是产权关系）的社会化带来了治理的社会化。企业治理的核心问题是产权配置，"无财产的地方无公正"[③]（洛克语）。与一般的财产权不同的是"产权不是指人与物的关系，而是指由物的存在及关于它们的使用所引起的人们之间相互认可的行为关系"[④]。私有财产关系日益社会化后，随着多元主体的共同参与、社会治理机制和人们相互关系的重新调整，从人的自然权利和劳动索取权出发，必然形成对财产在投入使用过程中的外溢效应进行分割的诉求。这就要求企业即使不能为"大社会（society at large）"的利益运行，也至少应当与"大社会"的利益相协调。[⑤]可见，企业利益相关者

---

① 俞可平：《全球治理引论》，《马克思主义与现实》2002年第1期，第20-32页。
② 孙晓莉：《多元社会治理模式探析》，《理论导刊》2005年第5期，第7-9页。
③ 洛克：《政府论》上篇，叶启芳、瞿菊东译，商务印书馆1997年版，第203页。
④ 冯涛：《体制转轨中的非正式制度安排问题》，《当代经济科学》1996年第6期。
⑤ 冯涛、鲁政委：《虚拟企业的契约特征及其治理》，《财经理论与实践》2003年第5期。

治理的理论依据就是这种“利益相关者合作产权理论”，这种理论认为，企业并非简单实物资产的集合，而是一种治理和管理着专业化投资的制度安排或“利益相关者缔结的一组合约”①。这些利益相关者都向企业注入了自己的专用性资本，都对企业做出过资本贡献，因此也都应当成为企业的产权主体，有权参与企业共同治理和企业剩余的分配。不仅如此，企业的价值创造还依赖于其外围的供应商和顾客，尤其是在生产组织全球化、网络化，市场消费个性化、人性化的经济环境中，企业对其他企业和消费者的无视很可能导致其价值的流失，实际上这种以互动合作为基础，以价值相关为前提的价值网络本身就是共同治理的一种机制。企业的利益相关者包括“特型实物资本”供给者（股东和债权人）、“特型人力资本”供给者（经营者和一般雇员）及“特型市场资本”供给者（供应商和顾客）。②20 世纪 80 年代末以来美国 29 个州相继修改公司法，在法律上明确保护了以这几种类型为主的利益相关者的权利。

2. 企业的社会治理及其社会标准

如果说上述这些利益相关者可以按照常规的治理机制纳入企业治理结构之中，那么，诸如新闻媒体、非政府组织、社区、自然环境等虽也是企业的利益相关者，却很难直接参与企业的治理，更何况其中的自然环境只有靠其社会代理人（或代言人，如行政部门、绿色和平组织等）才能形成治理条件，所以对于这些利益相关者，企业往往并不在意，存在着“治理不足”的问题，而且其中有些并非能以产权方式解决，这就需要建立一种适宜的治理机制来规范企业的相关行为。

企业的社会治理主要是指企业的外部治理。外部治理结构的核心是通过社会和市场对企业的规制来保护各利益相关者的权益，但这种保护以企业对社会责任的服从为限。在现实中，一方面，企业

① 杨瑞龙、周业安：《论利益相关者合作逻辑下的企业共同治理机制》，中国工业经济》1998 年第 1 期。

② 李心合：《面向可持续发展的利益相关者管理》，《当代财经》2001 年第 1 期。

的经济行为已经超出了单纯的经济主体的限制，而越来越外部化、社会化，对企业的治理也已具备了公共管理的特征，是社会管理的重要组成部分；另一方面，在企业治理结构中还没有充分显示出利益相关者治理的完整性，因而其治理的相应部分还是留在了企业的外部，由社会承担其治理责任，所以研究企业的社会治理问题是必要的。企业的社会治理可以视为其外部治理的适宜扩展和公共治理的具体化，它的治理手段不局限于经济方式，而突出了社会公正、道义和社会信誉等非正式规制方式，它是解决企业“治理不足”的基本途径之一。

企业社会责任治理是企业社会治理中的根本，企业社会责任说到底是一种关系责任，而企业的社会关系具有公共性，从企业外部治理来看，它的社会学属性决定了企业社会责任的治理本质上是一种社会治理。所谓企业的社会责任治理，是指社会与企业的利益相关者参与企业的治理过程，或者为其内部治理提供规制产品，或者构建适宜的外部治理环境，其目的不是或不完全是参与企业利益分配，而主要是通过合法化机制实行社会管制以达到对企业的经营外部性进行监督和管理。

近年来，公众对企业社会责任的诉求使企业更加关注其社会可信度和合法性，从而出现了企业作用社会化倾向。在一些国家，特别是发达国家，公司治理的重点转向财务账目公开和企业经营的信息披露，即公司事务必须向社会公开（尤其是在安然事件等发生之后，此类问题更加受到全世界的关注）。同时，许多国际机构把企业担负社会责任称为企业公民化，并为此制定了一系列规则或提出了一些建议。最能说明问题的也许就是 1999 年，联合国秘书长安南建议全球企业参加关于企业社会责任的《全球协议》，希望企业自动遵守在人权、劳工标准和环境方面的九项基本原则。该倡议的内容比较全面地说明了企业遵守社会标准的内容：企业应支持并尊重国际公认的各项人权；绝不参与任何漠视和践踏人权的行为；企业应支持结社自由，承认劳资双方就工资等问题谈判的权利；消除各种形式的强制性劳动；有效禁止童工；杜绝任何在用工和行业方面的歧视行为；企业应对环境挑战未雨绸缪；主动增加对环保所承担的责任；鼓励无害环境科技的发展与推广。截至 2003 年 7 月 10 日，全球已经有 1 185 家企业参加了《全球协议》，其中不少是参与全球生产价值网络的大公司。[①]企业社会责任治理的方式是多样的，它主要来自政府部门、非政府组织和公众。企业是社会的结点，它的利益相关者几乎涵盖了所有社会主体，也包括与整体利益相关联的自然物，所以企业的问题实质上就是社会问题，随着全球化的到来，它也就自然成为了全球问题。在全球性经济交往中，企业的行为受到各方的关注，于是一些官方和非官方的组织开始以标准规范搭建各种形式的交往平台。目前，在由统治到治理的转化过程中，可以生产规制产品的非政府组织在参与企业社会责任治理中起到了积极的作用，已被证明是一条可行的途径。例如，非政府组织作为第三方制定和监督的与企业经营相关的三大标准是社会责任标准体系（如 SA8000）、环境管理体系（如 ISO14000）同质量管理体系（ISO9000）等，被统称为社会标准，有的也是企业之间治理生产过程的全球标准。这些标准对企业的合法性来说具有特别的意义，企业的全球化生存和可持续进化的适合度取决于它对这些社会标准的回应质量，这已经成为基本共识。现在，企业治理出现了趋同的趋势，治理模式和治理工具的趋同将使得企业的合法性更加依赖通用的规范，企业的社会化及全球化的彰显，既意味着企业生存空间的扩展，也预示着社会与企业的共生共荣关系将更加紧密。

---

① 侯若石：《现代公司制度的弊病与企业社会责任》，《开放导报》2004 年第 1 期。

第三章　公民社会视阈的企业存在——企业公民

“企业公民”这一概念最早由福特提出，至今已有百年历史。当年福特公司提出“企业公民”概念主要是出于社会责任的考虑，一个企业就像一位公民一样，不能只考虑索取权利，还要主动承担责任。比如，福特在中国设立了奖金为100万元人民币的“福特汽车环保奖”，旨在奖励并支持在环保领域作出贡献的团体和个人。这样做可以极大地鼓舞员工士气和自信，使其坚信自己不仅仅是为企业工作，更是在为整个社会作贡献。经过多年的发展企业公民这一概念已深入人心，众多企业主动积极争当企业公民，同时对企业公民的研究也在进一步深入。企业公民理念的推广和影响力的扩大衍生出了众多的定义和标准，既有政府及政府间组织制定的标准，如国际劳工组织的有关公约、联合国人权宣言等；也有非政府组织制定的民间标准，包括联合国全球契约（GC）、道德贸易行动（ETI）准则、SA8000等；很多跨国公司自身也制定了一些供应链行为准则，这些公司有迪斯尼、沃尔玛、耐克、宜家等。国际上，从事企业社会责任研究咨询和推广的组织众多，如美国商会企业公民中心、波士顿学院企业公民中心、企业社会责任组织（BSR），英国的企业公民公司，日本的 Council for Better Corporate Citizenship，智利的 Accion Rmpresarial，巴西的 Institutor Ethos 等。

第一节 企业公民概观

一、企业公民概述

企业公民概念属于伦理学、社会文化学和法学范畴，是指一个公司将社会基本价值与日常经营实践、运作和策略相整合的行为方式，它蕴涵着社会对企业提出的要求，意味着企业是社会的公民，应承担起对社会各方的责任和义务。在现代社会，一方面，公民身份本身就有权利与义务对等的含义，另一方面，企业与公民一样都是社会的细胞，因此，从企业公民概念可以看出，社会对企业与公民个人之间存在着强烈的类比，这是有重要意义的。企业公民一词是伴随着企业社会责任发展的，企业社会责任运动兴起于 20 世纪 80 年代的西方发达国家，从 90 年代至今，随着经济全球化进程的不断深入，形成了持续发展的国际潮流。特别是各大跨国公司开始把社会责任上升为公司战略，视其为公司核心业务运作的重要组成部分。从西方发达国家的社会责任运动来看，其经历了以下几个阶段：第一阶段，劳动者权益保护运动；第二阶段，自然资源和环境保护运动；第三阶段，消费者权益保护运动；第四阶段，企业主动承担社会责任运动；第五阶段，国际联合推动企业社会责任运动。从发展历程来看，社会、政府和消费者对企业的要求主要是企业社会责任，伴随企业社会责任（CSR）与可持续发展等理念成为国际上的一股主流思潮，企业公民（Corporate Citizenship）一词得到了广泛的传播。

企业公民这一概念蕴涵着社会对企业提出的要求，意味着企业是社会的公民，应承担起对社会各方的责任和义务。如，为员工提供更好的工作环境和福利、为社会创造就业机会和为社会发展作贡献、为消费者提供安全可靠的产品、同经营合作伙伴建立良好的关系、关注环境和社会公益事业，等等。企业公民不仅仅是为了行善，而是首先要把本职工作做好，确保企业遵纪守法，不骗人，不做假账，不搞伪劣产品，等等。实际上，能否做一个合格的企业公民体现了一个企业的价值取向和长远追求。人们对于企业公民（Corporate Citizenship）没有绝对的定义，对不同的人其含义也不同。2003年《世界经济论坛》对企业公民做出定义为：企业通过它的核心商业活动、社会投资、慈善项目以及参与公共政策的制定而对社会的贡献。企业处理企业与经济、社会、环境的关系，以及与利益相关者（包括股东、员工、消费者、商业合作伙伴、政府和社区）关系的方式，影响着企业的长期发展。根据这一定义，企业公民就是企业在创造利润的过程中，利用企业自身的资源，以合作的方式处理企业与社会、政府、环境以及利益相关者的关系，以此赢得广泛的社会支持，促进企业长期发展的一种理念和策略。企业公民概念既包含企业在社会中的合法权利，又包含企业应尽的社会责任，并且将这种权利和责任与企业长期发展战略相结合。英国的“企业公民公司”（Corporate Citizenship Company）对企业公民概念的解释有下列四点：① 企业是社会的一个主要部分；② 企业是国家的公民之一；③ 企业有权利，也有责任；④ 企业有责任为社会的一般发展作出贡献。在履行这些社会责任的同时，企业界可获得很多不同性质的回报。这一概念在强调企业社会责任的同时也注意了企业的责任，所以企业公民的概念要比企业社会责任更全面和更易于被企业接受，这也是如今许多企业偏爱企业公民一词的原因。

二、企业公民的权利分析

“权利”作为对主体性价值的肯定与阐释，已经成为现代社会赖以存在的一个实质性要素。它既是人在现实生活中的一种基本价值追求，也是社会文明演进过程中不可缺少的力量和条件。权利是对人的自由范畴的制度性规定，它体现的是人作为主体的自我需要和自我满足。权利观体现了一种自由内涵，是一种以私有财产权为核心的、人与人之间竞争的自由。个体向社会履行的义务是为这种自由的实现而提供的一个必要的前提，即维系社会整体的存在和基本的社会竞争秩序。法律意义上的权利观奉行以权利为目的、以义务为手段的“权利本位”原则，它不仅是一个立法的指导原则，而且是一种影响人们思想和行为方式的强势社会信念。这种信念直接导致了个体与个体以及个体与社会整体的分裂与对立。个人一味地追求自己的权利，寻求个人自由的最大实现，却忽视了作为其自由实现条件和空间的社会整体的价值。从最基本的法律关系角度讲，权利与义务永远是一对对应的范畴，片面强调权利而忽视义务必然造成权利实现机制的扭曲。相应地重视义务意味着对人以社会方式的存在、并通过由不确定的他人所构成的社会整体来实现个人权利的辩证关系的肯定。作为企业公民的权利，它应该由以下几个要素所构成：第一个要素是利益。企业权利与利益有着必然性的联系，这种利益既可能是个体的，也可能是国家或社会的；既可能是物质的，也可能是精神的。第二个要素是利益要求。一种利益若无人提出对它的主张或要求，就不可能成为权利。而“法定的要求权必然是以其他人对权利拥有者负有义务为根据的，一种法定权作为一种要求，都是针对他人的，它也是要国家加以承认和实施的要求”①。然而企业的利益要求也只是利益权利本质的一个方面，它无法超越特定的生活条件和自身条件的限制。第三个要素是利益要求的资格。提出利益主张要有相应的资格。根据米尔恩在《人格与人的多样性》一书里的观点，权利之要义是“资格”。说你对某物享有权利，是说你有资格享有它。资格有两种，一是道德资格，一是法律资格。在我国，道德资格决定了所有个人或团体具有创造财富的权力资格，而这种资格则是由我国相关的法律法规赋予的。第四个要素是实现利益要求的权能。它包括权威和能力。利益、要求、资格必须具有权能，才能成立。权能首先是从不容侵犯的权威或强力意义上讲的，其次是从能力的意义上讲的。权威有道德和法律之分。根据夏勇博士的观点：由道德来赋予权威的利益、要求或资格称为道德权利；

---

① [美] J. 范伯格：《自由、权利和社会正义》，王守昌、戴栩译，吴福监、陈维政校，贵州人民出版社 1998 年版，第 82 页。

由法律来赋予权威的利益、要求或资格称为法律权利。这两种权威和与之相适应的两种权利既可结合，也可分离。第五个要素是经济行为的选择自由。主要是指权利主体在法律允许的范围内，可以按个人意志去行使或放弃某种经济活动的内容和形式的权利，不受外来的干预或胁迫。从企业的发展历史来看，长期以来，企业尤其是只注重其权利方面，而忽视其相应的义务。企业享受着一系列资源开采、使用权利，享有在一定区域生存发展的权利，享有自主招聘人员为其工作等权利，但企业为此付出的义务却是相当空洞的。这种权利凸显同时义务却相对缺失，是造成企业不道德行为的根源。

三、企业公民的义务分析

“义务”一词来源于希腊语单词“deon”，含义是有约束力的责任。人们普遍认为，每种权利中都有某种义务，这是每位生活主体的成员身份的一部分。米尔恩指出：“义务在道德和法律中都是一个关键性概念，它的中心思想是，因为做某事是正确的而必须去做它。说某人有义务做某事，就是说不管愿意与否，都必须做，因为这事在道德上和法律上是正当的。”在我国，《中华人民共和国劳动法》已经规定了企业应履行的义务。

关于企业的责任方面，除过比较容易理解的法律、经济方面的责任外，还应包括伦理方面的，即通常所说的企业的四种总体性社会责任：经济、法律、伦理以及非强迫的责任。伦理的责任包括那些未被社会的成员所期望的或禁止的做法与行为，尽管它没有被写进法律。企业法人责任包含三类内容即经济、社会与环境责任。要明确企业的社会责任，首先要弄清企业在处理它与社会的关系时所表现出来的作用与追求目标。如果社会分成了壁垒森严、分界明晰的不同领域，如经济、政治、社会文化，那么企业的作用可以是纯粹经济性质的，它的责任当然也只能限定在经济上。但实际上，不同的领域尽管有独立性，但又是相互联系的，它们在一定程度上彼此重合，而且不可避免地在本质上相互套牢在一起。社会领域的挑战是不可能彼此分离的，公司实际上是受到这些“混合”的因素的影响，不可能作为纯经济组织那样来活动。作为道德行为者的企业法人，是在现实的、综合的层面上来应付这些挑战的。

在社会生活领域，企业责任可以明确为以下几项：经济、政治、社会、文化、环境。每项责任领域都有一定的独立性，就是说，每个领域不能完全作为另一个领域的工具。企业经济领域的责任依据企业经济目标的不同而包含若干项。通常包括如下内容：① 利润最大化：短期的和长期的。② 生产率的改进：生产要素的质量；生产过程的质量；产品与服务的质量。③ 所有者与投资者的财富的保值与增值。④ 尊重合作伙伴。⑤ 公平对待竞争者。⑥ 关心雇员：保留和增加工作岗位；公平支付工资和提供社会福利；再教育与促进就业。⑦ 服务消费者。企业环境领域的责任反映了这样一个事实，无论是社会还是企业，都内在地、不可避免地存在于自然之中。无论企业做出什么决定，采取什么行动，都是与环境相连的，并且在消费自然（企业“投入”原料和能源）、破坏自然（“产出”废料和污染）的意义上影响自然。保护环境的一般标准是“可持续发展”，就是在不损害后代人满足他们的需要的可能性的条件下满足当代人的需要。联系到公司的环境责任，可以归结为：① 认可“可持续发展”。② 消耗更少的自然资源。③ 给环境以更少的影响。

四、企业公民权利与义务统一

企业只要承担经济责任，它的行动也就会有社会的责任。对经济责任的承担不能完全等于对社会和环境责任的承担，因为经济的责任不能取代社会和环境的责任。从概念上来说，这里有一种交替换位，一种责任必须由另一种来平衡，经济责任不能压倒其他的责任。这里的问题是：做出决定的基础是什么，怎样将其具体化。

在普遍意义上的公民意识培养中，权利与义务的统一是带有核心性质的理念，与其他关系相比，它或是处于原发地位，或是处于主导地位。在人们的心目中，认识到公民权利与义务的统一，从一般层面上讲是没有问题的。但两者的地位是否完全对等呢？回答是否定的。因为比较起来，权利更带有根本性，而义务则带有派生性，这是由人的权利的天然性法则推演出来的结论。人们可以说人的权利与生俱来，而不可以说人的义务与生俱来。只是当人们意识到权利的享有需要条件支持时，义务才得以出现。因为没有后者，权利便不能有很好的维持和保护。关于这两者之间的根本性和派生性关系，我们还可以通过两个陈述句的对应目标是否成立来加以验证。第一个陈述句是："尽了义务才能享受权利。"在现代生活中，如果不附加条件它也是不能成立的。只有在附加了"享有权利"的前提以后，这个陈述才能成立。第二个陈述句是："有了权利才能更好地尽义务。"在现代社会中它能否成立，最终也要取决于权利前提的真实程度。所以从这两个陈述句的验证中，一反一正的结果都支持权利对于义务的前导性。对企业公民权利与义务的论述，是要矫正一种只关注企业公民资格的法律向度而忽视其伦理向度的倾向。在合法经济秩序和和谐社会建构中，如果单单建立起一种对企业公民权利的尊重，那是远远不够的，合理的经济发展与社会发展的根基，还在于企业公民通过对社会事务的参与等方式而实现对公共福利的承诺和献身。但是，这一承诺不是抽离于对企业公民权利的尊重，更非反对企业公民权利，相反，它是为了更好地实现企业公民的权利。个体企业如果不愿意哪怕是为了自己的利益而进行小小的自我克制和自我否定，就无法达到企业自身与公共社会的"双赢"。因此从中可以推导出，普遍意义上的企业公民道德不是一厢情愿的倡导，也不是纯粹的道德境界的实现，其实现的前提必须包括对社会的权利和义务的合理分配。

通过企业公民概念我们可以看出，这一概念表明了企业责任与权利的对等性，有其积极的意义，但是企业公民的核心应该是企业的社会责任，企业在拥有众多权利如人格权、财产权、生产经营权、资源使用权、寻求法律保护等权利的同时更重要的是履行社会的责任。

第二节 企业公民理论溯源

回顾企业公民运动的发展历程，不难看出企业公民这一概念是伴随着资本不断扩张，进而引起诸如两极分化、社会贫困，特别是劳工问题和劳资冲突等一系列社会矛盾的背景下提出的，也是跨国公司在追逐高额利润的过程中，为了改善自身形象而践行的理念。如今，企业社会责任已成为国际社会关注的焦点，并形成了一种崭新的管理理念，即企业已不再被看做只是为股东创造利润和财富的工具，它还必须对整个社会的政治、文化和经济发展负责，其中包括：员工利益、消费者利益、商务伙伴、当地社区利益、环境利益、社会弱者利益及整个社会公共利益等。面对这场发展迅速的国际企业社会责任运动，我们不得不去思索其背后的理论支撑点。因此，以下将从企业伦理理论、社会契约理论和利益相关者理论来分析企业公民承担社会责任的理论基础。

一、企业伦理

近 20 年来，西方发达国家普遍意识到企业伦理的重要作用，通过对管理与伦理的整合研究，形成了一系列新的管理理念，给管理思想带来了深刻的变革。企业伦理最初是围绕利润先于伦理还是伦理先于利润、企业是否具有道德地位等企业社会责任问题而进行的研究。但随着研究的不断深入，进而扩展到企业与其有关的环境和社会等领域，包括经济制度和政策方面的伦理问题的研究。在以人为本的新社会价值观的影响下，企业伦理必将成为企业经营管理中的一个不容忽视的重要问题，它对企业的生死存亡、社会经济的健康发展和精神文明建设具有重大理论和实践意义。

（一）企业伦理的含义

企业伦理（Business Ethics）有人将它称为“管理伦理”、“商业伦理”、“经营伦理”或“经济伦理”。韦氏学院大辞典（Merriam-Webster

Collegiate Dictionary）把伦理定义为：“符合道德标准或为一种专业行动的行为准则。”斯坦福哲学百科全书（Stanford Encyclopedia of Philosophy）对伦理的定义为：“① 一般的形式或生活方式；② 一组行为规范或道德规范；③ 有关生活方式或行为规范的调查。”由于企业伦理涉及对企业经营行为是与非、好与坏、善与恶等价值的判断，而作为价值判断的标准避免不了具有一定的主观性和受到客观环境的限制，因此学者们对企业伦理的定义也难免存在一定的差异性。沃尔顿（Walton C.）认为：“企业伦理是对判断人类行为举止是与非的伦理正义规范加以扩充，使其包含社会期望、公平竞争、广告审美人际关系应用等因素。”史得迪文（Sturtevant）和弗雷德里克（Frederick）强调：“企业伦理是个人在面临冲突的目标、价值观与组织角色时所做的决策。”甘泽（Gandz J.）将企业伦理定义为：“含有道德价值的管理决策。”路易斯 · 菲利普（Lewis Philip V）提出：“企业伦理是一种规则、标准、规范或原则，提供在某一特定情况下合乎道德要求的行为与真理的指引。”德国的伦理学家施泰因曼和勒尔提出：“企业伦理的目标是发展具有达成共识能力的企业战略。”他们认为，企业伦理学是一种关于对话过程的方法理论。按惯例原则和现行法规来控制企业的具体行为，本身就包含着冲突，会影响企业内外的相关群体，在这种情况下，企业伦理应该起到指导行为的作用。在生活实践中推行这种理解过程的结果，应该形成合理的实质和程序的规范，这种规范能促进企业在自我承担责任的意义上和平地协调冲突。周祖城解释说：“企业伦理学是研究企业道德现象的科学。”“伦”是指人、群体、社会、自然之间的利益关系，包括人与他人的关系、人与群体的关系，人与社会的关系、人与自然的关系；群体与群体的关系、群体与社会的关系、群体与自然的关系；社会与社会的关系、社会与自然的关系等。“理”就是道理、规则和原则。“伦”与“理”合起来就是处理人、群体、社会、自然之间关系的行为规范。

纵观国内外的企业伦理文献，很多学者提出的企业伦理定义存在明显的缺陷。借鉴和综合以上国内外理论界的研究成果，笔者将企业伦理定义为：企业在其经营活动过程中处理相关利益者的、符合伦理道德标准的、具有可持续战略意义的行为规范。也就是说，企业伦理是发生在企业的经营活动过程中；企业伦理调整的对象是企业利益相关者的利益；企业伦理的依据是伦理道德标准；企业伦理的目的是促使企业可持续发展；企业伦理说到底是一种行为规范。

（二）企业伦理的主要内容

约瑟夫·W. 韦斯（Weiss Joseph. W，2003、2005）在回答企业伦理研究什么内容时提出了商业伦理的层次模型图。他从企业伦理主体出发把商业伦理和商业问题划分为5个层次，即个人、组织、社团、社会和国际。吴成丰（1999）在对台湾424位中小企业员工所做的实证研究中得出企业伦理的主要指标有：组织文化的重建、诚信原则的确立、伦理守则与伦理训练的施行、产品安全与责任的维护及企业内部的道德稽核等。周祖城（2005）也提出企业伦理研究问题的层次理论，他认为，企业伦理学研究涉及5个层次（国际层次、国家层次、行业或职业层次、企业层次和个人层次）以及3个方面（规范性研究、描述性研究和应用性研究）。尽管学者们从不同的角度提出多项企业伦理研究的主要问题，但仍无法涵盖所有的企业伦理的内涵和外延。其主要原因在于我们现在的社会是多元化的社会，不同行业会产生不同的伦理问题，不同时空中也会有不同的伦理问题发生。为了便于了解企业伦理所研究的主要问题，笔者更倾向于把企业伦理研究的主要问题的描述简单化，从探讨范围上分为微观、中观和宏观3个层面：

1. 微观层面的企业伦理

企业的经营活动中，有些经营行为是由集体决策的，属于企业组织行为；有些则是企业利益相关者中单个人的个体行为，如管理人员、技术人员、营销人员、财务人员等的行为，企业相关利益者的个体行为，应该根据什么道德规范来执行，这正是企业伦理微观层面要回答的主要问题。规范好这些个体行为和维护企业的这些利益相关者的个体权益，是企业以人为本管理理念的主要表现，也是企业承担社会责任的最基本问题。康德（Kant，1785）指出：“人应该永远把他人看做目的，而永远不要把他人只看做实现目的的手段。”他把“人是目的而不是手段”视为绝对命令，认为应无条件地遵守。古佩斯特和马瑟斯也认为：“尊重人，把人看做目的而不仅仅是实现目的的手段是企业社会责任概念的核心。”企业伦理微观层面主要探讨企业中的单个人之间即股东、员工、消费者、商务伙伴等这些企业利益相关者的单个人的伦理关系问题。由于这些单个人对企业的经营管理乃至于生存和发展而言担当着不同的角色并发挥着不同程度的作用，就某一项管理行为或经营策略也由于他们处于不同的角度而有不同的行为思路，怎么能把日常管理工作中的正确决策和团队行为观念传递给他们，从而规范这些人的个体行为以符合企业的宗旨、价值观和道德伦理要求就显得特别重要。

2. 中观层面的企业伦理

企业作为社会经济体系中的经济性组织，它们形成了错综复杂的关系。除强制性的法规和制度外，企业伦理对各种经济性组织的运营活动有着很强的约束力，企业在经营过程中需要不断处理企业及其利益相关者的关系，而处理的方式在某种程度上需要用企业伦理加以规范和约束。企业往往也在企业伦理理念的指导下不断地自我调整符合其伦理规范的要求。中观层面主要研究各种经济性组织之间的伦理关系问题。尽管这些组织始终还是由多个个人组成的，但是组织却具有自己的目标、利益和行为方式，并具有一定的自治性，这种自治性具有超越个人行为的特征。由于社会分工不同，各种经济性组织在社会中也同样扮演着不同的角色，这些组织自身的观念，处理同贸易伙伴、竞争对手的关系方式等问题是企业伦理中观层面研究的主要内容。正如霍夫曼（Hoffman）和莫尔（Moore）

所说："我们应该讲究企业伦理，不是因为讲伦理能带来效益，而是因为道德要求我们在与其他人交往时采取道德的观点，企业也不例外。"

3. 宏观层面的企业伦理

企业的创立和发展是以一系列的规章制度为依据的，其一切经营活动离不开赖以生存的社会以及相关的系列制度，也受社会和这些系列制度的影响和约束。反过来，企业的经营活动不仅从经济方面，而且还从社会、文化、技术、环境、政治等多方面影响着这些社会或系列制度。首先，企业组织对人类的生活质量起着举足轻重的作用，每个企业都与其所有利益相关者存在利益正相关的关系，企业的经营效果将最终影响到人类的生活水平；其次，现代物质文明离不开科学技术进步，但科学技术只有通过企业的生产经营才能把技术转变为生产力，科学技术对人类的影响只有通过企业的生产经营活动才能得以实现；再次，企业是人们的主要工作场所，如果企业经营不佳，就会导致失业率上升，不仅会直接影响人们的生活水平，而且事关社会稳定；最后，企业的经营活动对一个地区的自然环境质量也起到决定性的作用，保护和改善地区自然环境离不开企业的参与。

企业伦理规范作为规章制度的重要补充与其相互依存，并对企业的经营活动发挥各自不同程度的作用和影响。企业伦理宏观层面就是主要研究社会或制度层次上（包括经济制度和经济形态如经济秩序、经济政策、社会政策、国际商务活动等方面）的企业伦理问题。在企业伦理理论的这 3 个层面上，单个的人和企业组织都被认为是道德行为者，都被假定有着或多或少的决策自由度，但同时也被要求承担相应的道德责任和义务，尤其强调在企业的管理伦理中，组织行为的伦理指向和伦理影响具有更为突出的位置。美国当代德性伦理学家麦金太尔（Alasdair Macintyre，1981）说："德性是一种获得性人类品质，这种德性的拥有和践行，使我们能够获得实践的内在利益，缺乏这种德性，就无从获得这些利益。”

（三）企业伦理与企业社会责任

1. 企业伦理与企业社会责任的目标一致

企业伦理的出发点是杜绝企业经营中反人性、反社会的行为，并努力促进社会的进步和人的全面发展。如日本经营伦理学会会长水谷雅一所说：“经营伦理学的出发点仅在于消除因只偏重于‘效率’和‘竞争’的思维方式及依此进行的企业活动给人或社会带来的弊病。”因此，仅就企业伦理与社会责任观都注重企业同社会的关系，把经济目标与社会目标相统一，而不是把企业的经济效益作为企业追求的首要的、唯一的目的来看，可以说两者的目标是一致的。

2. 企业伦理的人性化特征强化了企业以人为本的社会责任

企业伦理与社会责任相比，是更深层次的、涉及人本身的问题，它把人类社会中以公正与正义为基础的价值观作为企业经营的前提。因此，企业伦理更强调和注重对人的处理以及物质待遇背后的人的思想意识和人生观问题，也就是说，企业伦理在强调企业社会责任的同时也充分包含了重视人性和尊重人的思想，而不是像社会责任观那样，主要是强调企业同社会的外部关系。相比之下，企业伦理更重视企业利益相关者的个人本身的思想和价值观，即更注意从人性角度尊重人性和尊重人权，充分发挥伦理激励机制在企业经营活动中的作用。正是在这个意义上，日本经营伦理学的先驱高田馨十分精辟地指出：“经营伦理学是社会责任论不可缺少的组成部分，由此，再构成社会责任论的整体”，“其构成由于伦理学框架的支撑而得到进一步的完善”。由于对利益相关者权益的维护是贯穿企业社会责任的核心内容，企业伦理这种特别突出的人性化特性进一步丰富和强化了企业以人为本的社会责任。

3. 企业伦理促进企业承担社会责任

一方面，企业伦理有利于建立企业的经营秩序，提高企业的经济效益。由于企业伦理学是为企业在法规范围之外建立一套道德行为准则的机制，这将促进企业不仅要按照法规，也要按照道德规范自己的经营活动，同时企业伦理要求企业的经营活动要充分考虑相关利益者的利害关系，企业作经营决策的时候要关注经营活动的后果。显然，企业伦理学所赋予的这种企业行为方式将有利于提高企业的行为效率，减少企业由于决策的疏忽所带来的损失。另一方面，企业遵循企业伦理有利于自觉抵制损人利己的不道德行为，加强诚信经营理念建设，增强企业的信誉，树立企业的良好社会形象；同时，企业伦理是维护经济运行秩序的软制度和重要条件，企业伦理的广泛推行有利于提高宏观经济运行效率，减少不规范经济行为和经济摩擦。以上这三方面的企业伦理作用将贯穿于企业的一切经营活动，最终促使企业在企业伦理要求的基础上去承担社会责任。

综上所述，企业伦理在规范企业经营活动的同时，也在促进企业社会责任观的形成和进一步的完善，为企业社会责任的发展提供了坚实的文化基础。由于企业伦理是伴随着企业的产生而出现的，有着深远的历史和丰富的内涵，也形成了较为成熟的理论体系，这就为企业社会责任提供了理论支撑。同时企业社会责任的发展也将对企业伦理理论产生影响，对企业伦理的观点也进行不断的检验、修复和完善。

二、社会契约理论

社会契约（Social Contract）或盟约概念的起源可追溯到苏格拉底和希腊诡辩论者活跃的时期。社会契约理论是中世纪以来对西方国家有着重大影响的一种社会学说，它的兴起与西方的契约文化传统、社会变革和契约经济的发展等因素有着密切的联系。理论界普遍认为，霍布斯（Hobbes Thomas，1588—1679）是社会契约理论的创始人，他 1651 年在其著作《利维坦》（Leviathan）中按照普通契约理论的原则证明了国家是社会契约的产物。他认为："国家作为社会契约产生的前提是人在自然状态下的平等，大自然赋予人身体和精神的力量是基本平等的。人在自然状态下的平等是社会契约的前提条件。国家作为社会契约是大多数人定的，个人必须服从大众，因为签订社会契约时，这个行为本身就隐含着他必须服从大众的意思。"自20世纪80年代初以来，社会契约理论得到了普遍的应用，并伴随着国际企业社会责任运动的发展不断完善和丰富，对企业经营活动和管理行为产生了重大的影响，同时也为蓬勃发展的企业社会责任运动提供了理论基础。

（一）社会契约的含义

契约一般是指由行动各方签订的或认可的一系列用来规范行动的行为条款，但自从有人将契约作为社会规范来分析，并提出社会契约概念后，学者们对社会契约的理解就有很大的差异。"契约论是宏观契约论和微观契约论的综合，统称综合社会契约理论，被人们看作是从道德角度评价决策的基础。"①"社会契约最初作为一种社会规范是自然而然地产生的。"②当代社会契约理论的重要代表人物——唐纳德森和邓菲（1991）在解释社会契约理论时说："我们社会需要以一种不同的方法来探讨企业伦理学，这种方法要揭示隐蔽的然而极其重要的协议或'契约'，它们把各种行业、公司和经济制度连接成道德的共同体。出人意料的是，我们所采用的方法，也是一种要论及压倒一切个别契约的更深层、更普遍的'契约'的方法。"③约翰·密尔（Mill John S.）在解释社会契约理论时指出："虽然社会并非建筑在一种契约上面，虽然硬要发明一种契约以便从中释出社会义务也不会达到什么好的目的，但每个人既然受着社会的

① [法]卢梭：《社会契约论》，何兆武译，商务印书馆1982年版，第78页。
② [法]卢梭：《社会契约论》，何兆武译，商务印书馆1982年版，第79页。
③ [美]托马斯·唐纳德森、托马斯·邓菲：《有约束力的关系——对企业伦理学的一种社会契约论的研究》，赵月慧译，上海社会科学院出版社2001年版，第295页。

保护，每人对于社会也就该有一种报答；既然每人都生活在社会中，每人对于其余的人也就必须遵守某种行为准绳，这是必不可少的。”这种行为准绳，“首先是彼此互不损害利益，彼此互不损害或在法律明文中或在默喻中应当认作权利的某些相当确定的利益；第二是每人都要在为了保卫社会或其成员免于遭受损害和妨碍而付出的劳动和牺牲中担负他自己的一部分（要在一种公正原则下规定出来）”①。乔治·斯蒂纳和约翰·斯蒂纳（1997）把社会契约直接看成是企业的社会契约，他们说：“如果社会不接受某个企业的活动，这个企业不是受到干预，就要进行改组。”在任何一个试点上，企业和社会之间都存在一种基本的协定，被称为社会合约（Social Contract）。这个合约反映了企业与社会之间的各种关系，并部分地以立法和法律形式表现出来。它还基本反映了支配企业行为的习惯和价值观。不幸的是，对其管理者来说，这种契约并不像契约面临的经济力量那么清楚明白，它通常比较复杂，含糊不清。罗尔斯（Rawls John）是这样理解社会契约的：“契约论正义观念的本质特征是，社会的基本结构是正义观念的首要主题。”这种契约论观点始终就是为这一特殊又明显极为重要的情况制定出一种正义理论为目标，而作为其结果的正义观念，则对适合其他的规范和讨论领域具有某种导向性的首要意义。邓菲还说：“对很多人来说，以非正式契约的形式为社会确立规范的观念似乎来自于本能。在一般的商业文献中，经常引用到具体的现成的社会契约。例如，在人力资源管理文献中，它被频繁地用来指雇主与雇员间的社会契约关系。在公共事业管理、会计、资本收益税收的文献中，也可以找到社会契约的这个术语。”她还经常把某一民族国家比作“社会契约”。阿克塞尔罗德（Axelrod R.）说：“社会契约已成为支持民主管理形式的一种有力标志，其实质是用一种虚拟的协议把合法性赋予一套非常现实的法律和制度。”

---

① [英]约翰·斯图亚特·密尔：《论自由》，赵伯英译，陕西文化音像出版社 2009 年版，第 217 页。

唐纳德森和邓菲（1991）[1]还对综合的社会契约论进行了详细地解释："综合的社会契约论是'综合的'，意指它把社会契约的微观和宏观的形式结合在一起。'宏观的'契约指理性的人之间广泛的假设的协议。而'微观的'或'现存的'契约是指行业、公司、同业工会等组织内部或者相互之间存在的非假设的、现实的（虽然通常是非正式的）协议。综合契约论由于坚持要企业伦理学充分考虑到公司、行业和其他经济共同体内部的现存协议，就避免了通常与传统伦理学理论连在一起而含糊不清，而由于坚持任何现存的契约都要与宏观的或者假设的契约所确立的道德限制保持一致，就避免了相对主义。"

从上文中的国内外文献中，我们可以看到，不少学者在研究企业社会契约的时候，把企业社会契约直接称为社会契约。但笔者还是认为应把社会契约和企业社会契约的定义加以明确区别，并将社会契约定义为：一套约束不同社会成员的行为模式的规则和假设。社会契约不是一种正式的书面合约，而是一种关于行为准则的非正式协议，或者说责任是契约各方所能共同接受的共同义务，即契约各方既要对各自的行为负责，也要有能力关照自身的利益。企业与社会之间的社会契约就叫企业社会契约，即约束企业及其利益相关者的行为模式的规则和假设。

（二）社会契约理论的主要内容

社会契约理论的另一个重要代表人物——卢梭（1762）说："要寻找出一种结合的形式，使它能够以全部共同的力量来维护和保障每个结合者的人身和财富；并且仍然像以往一样地自由，这就是社会契约所要解决的根本问题。"唐纳德森和邓菲（1991）[2]认为，社

① [美]托马斯·唐纳德森、托马斯·邓菲：《有约束力的关系——对企业伦理学的一种社会契约论的研究》，赵月慧译，上海社会科学院出版社2001年版，第299页。

② [美]托马斯·唐纳德森、托马斯·邓菲：《有约束力的关系——对企业伦理学的一种社会契约论的研究》，赵月慧译，上海社会科学院出版社2001年版，第304页。

会契约理论研究的内容是通过社会契约理论，考察经济行为人在怎样的范围内（或者个别地或者群体地）共同构造他们自己的道德观。

本文要探讨的企业社会契约的主要内容是企业经营活动中对社会的责任和承诺。由于企业经营活动中要平衡和处理的关系是多方面的，因此，企业社会契约研究的对象也是多元化的。由于唐纳德森和邓菲提出的社会契约是一个笼统的概念，无法深入探讨企业契约组合因素在企业运行中的具体影响，因此，笔者更倾向于采用李伟（2003）提出来的将企业社会契约分为企业内部社会契约和企业外部社会契约的分析方法。

1. 企业内部社会契约

企业内部社会契约是指企业对员工及管理者等内部利益相关者的责任和承诺，包括企业对股东、管理者、员工等所有企业内部的利益相关者的人身安全保证、劳工权益、自由和尊严、收入权益的保障，等等。在管理通讯《优秀经理》中，施特兰德尔（Strandell, 1991）指出，我们的公共持股大公司的管理层与股东、顾客与雇员之间存在一种默认的社会契约，雇员的社会契约正在被打破。她列出了各种违背契约的实例，包括：要求雇员在假日里抽出一部分时间无报酬地工作；动用公司资源为经理们改建住宅、工作室或度假用房等。企业内部社会契约要求企业解决各种对内部利益相关者歧视性的企业行为，做到一切机会真正向所有的内部利益相关者开放，所有员工和管理者无论职位高低都在人格上一律平等，并公平、公正地解决收益分配、劳动权益等问题。企业内部社会契约的研究内容最主要的有以下几个方面：

（1）企业与员工的社会契约。主要包括：企业应根据劳动法规与工人签署劳动合同，明确雇佣条件，不附带任何限制性的、不合理的条件，更不能有强迫性劳动，包括契约劳动、抵债劳动、奴役劳动和以惩罚为恐吓手段的、被强迫的或者非自愿的劳动；企业应提供一个安全、健康的工作环境，并采取必要的措施，在可能条件下最大限度地降低工作环境中的危害隐患，以避免发生危害健康的事故；企业应尊重并保证所有员工自由组建和参加工会以及集体谈判的权利；企业对员工不得有国籍、种族、宗教、社会等级、身体健康、性别、性取向、年龄等歧视；在工作时间和薪酬方面，企业应该执行法规和行业标准有关规定，等等。

（2）企业与管理者的社会契约。由于企业委托—代理制度的存在使得股东与管理者之间存在一定的信息不对称，所以企业与管理者的社会契约要求管理者主动披露企业经济活动的相关信息，以对股东和企业负责任的态度管理企业的各项经济活动。同时还要求管理者要在目标上取得与企业股东的一致性，防止管理者以权谋私，损害企业和股东的利益。

（3）企业与股东的社会契约。该契约要求股东按照委托—代理制度的约定，履行股东出资等职责和维护其合理权益，不能违规干预管理者的经营活动。

2. 企业外部社会契约

企业外部社会契约是指企业对消费者、其他企业组织以及社会管理者——政府等企业外部利益相关者的责任和承诺，包括对消费者产品和服务质量保证、信息发布准确保证、对其他企业的诚信经营保证、对政府的遵纪守法保证，等等。由于企业的外部利益相关者较多，企业的外部社会契约研究的内容也比较广，主要的内容有：

（1）企业与消费者的社会契约。主要是消费行为的发生产生了企业与消费者之间产品或服务的契约关系，同时也产生了企业要维护消费者权益和平等交易的社会契约。包括：企业提供的产品和服务不应侵害顾客的基本权利，不得提供假冒伪劣产品；企业应对消费者诚实不欺、信守承诺、保证相关信息透明，商品的用途、使用方法、有效性、质量等方面的信息准确，无欺骗；无价格欺诈，信守平等交易原则，等等。

（2）企业与其他企业组织的社会契约。是指企业应当公平地对待所有的商务合作伙伴以及其他的利益相关企业组织，履行对其他企业组织的责任和承诺。包括：按期付款、信守合同、公平交易，等等。理查德·A. 斯皮内格（Spinello Richard A.）就把这种企业与其他企业组织的社会契约理解为："供应商和客户之间的关系是建立在一种默契或明契之上的，而且供应商的道德义务也牢牢地建立在这个契约上。"

（3）企业与公众的社会契约。该契约要求企业切实维护公众的基本权益。包括：企业的生产经营活动不得污染社会环境和破坏自然环境、企业的生产经营活动不得危害公众的安全与健康、企业的生产经营活动不得破坏社会的可持续发展、对社会公众发布的生产经营信息保证真实无欺骗，等等。

（4）企业与政府的社会契约。该契约要求企业严格遵守法规和政府的规章制度进行生产经营活动，并尽量能按政府的经济社会发展规划的政策导向从事生产经营活动。同时，企业要尽量承担其外部不经济行为引起的成本，也就是要使负的外部性成本内化，减少政府宏观经济管理的压力。

企业的社会契约会受到文化、历史、制度等人为因素的影响而有所变化，不同地区或不同历史时期企业所面对的社会契约会有所不同。约瑟夫·W. 韦斯（2003）说："公司与消费者和公众之间有隐含的社会契约，这种契约建立在互相信任的基础上，且双方都认为公司考虑消费者的利益，但是，即便是社会契约也会因社会经济变化而有所不同。"企业社会契约的变化反映了社会对企业期望的变化。另外，由于企业外部的利益相关者也是变化的，这就导致了企业社会契约约束的对象也在不断变化之中。

3. 社会契约与企业社会责任

（1）社会契约为企业社会责任奠定了理论基础。

"社会契约理论是一种非常抽象的概念，但它却暗含着企业必须符合公众的期望，契约主要是企业责任的一种扩展概念，因为它不加任何严格限制地增强了企业对许多社会因素的义务。"从哲学上讲，企业可能要被赋予比今天它们乐意承担的种类更多的义务。帕尔默（Palmer E.）等学者也同样认为社会契约论支撑了企业社会责任的概念。企业的运作方式应该根据社会与企业之间的社会契约所约定的内容来确定。这种运作方式可能是在法律的指导下进行，也可能是企业自愿以符合社会规范与期望的方式运作。帕特里夏·沃海恩（Werhane Patricia）和爱德华·弗里曼（Freeman Edward，2001）也认为社会契约一直是企业承担社会责任的依据，他们说："社会契约方法一直被用来解决商业伦理中的具体问题。"约瑟夫·W. 韦斯（2003）也说："公司的利益相关者管理方法也是建立在社会契约概念的基础之上。"邓菲（1991）强调指出："现实的或现存的社会契约构成了企业道德规范的一个重要的源泉，当这些现实的但通常非正式的社会契约以自由而明智的一致同意为基础，并且当它们提出的规范与更广泛的伦理学理论原则相一致时，它们显然就成了强制性的。"

（2）社会契约尊重人权的核心内容与企业社会责任的以人为本。

很多社会契约都体现在社会风俗习惯之中，其行动目标就是要让各个社会成员的单个行为符合社会发展和大部分成员的需要。企业是一系列企业社会契约关系的总和。企业的利益相关者存在着一种复杂的契约关系，履行利益相关者的契约义务是企业的社会责任。唐纳德森和邓菲（1991）认为："所有契约论方法的核心乃是承认并尊重人的主权。"①"企业管理人员与顾客之间的社会契约关系（或是合约）体现了'卖方必须关心买方'的态度，而不是'买卖双方互相关心'。""失去公众的信任对企业及其投资者来说是有害的，保持并加强公众对企业信任的一种方式是行为合乎伦理"②，也就是说，行为表现出对企业的投资人和客户的关心。而尊重人权、以人为本也是企业社会责任的核心理念。

① [美]托马斯·唐纳德森、托马斯·邓菲：《有约束力的关系——对企业伦理学的一种社会契约论的研究》，赵月慧译，上海社会科学院出版社2001年版，第292页。

② [美]托马斯·唐纳德森、托马斯·邓菲：《有约束力的关系——对企业伦理学的一种社会契约论的研究》，赵月慧译，上海社会科学院出版社2001年版，第178页。

(3) 社会契约维护了企业社会责任所提倡的社会公平。

企业与社会之间也存在着一种契约关系，企业有义务遵守这种契约。企业社会契约要求企业的行为必须符合社会的期望，要求企业有责任为社会和经济的改善尽自己的义务。社会契约理论着眼于整个社会的利益和发展，社会公平是社会契约所维护的重要内容之一。谢拍勒（Scheppele K.L.）认为："社会契约的观点为人人拥有平等的机会加入金融市场提供了依据。"威廉姆森（Williamson E., 1975）主张："通过企业签约和市场签约的形式，解决各个经济组织间由利己动机、有限理性或信息不对称所造成的不确定性问题，通过签约这种契约形式使企业许下诺言进而兑现诺言，从而尽到社会责任，使诸如劳工等问题得以解决。""在市场经济条件下，企业的契约关系表现为一种利益相关者平等交易的关系。"而维护社会公平也是企业社会责任的重要目标之一。

(4) 社会契约促进了企业社会责任运动的发展。

今天，社会和企业之间的契约条款内容比以往的有着明显的和重要的不同，企业正被要求对社会承担起比以前更多的责任，在更广意义的人文价值上起作用。因为企业的存在是为了服务社会，企业的未来将取决于管理者对变化着的公众期望回应的效率。在 1999 年 1 月的世界经济论坛上，联合国秘书长号召全球企业的领导者"采取并参与"《全球契约》（ Global Compact），该契约概括了国际化经营活动在人权、劳工以及环境领域的 9 项基本原则。

三、利益相关者理论

企业公民的产生和发展与利益相关者理论是紧密相连的，因此，了解利益相关者理论对探讨企业公民起源与发展有着重要意义。企业的利益相关者理论对企业的利益关系进行了比较全面的研究，在这一点上，它对于我们理解现代企业的社会经济职能和作用具有一定的借鉴意义，同时利益相关者理论也是企业公民这一理念的基础，对利益相关者理论的研究不仅会使对企业公民的理解更进一步而且会对企业公民的发展产生重大影响。

（一）利益相关者理论的产生

“利益相关者”一语译自英文“stakeholders”一词，原意为冒风险者，特指下赌注的关系人。在社会生活中，任何事物都不是孤立存在的，都会与其他事物形成某种特定的联系，也就是说都存在着若干“利益相关者”。从企业的角度看，一方面，股东、雇员、债权人、消费者、供应商等，作为企业的伴生物，从企业产生开始就已经确立了其“利益相关者”的关系主体地位；另一方面，尽管一般的利益相关者范畴包含股东在内的所有利益关系群体，但利益相关者理论主要针对的是“股东至上”的传统企业价值观，提出企业需要为所有的利益关系群体服务，不存在某个关系主体利益的绝对优先。

企业的“利益相关者”（stakeholder）是以“股东”（shareholder）为参照物而提出的。一般认为，20世纪三四十年代开始，人们开始关注股东以外其他与企业有密切关系并产生重要影响的利益主体，如雇员、供应商、消费者、社区，等等。多数学者都以1963年斯坦福研究院在其一份研究报告中对“利益相关者”范畴的明确界定作为利益相关者理论研究的一个开拓性的标志。在这份报告中，利益相关者（stakeholder）概念被明确地作为股东（shareholder）的对应物提出，并被定义为这样一些群体（groups），没有他们的支持企业组织就不会存在。其后，利益相关者理论的代表性人物之一弗里曼于1984年出版了《战略管理：利益相关者方法》一书，给出了一个被广泛引用的利益相关者的定义：利益相关者是能够影响组织目标的取得，或者受其影响的所有群体或个人。

19世纪80年代开始，自由资本主义逐渐向垄断资本主义过渡。资本主义生产组织形式出现了以下几个显著的变化。首先，经过频繁的企业并购，在一些主要的产业部门形成了资本高度集中的垄断组织，这些垄断组织不仅拥有经济霸权，而且在政治上的影响力也日益扩大。这些大型企业在追求自身利益最大化的过程中，日益形成对价格、市场等的垄断，逐渐与社会公众产生了矛盾。这种矛盾不断积累并激化，导致出现了反企业浪潮。其次，垄断力量的发展，在一定程度上正在颠覆传统资本主义的根本——自由竞争，“看不见的手”逐渐失灵了，为了调和矛盾，在一定程度上维持资本主义的自由竞争，政府开始干预经济活动，对垄断等大企业行为进行管制。最后，股份公司作为现代企业制度日益成熟，伴随着证券交易市场的发展，企业的运营方式发生了重要的变化，即所谓的“经理资本主义”的产生。与古典企业组织不同，现代公司制企业是独立的法人主体，拥有独立于其所有者的法人财产，独立承担民事责任。从表面上看，企业已经不再是股东的企业了，而具有了法律上的独立人格。股东、债权人、消费者、供应商等从法律意义上看，与企业都是平等的法律主体。

于是，一方面，企业需要采取措施来缓和与公众的矛盾，不能再片面强调自身利益，或曰股东利益的最大化，开始重视雇员、消费者乃至社会的福利；另一方面，尽管企业受到政府的管制，但同时它也是政府政策的潜在支持者，企业目标的适当调整不仅有助于企业获得政府的支持，也有助于社会的稳定。加之企业组织形式的变化，所有权的分散和所有者控制权的淡化使企业越来越表现为一个纯粹的生产性协作组织，生产关系的决定作用被弱化了，取而代之的是“自由平等”的资本主义法权精神。正是在这样的政治经济背景下，产生了“利益相关者”的理论诉求，其基本观点是，企业的生存与发展有赖于各个利益相关者的参与、合作，因此，企业不应该仅仅以股东利益至上，而应该综合平衡各利益相关者的利益。

（二）利益相关者理论的发展

20 世纪 80 年代以来，有关企业利益相关者理论的研究主要在企业管理、商业伦理、公司治理等领域展开。根据唐纳德森和普雷斯顿的综合分析，有关利益相关者的研究基本上可以分为三种类型。第一类为实证性或称为描述性研究，主要是利用一系列的相关概念对现实中企业与利益相关者关系进行描述和解释；第二类为工具性研究，主要运用统计工具分析利益相关者管理实践与企业绩效之间存在的因果关系；第三类为规范性研究，主要解释为什么企业应当考虑利益相关者的利益，主要是在伦理学意义上对企业利益相关者关系进行判断。

总的来说，企业利益相关者的理论研究尚未形成完整的理论框架，甚至连作为基石的企业“利益相关者”的概念界定和分类都尚未能形成一个标准。自斯坦福研究院和弗里曼之后，不同的学者在其论著中提出了数十种企业“利益相关者”的定义和分类标准，但没有一个定义和分类方法能够为多数研究者所公认。相对而言，利益相关者概念在企业管理学和商业伦理学的研究中获得了较大的进展和认同。在弗里曼的标志性著作中，利益相关者理论就是作为企业战略管理的新视角出现的。其后的许多有关利益相关者的文献资料更多地也是针对“利益相关者管理”进行分析研究。其中较具代表性的是加拿大多伦多大学管理系的马克斯·克拉克森（M.Clarkosn），他创立了“克拉克森企业伦理研究中心”，并于1993年和1994年组织召开了两次关于利益相关者理论的国际研讨会。他提出了利益相关者管理的七条原则（Principles of Stakeholder Management），也称为“克拉克森原则”。正如前文所述，社会分工的细化以及现代企业组织形式的变革使得企业的社会关系日益复杂，企业的持续发展必须建立在协调与各种关系主体的关系上。例如，为了保证生产的持续进行，必须拥有稳定的原料供应，特别是当原料市场处于供不应求的状况时，协调与供应商的关系可能就会成为企业成败的关键；又如，有组织的集体罢工可能导致企业停产，造成无法挽回的损失；或者，由于消费者的诉讼使企业面临巨额赔偿，等等。企业管理的目标也就在于为经营活动创造一个良好的内外部环境。尽管由于各利益关系主体对不同企业的影响力不同，因而企业给予的关注程度也不尽相同，但构建一个多元的管理目标体系对于绝大多数企业来说都是必不可少的。

但当利益相关者理论进入公司治理领域，试图对企业的所有权和控制权进行再阐释的时候，尖锐的批评和争论就出现了。利益相关者理论认为，企业必须多方位地考虑利益相关者的利益诉求，这就打破了传统的“股东利益至上”的企业逻辑。在传统的企业治理模式中，股东通过董事会来实现其对企业的所有权，并以此保证企业始终遵循“股东利益至上”的逻辑目标。因此，应通过改造企业治理模式，将债权人、员工、供应商、消费者等利益相关者引入企业内部治理结构中，变“单边治理”为“共同治理”。那么，企业就不再纯粹属于股东所有了，而应是以利益相关者价值最大化为目标的“利益相关者公司”（Stakeholder Corporation）。从总体上看，两者的分歧主要表现在技术层面和价值层面上。从技术层面上看，传统的企业治理逻辑经过数百年的沿革，已经形成了较为规范的微观运行机制并有完整的法律制度予以保障，尽管其仍然存在一些不足之处，但始终处在不断的自我完善过程中。而“共同治理”的概念显然并不具备可操作性，因为迄今为止人们尚未就利益相关者的界定达成共识，更谈不上划定其在企业内部治理结构中的权利了。仅仅考虑其中任何一个利益关系主体，人们都不得不面对类似这样的悖论：如果老供应商被合法地安排在董事会上，那么企业该如何去寻找新的更具优势的新供应商呢？研究者们往往引用美国 29 个州对公司法的修改案来作为新的变革的有力佐证。但是考察有关法案的条款，其实仅仅提供了对现有股东权利的一些限制，其侧重点还是在抑制投机性收购活动、稳定资本市场上。

从价值层面上看，则可以直接触及所有分歧的根源，即利益相关者理论似乎背离了资本主义产生发展的基石：自由主义，即资本对利润的自由追逐。股东、员工、供应商、消费者、社区、政府、社会责任等，当所有的这些利益被捆绑在一起，它们就将成为“自由主义”的绊脚石。因为人们将面临又一个悖论：一方面为强化其他利益相关者的利益诉求而提倡“众生平等”，另一方面却在限制、剥夺股东的应得利益。很明显，“利益相关者”原则的贯彻必须依靠政府的强制手段，才有可能打破传统的资本主义法理基础。这种干预主义受到了传统自由主义者的强烈抨击，进而演变成对不同资本主义发展模式的论战。其中引人瞩目的是，1996 年，英国首相布莱尔颇具代表性地提出了发展以“利益相关者资本主义”为特征的经济，取代以传统的股东资本主义为特征的经济。具体来看，就是把以英美为代表的“股东利益最大化”的企业价值观与欧洲大陆和日本等一些国家为代表的相关者利益均衡的企业价值观相对照。其赞同者认为，在资本主义自由市场经济发展的过程中，逐渐远离了某种平衡机制，“以致造成了一种不稳定的社会环境的出现，导致了社会排斥和两极分化，这实际上摧毁了成功的、有规则的市场机制赖以发展的社会基础”，因此，资本主义要得以持续发展，必须建立起具备某种利益平衡机制的微观基础。

反对者则认为这种新的模式将严重损害适者生存的市场法则，影响市场经济的效率，称其为“资本主义反对资本主义”。从公司治理模式开始，上升到意识形态和价值观的争论。那么，从传统的资本主义，或曰“股东资本主义”，到“经理资本主义”，再到“利害相关者资本主义”，是否确如论者所言，出现了“资本主义反对资本主义”的意识形态上的尖锐对立？当然论者必受自身所处时代的现实所局限，再加之缺乏正确的历史观和方法论，势必“不识庐山真面目”。虽然“利益相关者企业”理论尚未形成完整的学科体系，还不能构成对西方主流企业理论的根本对抗，但是，这一概念的产生发展来源于现实，并已经形成一种研究传统，具有不容忽视的现实意义。因此，本文拟以马克思主义政治经济学的分析方法比较主流企业理论与利益相关者理论的差异，追溯其源流，这对于正确认识企业的性质及其利益关系具有十分重要的意义。

（三）利益相关者理论的主要内容

利益相关者理论出现在社会学和管理学的交叉领域，主要研究社会各相关群体与企业的关系。该理论于 20 世纪 60 年代后在西方国家逐步形成，20 世纪 80 年代以来其影响不断扩大，并对传统的公司治理模式和企业管理方式产生了巨大的冲击。利益相关者理论最先是针对在企业投资收益分配问题上，以企业所有权和控制权分离理论为基础的股东至上理论而提出来的。利益相关者理论也是公司治理机制长期发展变化的产物，它是对股东至上传统理论的一种否定和修正，其存在和发展反映了现代市场经济的现实要求和发展方向。从理论渊源上看，利益相关者理论与企业社会契约理论和产权理论有着密切的关系。

传统管理理论把利益相关者（Stakeholder）只看成是那些供应资源或购买产品、服务的个人或群体，现代管理理论却赋予利益相关者更为丰富的内涵，利益相关者概念的演变是与企业和社会的发展进程同步的。根据利益相关者理论的代表人物之一的弗里曼(Freeman）的解释，利益相关者是指："能影响组织行为、决策、政策、活动或目标的人或团体，或者是受组织行为、决策、政策、活动或目标影响的人或团体。"阿奇·卡罗尔和安·巴克霍尔茨认为："利益相关者是在一家企业中拥有一种或多种权益的个人或群体。如利益相关者可能被企业的行动、决策、政策或做法所影响，这些利益相关者同样能够影响该企业的行动、决策、政策和做法。企业与利益相关者之间是互动、交织影响的关系。"约瑟夫·W. 韦斯（2003）认为："所谓利益相关者是指那些引发问题、机遇、威胁并对此做出积极反应的个人、公司、组织和国家。互联网、信息技术、全球化、放松管制、合并以及战争等诸多技术、经济、政治因素使外部环境变化加快、不确定性加大，而利益相关者（如职业人员、企业员工、消费者、社团成员）甚至社会都必须在这样一个外部环境中开展商业活动、进行伦理抉择。"他还就利益相关者群体进行具体分类。他认为，企业一级的利益相关者（Primary Stakeholders）包括企业所有者、客户、员工、供应商、企业股东、董事会、企业的CEO和其他高级管理人员。二级利益相关者（Secondary stakeholders）包括所有其他利益群体，如媒体、消费者、游说议员的人、法院、政府、竞争对手、公众和社会等。陈宏辉认为："利益相关者是指那些在企业中进行了一定的专用性投资，并承担了一定的风险的个体和群体，其活动能够影响该企业目标的实现，或者受到该企业实现其目标过程的影响。"

随着公司制的发展以及所有权和管理权的逐渐分离，利益相关者概念的内涵得到广泛的认同，也越来越引起社会各界的重视，很多企业逐步意识到，企业要取得可持续发展，必须处理好与主要相关群体的关系。

沃海恩和弗里曼指出:“利益相关者理论内容是指一系列认为公司中的管理者应对诸多利益相关者团体负有责任的观点。”卡罗尔和巴克霍尔茨在谈到利益相关者理论的主要内容时说:“对利益相关者管理的探讨需要考虑的因素包括社会、伦理以及经济方面的，且必须涉及对规范性及工具性的目标和看法的讨论或坚持。”如果我们打算收集到利益相关者管理需要的基本信息，就必须回答好如下五个重要问题：谁是我们的利益相关者？我们的利益相关者都拥有哪些权益？我们的利益相关者给企业带来了哪些机会？提出了哪些挑战？企业对其利益相关者负有哪些责任（经济、法律、伦理以及慈善的责任）？企业应该采取什么战略或举措以最好地应对利益相关者方面的挑战和机会？综合起来，利益相关者理论研究的主要内容有:

1. 企业与其利益相关者的关系

“在涉及相关利益团体模型中，如何精确的定义和识别相关利益团体向来争论不休。有些人运用非常广泛的定义，例如包括下一代、自然体，比如地球的大气层、海洋、土地以及各种生物，因为公司的活动对这些方面也有影响。”从詹姆斯·E. 波斯（Post James E.)、安妮·T. 劳伦斯（Lawrence Anne T.）和詹姆斯·韦伯（2002）提出的利益相关者理论中便可以充分地看出企业与其利益相关者的关系。他们把企业的利益相关者分为首要和次要两个层次，其中，企业与其首要层次的利益相关者之间的具体关系就是:企业需要实现的首要目的是为社会提供优质的产品和服务。投资者（股东）和债权人为企业提供充足的资金供应；员工贡献其工作技能和知识；供应商为企业提供所需要的原材料、能源和其他物资；同时，批发商和零售商帮助企业把产品从工厂转移到销售机构，再转移到客户手中。所有的企业都需要有愿意付钱购买其生产的产品和服务的客户，并且大多数企业还要与其他向同一市场提供类似产品和服务的企业进行竞争。

实际上，企业与社会的联系大大超出了首要利益相关者之间关系所涵盖的范围。当这种利益相关者之外的群体对企业的活动予以关注并表示出兴趣时，就会出现次要的利益相关者。次要利益相关者是指社会中受企业的基本行为和重要决定直接或间接影响的个人及团体，包括社会公众、各级政府、社会团体及其他人群。将这些互动关系和利益相关者称之为“次要”，并不意味着其与首要的利益相关者相比不重要。同时，在大多数情况下，它们相互交叉。

2. 企业的投入主体

传统主流企业理论认为，股东是企业的唯一所有者。利益相关者理论却认为，股东不是企业投入的唯一主体，企业的股东也是多元的。布莱尔（Blair）就说：“将股东作为企业的唯一所有者是一种误解，企业绝不是简单的实物资产的综合，而是一种法律框架。”在企业的所有生产经营要素中，股东的出资只是其中的一部分，除此之外，企业管理人员、企业员工、供应商、顾客、债权人甚至消费者等利益相关者都做出了关系性专用资产投资，企业的成长和利润的获取特别是企业竞争力的提高也往往更依赖于这部分资产的投入程度，而不是仅仅靠股东的出资。因此，利益相关者理论认为，任何一个企业的发展都离不开企业所有利益相关者的投入或参与。

3. 企业治理模式

传统主流企业理论按照股东至上的逻辑而安排的企业治理结构是一种单边的或者说是“股东治理”的结构，在传统的公司治理结构模式中，股东是企业唯一的所有者。利益相关者理论却认为，公司治理结构不能只局限于股东与经理的关系，而应处理所有不同利益相关者之间的关系,因为除股东承担企业经营活动的剩余风险外，企业管理人员、企业员工、供应商、顾客、债权人甚至消费者都承担了相应的风险。所有利益相关者对企业投入的专用性资产都在企业的经营活动中发挥了作用，为了激励更多的专用性资产进入企业，应让所有的利益相关者都参与公司治理。所以基于利益相关者理论的公司治理结构应向除股东以外的其他利益相关者提供相应的激励、责任和权利，在企业治理结构方面，应以双边或多边的“共同治理”模式取代传统企业理论治理中的“股东至上”模式。利益相关者理论的不断完善，极大冲击了传统主流企业理论，也修正了传统公司治理结构模式存在的缺陷。

4. 利益分配——剩余索取权的分配

治理结构有效率的前提是剩余索取权与控制权的对称分布，即责、权、利的统一。但传统主流企业理论认为，股东利益至上是天经地义的事情。利益相关者理论却认为，企业的经营管理活动要为综合平衡各个利益相关者的利益要求而进行。从契约理论上看，企业本质上是各利益相关者缔结的一组契约，它包括股东与企业签订的实物资产合约，管理人员和员工与企业签订的专用性人力资本合约，债权人与企业签订的资产使用合约，顾客和供应商与企业签订的市场交易合约，等等。利益相关者理论还认为，出资者投资形成的资产与债权人的债权，以及企业运营过程中的财产增值和无形资产共同组成企业相对独立的法人财产，不同于股东的资产，因而忽视股东以外的其他利益相关者对企业财富的创造是不合理的。因此，在剩余索取权分配时，除要为股东争取合理回报外，也要为企业利益相关者争取合理的回报。陈宏辉在总结利益相关者理论的核心思想时说：“企业是其利益相关者相互关系的联结，它通过各种显性契约和隐性契约来规范其利益相关者的责任和义务，并将剩余索取权与剩余控制权在契约物质资本所有者和人力资本所有者之间进行非均衡地分散对称分布，进而为其利益相关者和社会有效地创造财富。”

第三节 企业公民发展历程

一、企业公民的兴起

（一）企业公民兴起概述

早在 1946 年，德鲁克（Peter F. Drucker）在他的《企业的概念》（The Concept of the Corporate）一书中就提出，企业作为一种社会制度，需要进行重新定义，它把作为工业系统的参与者又作为社会公民的工人结合为一体。德鲁克还指出，“公民自身利益与社会利益的关系是一个自由社会最基本的问题”。他还认为，“公民”不仅仅是法律术语，而且是一个政治术语。作为政治术语的公民意味着积极的承诺，就是责任。

英国“企业公民公司”公司总裁戴维·罗根认为企业公民是指企业在业务活动中被赋予了对等的权利和义务。他认为关于企业公民的争论主要包括 3 个方面：一是公司的基本价值、方针和业务运作；二是对业务伙伴以及对环境和社会问题的处理；三是在世界范围内，企业对社区发展所做的志愿捐赠（马伊里、杨团，2002,）。美国波士顿学院“企业公民中心”（The Center for Corporate Citizenship at Boston College）给出的企业公民的定义是：“企业公民作为商业策略，是形塑巩固企业宗旨的价值，影响着总裁、经理和员工作为参与社会日常做出的选择。”这个中心还提出了定义企业公民要素的三个核心原则：危害最小化、利益最大化、关心利益相关者和对利益相关者负责（The Center for Corporate Citizenship at Boston College，2005）。美国波士顿学院“企业公民中心”提出了关于企业公民的 3 个价值命题：命题一，理解、整合和强化企业价值观；命题二，将这些平衡的、整合的价值观融会到企业的核心策略中；命题三，通过培训和激励形成支持体系以强化这些价值观付诸实践。

早期的企业公民概念侧重于公司的公益和慈善，到 20 世纪 90

年代后期，欧美企业公民概念基本上趋于一致，认为企业公民是以企业承担社会责任为基础，是企业在处理与社会、环境方面所奉行的一种理念，它既包含了企业应该承担的最基本的法律责任和道德责任，又包含了更高层次的社会责任。有时候，把企业公民与企业社会责任等同一致。Andriof 和 Marsden 把优秀的企业公民定义成“为了公司利益和社会整体利益，使公司更加广泛地影响社会的理解和管理”（Marsden and Andriof，1998）。他们认为企业公民与可持续发展的理念密切联系，认为也可以把它看成是 CSR 的同义词（Andriof and Marsden，1998）。他们还认为，企业社会责任不仅仅是用支票去搞慈善，也不是限定于研究商业道德，它来自企业的视野，即在赚钱之外还有可能或者应该扮演什么角色，它包括理解企业内部或者外部的流动，从消费者到员工，再到社区以及自然环境，因此，认为 CSR 包括环境、工作场所、社区和市场等（Marsden and Andriof，1998）。2003 年全球 CEO 聚首的《世界经济论坛》认为，企业公民包括 4 个方面：一是好的公司治理和道德价值，主要包括遵守法律、现存规则以及国际标准，防范腐败贿赂，包括道德行为准则问题以及商业原则问题。二是对人的责任，主要包括员工安全计划，就业机会均等、反对歧视、薪酬公平，等等。三是对环境的责任，主要包括维护环境质量，使用清洁能源，共同应对气候变化和保护生物多样性，等等。四是社会发展的广义贡献，主要指广义的对社会和经济福利的贡献，比如传播国际标准、向贫困社区提供要素产品和服务，如水、能源、医药、教育和信息技术等，这些贡献在某些行业可能成为企业的核心战略的一部分，成为企业社会投资、慈善或者社区服务行动的一部分。

目前，对企业公民的权威研究项目主要集中在英国 Warwick 大学的“企业公民所”（Corporate Citizenship Unit）、美国的波士顿大学（Boston College）“企业公民中心”（The Center for Corporate Citizenship）和澳大利亚 Deakin 大学的“企业公民研究所”（Corporate Citizenship Research Unit），还有《世界经济论坛》、欧洲共同体，以及 CSR Europe 等机构。英国 Warwick University 大学的科里斯·马

思登（Chris Marsden）教授将企业公民的发展概括为三个阶段，在每一个阶段都发生了一些关键事件，在这些事件的促动下，出台了一些新的标准和社会运动，由此形成了一些新的机构。

第一阶段（1960—1983 年）觉醒阶段：如 20 世纪 70 年代的雀巢婴儿食品事件，1974 年的 Sevesco 灾难等事件，1969 年的美国环境保护运动，1972 年罗马俱乐部的《增长的极限》报告等，1980 年的布伦迪夫人报告等，由此推动了 1972 年绿色和平组织的成立和 1973 年联合国环境保护委员会的成立等。第二阶段（1984—1994 年）为从事参与阶段，如 1984 年印度庞贝（Bhopal）毒气泄露事件，造成 4 037 人死亡，6 万人严重受伤，促使 1987 年可持续发展报告的出台；还有 1990 年的联合国儿童峰会，1987 年的可持续发展运动等。第三阶段（1995 年至今）为网络化阶段，关键事件是 1995 年的壳牌石油事件，1996 年的 NIKE 童工事件和 1997 年的亚洲金融危机，这些事件催生了 1996 年的 ISO14000 和 1997 年的 SA8000，1998 年的三方底线（triple bottom line）概念，即经济、环境与社会。1996 年企业公民机构成立，1997 年公平贸易联盟（ETI）成立，以及 1997 年发展的商业伙伴组织成立。科里斯 · 马思登教授认为，首先，在这三个发展阶段中，大的商业活动成为一些关键事件的主角；其次，表明一些新的标准和制度的形成都是与企业参与应对这些关键事件有关；最后，在早期阶段，企业所涉及的主要是环境问题，到后期所涉及的社会问题越来越多，如社会排斥、人权问题等。不管企业喜欢不喜欢，商业活动总是社会问题的一部分，并且也是解决这些社会问题的重要组成部分（Chris Marsden，1998）。

（二）企业公民兴起的内在原因

进入 20 世纪，人们对企业的期望，已经不仅仅是赚取利润、解决就业和发挥缴纳税收的功能，人们更希望企业能有效地承担起推动社会进步、关心环境和生态、维护市场秩序、扶助社会弱势群体、参与社区发展、保障员工权益等一系列社会问题上的责任和义务，企业社会责任超越了企业利润责任，企业公民就是在这种情况下兴起和不断发展的。资本主义早期发展中企业都持有“利润最大化”价值观，认为企业的主要任务是创造利润，在早期的原始积累中一味追求企业利润最大化，其后果直接导致了劳资关系紧张、生态环境恶化、市场秩序混乱、社会两极分化矛盾加剧。直到20世纪初期，有识之士才指出，企业不仅是经济机构，还是一个应当承担一些公共责任的社会机构。罗伯特·伍德是其中一个代表人物，他认为在谈及企业支持者时，应该把股东放在顾客、公众、雇员、供应商之后，他认为不是股东不重要，而是在很多情况下如果股东不先满足顾客和雇员的需要，公司将得不到满意的回报。

在20世纪50年代之后，企业公民的价值观才逐渐在欧美确立起来，这是市场经济发展到较高阶段的必然要求。随着跨国公司日益全球化，它们强烈感觉到，企业公民的价值观有利于树立良好形象。这自然有其商业上的考虑，但也反映了顺应社会潮流、体现其社会责任的要求。利益相关者理论（Stakeholder Corporate Governance Theory）是对传统的“股东至上主义”治理模式的挑战。其思想渊源来自 Dodd 在1932年的经典文献，Dodd 指出：“公司董事必须成为真正的受托人，他们不仅要代表股东的利益，而且要代表其他利益主体，如员工、消费者，特别是社区整体利益。”[①]此后，学者们分别从企业战略、社会责任、经济伦理等角度进行论述，推进了利益相关者理论研究的发展。利益相关者理论认为，企业是一个由利益相关者构成的契约共同体，利益相关者包括企业的股东、债权人、雇员、消费者、供应商等交易伙伴，也包括政府部门、本地居民、当地社区、媒体、环境保护主义者等压力集团，甚至还包括自然环境、人类后代、非人物种等受到企业经营活动直接或间接影响的客体。这些利益相关者都对企业的生存和发展注入了一定的专用性投资，他们或是分担了一定的企业经营风险，或是为企业的经营活动付出了代价，企业对利益相关者必须承担包括经济责任、法律责任、道德责任、慈善责任在内的多项社会责任，因此，企业的经营决策

① Dodd E. M. *For Whom Are Corporate Managers Trustees?* Harvard Law Review, 1932.

必须要考虑他们的利益，并给予相应的报酬和补偿。

在社会学领域，一个始终被强调的概念是社会的和谐性。按照社会组织理论的说法，构建和谐社会涉及各个主要社会组织的社会责任，包括政府的社会责任、企业的社会责任、民间社团的社会责任和城乡基层社区的社会责任，等等。其中企业的社会责任非常重要，在整个社会组织的责任体系中发挥着重要作用。而国际上关于企业社会责任的阐述，其形式与内容虽然各有不同，但是其关注社会的环境、劳工权益的保护、合法经营和可持续发展等方面的内容，也正是社会和谐性所强调和关注的重点。

总之，社会和谐，企业有责。社会的和谐离不开企业，企业的发展也离不开社会。企业在处理与社会的关系中决不能只盯住经济效益，而要主动承担起应承担的社会责任，把企业的发展融入社会的发展之中。

二、全球契约——企业公民运动的发展

联合国秘书长安南 1999 年在瑞士达沃斯全球经济论坛上首次提出“全球契约（Global Compact）”概念。2000 年联合国成立了全球契约办公室，使企业公民运动的发展进入新的阶段。通过加入这一契约，全球工商企业向社会做出承诺，遵守全球契约的九大原则，主要集中在尊重人权、遵守劳工标准和环境保护等三大领域，具体包括保证工作场所没有侵犯人权的现象，消除强迫劳工和雇用童工以及在用工制度上的性别或者其他方面的歧视，还有就是承担起环境责任，开发有利于环境的技术等。

全球契约在世界上许多国家中都得到积极响应。今天，全球共有 1 184 家工商企业加入了全球契约，它们来自发达和发展中国家。这些企业在制定发展战略时，融入契约所倡导的九大原则，这使得公司的日常经营运作更具有社会性和可持续性。

许多国际知名的跨国公司以及国际透明、国际特赦等人权组织和国际劳工组织、环境规划署等联合国机构都是全球契约的成员。

（一）全球契约的产生与发展

在 1995 年召开的世界社会发展首脑会议上，联合国秘书长科菲·安南曾提出“社会规则”、“全球契约”（Global Compact）的设想。1999 年 1 月在达沃斯世界经济论坛年会上，联合国秘书长科菲·安南提出“全球契约”计划，并且在 2000 年 7 月 26 日，全球契约总部在纽约成立，标志着这一计划的正式实施。“全球契约”计划号召各公司遵守在人权、劳工标准、环境及反贪污方面的十项基本原则。安南向全世界企业领导呼吁，遵守有共同价值的标准，实施一整套必要的社会规则，即“全球契约”。“全球契约”使得各企业可与联合国各机构、国际劳工组织、非政府组织以及其他有关各方结成合作伙伴关系，建立一个更加广泛和平等的世界市场。“全球契约”的目的是动员全世界的跨国公司直接参与减少全球化负面影响的行动，推进全球化朝积极的方向发展。

（二）全球契约的基本特征

全球契约是在经济全球化的背景下提出的。自 20 世纪 80 年代以来，伴随着高科技的迅速发展，世界经济格局也发生了深刻的变化。全球化的进程，为世界经济的发展带来机遇，也带来了挑战。传统产业结构不断更新重组，人们的传统观念也发生了深刻的变化，各国的文化在不同程度上受到各种因素的冲击。经济全球化在加快世界经济发展，促进国与国之间的经济技术合作的同时，其负面影响也日趋严重。南北差距、贫富悬殊、失业、自然资源破坏、生态环境恶化等严重社会问题，正引起各国的严重关注和不安。因此，全球化过程中资本的强大力量使国际社会积极组织起来，积极促进跨国公司实现“国际劳工标准”、维护人权、减少环境污染，实现可持续发展。

1. 全球契约的内容

全球契约在人权、劳工、环境和反腐败领域的十项原则是一种普遍的共识，源于《世界人权宣言》、《国际劳工组织关于工作中的基本原则和权利宣言》、《关于环境与发展的里约宣言》、《联合国反贪污公约》。这十项原则是：人权原则：① 企业应在其影响力范围内对保护国际人权给予支持和尊重；② 企业应保证不与践踏人权者同流合污。劳工原则：③ 企业界应支持结社自由及切实承认集体谈判权；④ 消除一切形式的强迫和强制劳动；⑤ 切实废除童工现象；⑥ 消除就业和职业方面的歧视。环境原则：⑦ 企业应支持采用预防性方法来应付环境挑战；⑧ 采取主动行动，促进在环境方面采取更负责任的做法；⑨ 鼓励开发和推广不损害环境的技术。反腐败原则：⑩ 打击腐败，即企业应反对各种形式的贪污，包括敲诈、勒索和行贿受贿。

2. 全球契约的性质

全球契约的目的是通过集体行动的力量，推动企业形成负责任的公民意识，从而使企业界参与应对全球化的各项挑战。全球契约是一项自愿的企业公民意识倡议，它有两个相互补充的目标：使全球契约及其各项原则成为企业战略和业务的组成部分；推动主要利益相关者之间的合作，促进伙伴合作关系，以支持联合国的各项目标。全球契约的最终目标是建立一个靠强有力的社区纽带团结起来的世界，而不是今天仅仅靠市场交易这一脆弱纽带维系的世界；建立一个穷国和富国差距缩小而不是扩大的世界，一个全球化为所有人而不仅仅为少数人带来机会的世界；建立一个经济活动不会损害并能促进人权、体面的工作条件、环境的可持续性及善政的世界。而且是一个普天之下唯法治是尊的世界，一个从共同规范中产生的合法性已经使权力成为促进人类进步的工具的世界。

为实现上述目标，全球契约通过政策对话、学习、地方机构和项目来展开推动工作和鼓励参与。它使企业界与联合国机构、政府、劳工和民间组织联合起来，支持人权、劳工、环境和反腐败领域的十项普遍原则。它所提出的问题包括了一个负责的企业行为应具备的基本原则，企业公民应该实施什么样的行为以推动社会的发展，政府以及联合国应该采取什么机制去加强本国以及全球的社会治理，民间社会团体又应该如何监督和推进企业的社会责任的发展。全球契约不是一项管制手段，它不是像警察一样管制、推行或评判企业的行为或行动，它依靠的是对公众负责、透明以及企业文明谋利，依靠的是劳工、民间社会和政府联合采取实质性的行动，追随全球契约所依据的各项原则。现今，全球契约已成为世界上最大的推动全球公司公民理念的倡议活动。在所有这类活动中，唯有全球契约是以世界上所有国家政府赞同的普通原则为基础的。而且全球契约与发展中国家的接触程度最深，其参加公司中有一半来自发展中国家，其国家一级的网络中有三分之二设在发展中国家，而且全人类有五分之四居住在发展中国家。

（三）全球契约的意义

全球契约是在经济全球化的背景下提出的，强调的是企业的社会责任。过去几十年，伴随着高科技的迅速发展，世界经济格局也发生了深刻的变化。全球化的进程，为世界经济的发展带来机遇，也带来了挑战。传统产业结构不断更新重组，人们的传统观念也发生了深刻的变化，各国的文化在不同程度上受到各种因素的冲击。经济全球化在加快世界经济发展，促进国与国之间的经济技术合作的同时，其负面影响也日趋严重。南北差距、贫富悬殊、失业、自然资源破坏、生态环境恶化等严重的社会问题，正引起各国的严重关注和不安，各种非政府组织掀起一次又一次抗议浪潮。正是在这样的背景下，联合国秘书长安南提出全球契约计划，动员工商界成为解决方案的组成部分，呼吁工商界以自主的行为，遵守商业道德、尊重人权、劳工标准和环境方面的国际公认的原则，通过负责的、富有创造性的企业表率，建立一个推动经济可持续发展和社会效益共同提高的全球机制，从而给世界市场以人道的面貌。世界经济全球化，要求企业将自己作为公司公民对待，要求企业的每一个员工接受社会伦理、道德、社会观念和哲学的约束，建立全新的企业文化，从而提高企业的社会地位和形象，赢得社会的广泛支持和认同。社会是企业之母，企业依靠社会而存在、发展和壮大，企业发展了、壮大了，用自己的努力来回报社会，是良知，是责任，是企业与社会的良性循环。关于现代社会公司角色问题的争论无休无止，但对于不同国家、不同企业部门，每一次争论又都不同，毕竟，每个公司的情况都不同，每个公司都有自己要优先考虑的事情。但是，基于以下两个原因，更多的公司将把自己作为公司公民对待：第一，大公司绝对承受不起让公众失望的代价,因为如果他们让公众失望，那么潜在的不信任将远远超过他们给大公司的信任。第二，在当代社会，公司所进行的竞争是争取获得最好和最聪明的人才的服务。这些人是指：能够处理他们所在特定领域复杂性问题的人；能够在详细审查下工作和进行团队协作的人；能够在明确的目标和模糊的现实生活中掌握平衡的人；能够作为社会的一部分运作的人。这样的人才比较稀少,他们几乎可以选择在他们所希望的任何地方工作。他们追求的是能向他们提供实质性个人进步，能够给他们提供为社会作贡献的机会的事业。

企业的社会责任过去通常是指:① 以合理的价格为消费者提供优质产品；② 谋取利润并分配给股东；③ 支付员工薪水，并努力保持员工队伍稳定；④ 支付公司税。其实，这只是企业社会责任的最基本要求。公司应在遵守道德和观念的基础上谋求利润，公司要为社会改革负责。成为一个对社会负责的公司是现在许多美国公司和欧洲公司的座右铭。美国一向以弱肉强食、利润至上和股东第一哲学而著名，但现在出现了许多新型经理，基于对社会负责的理念致力于将公司经营成为能为社会作出贡献的公民公司。从这一点就可以看出，如果公司不吸收和实践这些理念，它们就无法在 21 世纪生存。这里的逻辑是这样的，如果一个公司对社会问题作出承诺，并对社会改革作出贡献，那么它就会盈利，而我们正处在这样的时代。

全球契约的提出，为企业成为对社会负责的公司，为企业参与经济全球化条件下的国际事务提供了一个机会，同时，也是企业扩大国际知名度、建立国际联系、寻找商业机会的一个机遇。参与全球契约计划的公司形式各异，代表了不同的行业和地区，但是却有两个共同的特征：它们都是带头人，致力于以一种负责的方式来推动全球经济的发展。这种方式注意兼顾范围广泛的相关者，包括雇员、投资者、顾客、舆论团体、商业伙伴和社区的利益。参与全球契约公司领袖们一致认为：仅在几年前，许多人认为全球化是一种不可避免和无法阻挡的经济趋势。但事实上，它非常脆弱，其前景难以预测。实际上，全球化对发展中国家所带来的影响，如经济实力过于集中、收入不平等或社会动乱，已引起越来越多的人的担忧。这些担忧似乎表明现存的全球化模式是难以持续的。全球契约的创立就是为了帮助各组织制定新的发展战略及实施措施（改良现存全球化模式），以使全人类而非极少数人获益。

公司参与全球契约获得的好处包括：① 体现作为负责任的公民的表率；② 与有共识的公司及组织交流经验，相互学习；③ 与其他公司、政府组织、劳工组织、非政府组织及国际组织建立合作关系；④ 与联合国各机构，包括国际劳工组织、联合国人权事务高级专员办公室，联合国环境计划署，联合国发展计划署等建立合作伙伴关系；⑤ 通过实施一系列负责的管理计划与措施并将公司发展视野扩大到社会范畴，从而使商业机会最大化；⑥ 参与旨在寻找解决世界重大问题的方法的对话。

三、企业公民运动与中国

（一）中国企业公民的发展现状

随着中国市场化的改革不断深化，特别是加入世界贸易组织以后，中国经济正式介入经济全球化，企业怎样才能实现可持续发展，怎样才能在竞争中立于不败之地？越来越多的大型企业意识到：企业的公民意识已经和公司管理及创新能力一样，成为企业竞争力的重要组成部分。认真研究、分析企业公民建设的影响，积极开展相关工作，并帮助企业寻求最佳应对策略，是一项十分重要而且紧迫的任务。中国企业对企业公民的认识和实践活动如何呢？通过中华慈善总会 2005 年发布的《中国企业公民发展现状调查报告》我们可以有个全面的了解。

调查报告中显示：近八成的企业认为企业公民建设对企业的长期及可持续发展有积极意义。88%的受访企业认为企业公民建设对企业知名度与品牌形象有促进作用；69.7%认为可以提升员工忠诚度与满意度，增强企业的核心凝聚力；还有一些企业认为，企业公民建设与构筑人才高地、降低企业风险有密切的关系。吸引优秀的人才、培养优秀的员工，是企业可持续发展的关键因素，一个企业要吸引独特的人才就必须有它独特的企业文化，这样才能真正地留住他们，因为在这种文化里面有他们展示自己的空间，能体现他们的价值。优质的企业文化不仅可以吸引优秀的人才，还可以吸引社会资源、吸引客户、推动企业的生产经营和发展。在知识经济时代，人力资源成为企业最重要的资源之一，能力突出的人，往往在工作去向上选择慎重。经常参与到社会责任事业中的企业，相比而言更具知名度，更易获得人们的好感，当然也更容易招聘到并留住优秀人才。摩托罗拉公司的企业文化价值观：尊重每一位员工作为个人的人格尊严，开诚布公，让每位员工直接参与对话，使他们有机会与公司同心同德，发挥出各自最大的潜能，让每位员工都有受培训和发展的机会，确保公司拥有最能干、最讲究工作效率的劳动力；尊重资深员工的劳动，以工资、福利、物质鼓励对员工的劳动做出相应的回报。摩托罗拉的这种公司价值观为每一位员工创造了一种健康积极的文化氛围，真正做到了平等对话，让员工提出发展企业的建议，充分发挥员工的积极性、创造性，使他们意识到企业的发展与自己的利益息息相关。

通过调查报告了解到，许多公司都意识到企业公民建设对增强企业的核心凝聚力起到的重要作用。在中石油公司，很多员工在来公司工作之前从来没有参加过志愿者活动，进入公司之后，受到公司公益文化的影响，从被动地接受志愿者任务，逐渐地过渡到主动参加志愿者活动。该公司通过组织志愿者活动增强企业的核心凝聚力，建立起员工对社会的责任感，使员工永远不忘记回馈社会。

被调查的企业大多数认为，企业的竞争力和企业承担社会责任是相互支持、相互影响的关系。一个有实力的企业才有能力承担更多的社会责任，而当它对别人负责和对社会负责任的同时，自己也必将赢得回报，赢得公众的信赖，提高自身的竞争力。而不负责任的行为必然导致失败的下场，像一些企业做出雇用童工、出售过期食品、卫生不达标等对社会不负责任的行为，这样必然会丧失企业的竞争力，公众也不会再购买它的产品。调查指出，企业危机产生与否与企业是否注重社会责任问题密切相关。如果没有良好的社会责任规范，企业就不会有亲和的企业形象，也就没有企业的可持续发展，生存会遇到巨大困难，危机的出现也在所难免。企业社会责任的推行目前在国际上已十分流行，国外许多企业已建立起社会责任体系，由此减少了危机。

从总体看，我国企业仍处于企业公民建设的初级阶段，目前只有约 35% 的企业刚刚开始进行企业公民建设，而仅有 8% 左右的企业有每年的发展规划，7% 的企业有长期发展规划。从我国企业所处的阶段来看，大部分企业尚处在原始积累时期，这一阶段企业主要是为了生存，其目的主要是挣钱。有人做过统计，在我国工商行政部门注册的 1 000 万家企业中，仅有 10 万家曾经为慈善事业捐过款物，99% 的企业从未有过慈善捐助记录。但是中国企业也在积极努力，争取成为优秀的企业公民，有一些大型企业、发展状态好的企业，已经在企业公民建设方面做了一些事情，承担了一些责任，企业的公民意识在增强。其中不乏表现较好的企业，比如海尔。

（二）问题的根源

但是有一部分中小企业或许是在企业公民意识上，特别是对投资、股东、客户诚信、社会责任的承担上还有一些不足之处。之所以会形成这种情况，原因大致有以下几个方面：

1. 经济发展阶段限制

一个经济体中的企业成员的发展过程大致可分为三个阶段：纯粹挣钱（原始积累时期）、追求规模（资源整合时期）与企业公民时期。企业以挣钱为目的，天经地义，但也不外乎一种商业本能。企业由低级阶段向高级阶段发展是一种自然发生的社会过滤。“今天，联想也许学习 IBM 的商业模式、非常可乐也许学习可口可乐的商业模式、海尔学习 GE 的管理模式，但他们几乎都还没有学习这些企业的公民建设模式”，袁岳说：“超越自我商业目标，而能从消费者的整体福利视角为自己设立行为指标；超越当前，能从未来发展目标的需要而规约当前行为；超越本土，则能体察其他文化之精髓而为已用；超越商业，能自社会政治与人文进步的贡献角度来积极营造更有利的营商环境。当具备这样的意识时，企业家才可被看做是有超越精神的企业领袖。在这个意义上，我们的商业领袖及其企业比他们的许多国际伙伴与竞争对手差了整整一代以上甚至更远。”而我国一些企业还处于第二阶段，所追求的是如何做强，因此还没有能力或精力去顾及社会责任。

2. 缺乏外部环境

在西方，除了人权组织、劳工组织、环保组织对企业形成制衡以外，更重要的是资本市场已经将企业公民的价值观量化。比如，越来越多的投资者正转向“符合道德规范”的投资公司，并根据这方面的表现评级，而且还据此估计未来股票市场的业绩。另外，如果企业想从国际银行贷款，就需要保证能够满足银行的利益相关人士（银行客户、投资者和股东）期望的标准，也就是国际标准。对于人员动迁和环境影响的评估，意味着外界有关人士的参与，保证倾听他们关心的问题并考虑他们的意见，同时还意味着对于这些过程的独立监控。银行还会查看公司既往的和现在达到这些标准方面的跟踪记录，以做参考。

然而在中国现阶段 NGO（非政府组织）数量不多，而且在现阶段的情况下，它们参与公众事务决策的机会仍然非常有限，并不足以形成制衡力量。另外，包括员工、社区公民在内的利益相关方缺乏自己强有力的代言人。如果涉及的社区在中西部地区，特别是偏远地区，这种现象更为突出。

第四章　企业公民的核心——主动的社会责任

第一节　企业社会责任概述

一、企业社会责任观

企业社会责任的定义是在企业是否要承担社会责任、企业为什么要承担社会责任的讨论中逐渐清晰和发展的，这些争议是建立在企业社会责任的早期概念基础上的，即企业社会责任是指利润最大化以外的责任。20 世纪 30 年代，Berle 与 Dodd 之间关于企业是否要承担社会责任的论战始于对企业经营者职能的讨论。哥伦比亚大学法学院教授 Berle 认为，股东是企业的唯一委托人，企业管理者应该以股东利益最大化为唯一目标；而哈佛大学法学院 Dodd 教授则认为，企业既有社会服务功能又有营利功能，企业管理者作为多方受托人，应该树立对职工、消费者和社会大众的社会责任感。[①]之后，Berle 和 Dodd 的争论发生了一些戏剧性的变化，Dodd 放弃了企业应承担社会责任的观点，而 Berle 反而认为 Dodd 原来的观点是对的。两位学者的思想变化说明两种论点本身都具有缺陷，单方委托人的观点忽略了现实基础的变化，多方委托人的观点则缺乏有力的理论支撑。但是争论并未停止，Manne 批评 Berle 没有讲清楚为

① E. Merrick Dodd. *For Whom Are Corporate Managers Trustees?* Harvard Law Review, 1932.

何企业管理者的职责是执行在企业利益相关者之间分配企业财富的问题。Berle 则反驳，企业经营者并非不适合担当企业所有利益相关者的受托人和财富分配者的角色。之后，Manne 的思想逐渐发生转变，逐渐有条件地接受企业要承担社会责任的观点。①但两人都从未对为何企业管理者是执行在利益相关者之间分配企业财富职能的最佳人选提供明证。

经过长期的争论，学术界对企业与社会关系的认识逐渐分成了两派：一派认为企业唯一的社会责任就是在一定的规则内实现股东利益最大化；另一派认为除了股东利益外，企业社会责任还要求企业关注与其相关群体的利益。

反对企业社会责任的观点主要来源于主流经济学中的企业理论，即股东至上主义，早期这种观点的代表者首推亚当·斯密，近代代表人物则有美国哈佛大学教授 Theodore Levitt 以及诺贝尔经济学奖得主哈耶克（Friedrich A. Hayek）和密尔顿·弗里德曼（Milton Friedman）。弗里德曼最著名的格言是："企业的社会责任是增加利润。"他认为，当今企业大多数管理者是职业管理者，他们并不拥有所经营的企业，只是作为雇员仅向雇主及股东负责，而股东只关心财务收益。如果管理者以企业资源用于社会目的，结果将削弱市场机制的作用，必然有人要为此付出代价。具体讲，如果企业行使社会责任使利润和股利下降，它就损害了股东的利益，如果履行社会责任使工资和福利下降，则损害了员工的利益。如果客户不愿接受或接受不起高的价格，使销售额下降，企业就很难维持下去。这时企业的所有利益相关者都会遭到或多或少的损失。职业经理追求利润以外的其他社会目标，是在扮演社会公共管理者的角色，而这个职责应由公民选举的行政官员来承担。②

Levitt 认为企业经营者关注社会责任大部分是基于营利动机，

① Saleem Sheikh. *Corporate Social Responsibilities: Law and Practice*. London: Cavendish Publishing Limited, 1996.

② Friedman M. *The Social Responsibility of Business is to Increase its Profits*. New York Times Magazine, 1970 (9).

部分经营者以社会责任为目标并加以实践是危险的，会影响民主社会价值观的多元化。[①]Friedman 和 Levitt 还考虑到可能导致的社会性质的变化和民主社会的多元化问题。事实证明，他们的担心显然是多余的。

企业社会责任支持者的观点除了多方受托人观点外，还有综合契约论观点和利益相关者观点。综合契约论的代表人物是唐纳德森(Donaldson)[②]，他认为，企业与社会缔结了一个契约，社会为企业的存在提供了条件，企业应对社会承担责任，社会应对企业的发展承担责任。他还指出，企业追求利润最大化不会自动导致社会进步，相反可能会导致众多的社会问题，企业有责任为社会和经济的改善而运作。利益相关者理论认为企业不仅应对股东利益负责，而且应对界定清晰的其他利益相关者负责。利益相关者观点又可具体分为工具性观点和规范性观点。[③]工具性观点认为企业之所以要承担社会责任、关注利益相关者的利益要求，是因为企业的社会责任可以成为企业实现经营目的的手段和工具，将使企业更有利可图。[④]规范性观点认为不论企业的经营状况如何，企业都有伦理责任，应当对利益相关者的要求做出恰当的回应，强调做“正确的事”和“应该做的事”，而不再将对利益相关者的关注作为企业实现经济利益的手段和工具。[⑤]

经过长达40多年的争议和辩论，企业是否应该承担社会责任问题的答案日益清晰，目前看来，企业承担社会责任已经不再是一个

① Levitt T. *The Dangers of Social Responsibility*. Harvard Business Review, 1958, (9/10): 41-45.

② Donaldson T.&Dunfee T.W. *Ties That Bind: A Social Contracts Approach to Business Ethics*. Boston: President and Fellows of Harvard College, 1999.

③ 陈宏辉、贾生华：《企业社会责任观的演进与发展：基于综合性社会契约的理解》，《中国工业经济》2003年第12期，第85-92页。

④ Jones T.M. *Instrumental Stakeholder Theory: A Synthesis of Ethics and Economics*. Academy of Management Review, 1995, 20 (2): 404-437.

⑤ Clarkson, Max B E. *A Stakeholder Framework for Analying and Evaluating Corporate Social Performance*. Academy of Management Review, 1995, 20 (1): 92-117.

需要讨论的理论问题，而是企业必须面对的现实问题。企业社会责任研究的重点已经从是否要承担社会责任转向如何承担的问题。但关于企业的社会责任与经济绩效间的关系学者们的有着不同的观点。

以佩因、罗伯特·F. 哈利特和斯蒂芬·P. 罗宾斯等为代表的学者认为企业的社会行为与经济绩效之间存在一种正相关关系，高度诚实和符合道德的行为更有利于业务，也更有利于利润，“从长远看，符合道德标准的做法与日渐增多的利润是一致的”。如，罗宾斯明确指出，企业社会责任是企业追求有利于社会的长远目标的义务，而不是法律和经济所要求的义务，企业社会责任与社会义务及社会响应相关联。而乔治·斯蒂纳、约翰·斯蒂纳和詹姆斯·E. 波斯特等认为企业的社会责任行为和企业的经济绩效之间的关系非常复杂，即存在双向的因果关系。如果有证据表明社会参与经济绩效是正相关的，但这并不意味着社会参与产生了更高的经济效益，也可能正相反，是高利润才使得企业有条件地承担社会责任。

二、企业承担社会责任的必然性

从经济学视角定位企业社会责任，是当前研究企业社会责任的主要取向，但这种取向局限了人们的认识视野和理解思路，制约了理论的深入发展，也带来了实践的盲目和混乱。企业公民的出现，既是这种理论和实践困境的一个客观反映，也是对当前企业社会责任理论和实践的一个重大突破。企业公民概念，不仅蕴涵了社会对企业的现实需求，意味着企业作为社会公民应当承担起对社会各方的责任和义务，而且在更高层次上实现了一种视角转换，把对企业社会责任的认识和治理从经济学视阈提升到了哲学、伦理学、法学和社会学的综合视阈。事实上，归根结底，企业的社会责任是由企业的存在本质和存在特性决定的。可以说，从企业社会责任到企业公民，既是理论深入的应然结果，也是实践发展的必然趋势。

从新古典企业理论的“生产集”到委托—代理理论的“追求利

润最大化之生产集”，从科斯“打开企业黑匣子”到詹森、麦克林的“企业是合约结”，从产权理论的“产权集”到专业化协调理论的“生产实体”，尽管经济学家们试图从不同角度、运用不同方法去认识、解释企业，但结果并不如愿。正如哈特所言，“经济学家从各个角度去理解和解释这一问题，但至今为止没有共同的、明确的答案”。究其原因，关键在于没有能够把握企业的根本属性。从根本上讲，企业首先是一种社会存在，认识企业、解析企业，亦应由企业的存在本质和特性出发。就企业的存在形式而言，企业是社会的一种经济组织存在。从社会经济形态的演变来看，它是商品经济发展到一定程度的产物，是进行商品生产或交换的专门化的组织和单位，是专门从事商品生产经营的基本经济组织。从社会生产的层面而言，它是社会生产的组织形式和进行社会生产的基本单位发展到一定阶段和一定程度的产物，是社会生产组织的一种历史形式。从这个意义上讲,企业是进行社会生产和社会生产发展的组织需要和组织存在。就企业的存在历史而言，企业是作为一种社会需要而出现的，是一种过程性存在。它随着交换的产生、社会分工的发展，随着劳动产品向商品的转化，随着商品生产者和消费者的分离，随着商品生产单位或组织由家庭、作坊进一步转化而产生，也随着商品经济的不断发展而逐渐展开。而且，随着市场经济的发展与全球化进程的加剧，它的经济实力越来越强，尤其是跨国公司，对产品市场、资本市场、服务市场的操纵与控制日盛一日，这些影响深深根植于经济生活的方方面面，进而渗透到政治、科技、教育、文艺等社会的每一个角落和各个层面。正如美国学者汉密尔顿所指出的那样：“这些大型的企业拥有极为广泛的经济权力，它所做出的任何决定，都既是经济的决定，又是社会的决定，都将影响到个人、社团和整个地区。”当然，随着产品经济的到来，商品生产者和消费者会在更高的生产力发展水平上实现统一，企业就失去了它继续存在的理由而趋于消亡，这也将是历史的必然。就企业的存在目的而言，企业是一种设定性存在。从存在的目的性角度出发，存在可大致分为非设定性存在与设定性存在。非设定性存在是指那些没有自主角色安排、仅以自然的方式存在着的存在。设定性存在是指具有一定的目的、理想、自主存在且有着明确社会角色安排的存在。设定性存在的一个重要特征，就是由社会结构网络事先设定了每一个相关社会角色的权利、义务与责任。

企业的目的是企业的根本问题，它规定了企业的存在性质及其发展空间和方向。企业正是一种设定性存在，由于人的设定而“自主存在”，也正是由于人的设定而具有目的。企业的产生、发展乃至消亡，从根本上说，是由人的需要的不断变化和满足而决定的，换言之，企业的根本目的，就是在其存续时间内不断适应和满足人的发展需要。企业作为一种组织存在，一种过程性存在，一种设定性存在，在整个社会分工体系中获得了与其他组织不同的社会地位，必然要承担与这种地位相应的社会责任。首先，企业是为满足社会需要而产生的，是为不断适应和满足人的发展需要而发展进化的。“需要”既决定责任的发生，也赋予责任以内容。其次，企业是作为构成社会这个有机整体的单元而存在并展开的。一方面，从企业与社会的联系看，企业不能离开社会而孤立地存在，社会的发展也要依赖于企业的发展，这种关系决定了二者之间既相互作用、相互影响，同时又受到各自发展规律的制约。另一方面，企业作为社会的一种组织，尽管其利益具有一定程度的独立性，但社会利益却具有共益性，企业作为社会的一个层次，其利益必定要受到社会利益的约束，其目标必然应服从于社会利益的目标。因而，企业承担相应的社会责任也是题中应有之义。最后，作为一种设定性存在，企业与人一样具有一种“身份”，尽管它不是一个人，更不是一个道德人，但有追求的目标，自然地培育一种文化，具有某种决策自由空间，并且影响到人、社会和自然。因此，企业虽然不是具体的人，但却是道德的行为者，它能够而且应当负有责任，这是符合逻辑并有意义的。作为“出于自由的自我承诺”，人类有充分的理由把责任应用于作为道德行为者的组织——企业身上。综上所述，企业社会责任是内涵于企业之组织存在、过程性存在、设定性存在的客观要求，是企业本身内蕴的目的性所规定的价值诉求和当然结论。

当前，学术界也从不同角度对企业社会责任做了不同层次上的划分：或认为企业社会责任表现为企业的经济责任、社会责任和环境责任；或把企业社会责任看做企业的伦理底线、社会义务和伦理理想；或认为企业社会责任表现为企业的法律责任和伦理责任，等等。尽管目的都在于实现企业社会责任从应然走向实然，但理论定位的缺憾，必然带来实践履行的困惑。当把企业社会责任做经济、社会和环境三个层次的划分时，可以很容易地把“责任”与企业的目的、业绩和影响联系起来，理论上的清晰是不言而喻的，但问题正如乔治·恩德勒教授指出的那样，从“世界发展与环境委员会”所做出的可持续性定义出发，人们在“环境”这一概念上已经获得了相当高的共识。这是可以理解的，因为自然问题，比如能源消耗问题和空气污染问题，很大程度上是可以做出科学定义和测量的。与此相比，要想在“经济”这一概念上达成共识，则是比较困难和有争议的，要想在“社会”这一概念上达成一致则更难。从这个意义上来说，“企业社会责任”不是一个可以量化的概念，很难有一个普适的量化标准。

第二节　企业公民社会责任内涵

社会责任价值观是培育企业公民的重要内容，作为企业，要成为优秀公民就要履行自己的社会责任。虽然企业是以赢利为目的的生产经营组织，企业短期的繁荣可以通过许多方式获得，但是企业持续增长的力量却只能从人类几千年来的价值公理中追寻。我国加入世界贸易组织后，很多企业都在寻找自己的竞争优势，却忽视了自身遵守应有的社会公德和承担相应的社会责任。中国企业在资本积累过程中所出现的社会问题较多，比较典型的如伪劣奶粉事件、苏丹红事件、滥用公益活动进行欺诈等，其道德的沦丧、良知的泯灭不能不引起我们的深思和忧虑。当经济利益与社会责任发生冲撞时，一些企业往往片面地追求眼前的经济利益，而忽视和故意逃避自己应承担的社会责任。如果大家连起码的道德和法治都不讲了，和谐社会又从何谈起呢？市场经济发展到今天，在新的环境下，企业必须面对社会责任的问题，以公德、诚信为基因，重新打造企业的价值观，使之成为合格的企业公民，才能取信于人心，立足于社会。更具体地说，社会上对公司的地位与公民个人之间存在着强烈的类比。企业在业务活动中被赋予了权利和义务，例如公司有处置其财产的权利、有为其产品做广告的权利，但是同时，它们必须支付材料供应商货款和工人工资，必须纳税。此外，人们期望它们能像公民个人一样做些自愿的捐助以维护它们所处的整个社会的福利。

企业公民追求企业对社会所承担的责任，一个优秀的企业公民不仅能够确保生产优质的产品来满足消费者的需求，还应该注重环境保护和积极参与社会公益事业，在紧急救助、捐资助学、扶贫济困、安老助孤等领域，我们到处可见企业公民热心的身影，一座座新建落成的希望小学，一个个贫困受助的捐赠现场，都折射出一个优秀的企业公民回馈社会的拳拳爱心，也深深打动了消费者的心，提升了品牌的知名度。企业越是注重社会责任，其产品和服务就越有可能获得更大的市场份额。现在的顾客社会意识逐步加强，不单单注重产品是否能满足自己的需求，如价格、质量、安全、便利等，更关心产品是如何生产出来的，生产产品的企业的社会诚信度如何等。

一、企业对环境的责任

环境是企业和社会生存与发展不可缺少的共同空间。环境污染不仅增加了企业生产成本，更主要的是降低了人们的生活质量，破坏了生态平衡，影响社会可持续发展。企业对环境的责任表现在以下几个方面。

1. 防止环境污染

企业生产经营需要耗费大量物资和能源，产生的废水、废气、废料极易污染环境。为此企业有责任在项目筹划和决策时，同步考虑防污治污问题，避免先污染后治理。确保“三废”排放达到国家规定标准，做好“三废”处理工作，将污染降到最低限度，同时积极运用生态环保技术，开发绿色产品。

2. 治理受污染的环境

对环境造成污染的企业有责任采取切实有效的措施治理被污染的环境。根据“谁污染谁治理”原则，承担治污费用，不能推卸责任。企业污染环境给他人造成损失的，应负责足额赔偿。

3. 提高环境保护的系统性

由于环境保护是一项社会系统工程，所以企业承担环境保护的责任应当作系统安排，即要把环境保护的要求贯穿到企业的输入、生产、输出、产品的使用与回收等全过程。一些企业虽然已使生产过程中“三废”的排放达到国家环保要求的标准，但放任其产品使用中和使用后环境的污染，这也是不负责任的表现。

4. 树立人与自然和谐的价值观

工业社会奉行以人类为中心的自然观，认为自然只是我们认识和改造的对象，自然资源是取之不尽用之不竭的，因而导致对自然资源掠夺式的开发利用，严重地破坏了自然界的平衡，导致了全球范围内环境的急剧恶化、世界各国在工业化进程中都面临环境问题的挑战，发展中国家正在重复发达国家走过的路。理性而科学地对待环境问题，深刻反思人与自然的关系，成为当今时代世界各国人民必须面对的时代课题。1990 年联合国环境规划署针对世界环境问题，提出了 8 个关键的全球性的自然环境问题，并且郑重提出人是环境恶化的首恶，呼吁要走出人类中心主义的误区，把人与自然的和谐作为人类活动的宗旨，树立尊重自然，爱护自然，合理地利用资源的正确的伦理价值观，为自然负责，为我们的子孙后代负责，为人类的未来负责。

5. 以绿色价值观为指导，强化绿色角色意识，实施绿色管理，积极倡导绿色生产和绿色消费

绿色价值观是当今环保事业的新型价值理念，它以人与自然的和谐为宗旨，号召尊重自然，爱护自然，与自然和谐相处，反对破坏自然和谐的任何态度和做法。企业要时时刻刻以绿色价值观为指导，树立绿色角色意识，把对环境负责和获取利润当成同等重要的问题来看待。任何生产投资计划和宣传计划一定要考虑到对环境有什么影响；在管理的过程中贯彻绿色价值观和绿色角色意识，设法改变产品的工艺流程，提高技术含量，降低污染指数；财务部门开发出有效的环境评估系统，计算出毁坏环境的潜在成本；营销部门积极倡导绿色消费理念，引导消费者走入合理健康、安全经济的消费轨道。

6. 严格自律，按照绿色审计的要求，把绿色审计作为企业管理的一部分，进行严格的企业自我管理

绿色审计就是把环境因素作为企业管理的重要内容，看一个企业搞得好不好，衡量一个企业绩效的高低，都要考虑对环境造成什么影响，影响到什么程度。但是，企业不能被动地等着别人来检查，在别人的监督下才考虑环境问题，而应当主动地、自觉地意识到爱护环境是自己的责任，在企业的各项工作中严格自律，自我监督，自我检查，杜绝危害环境的任何不正确观点和做法。

为了提高环境保护的系统性，从企业经营管理角度看，企业应在业务计划中尽可能削减对环境不安全的业务，开发并扩大环境清洁业务；使每一项新产品在环境性能上优于上一项产品；要选择有卓越环境绩效的供应商；在废气物的处理上，不与无信用的公司打交道：鼓励采用绿色工艺和降低污染的技术；加强环保宣传教育；使用全部成本会计核算系统和聘请外部中介机构对企业进行环保审计等。

二、企业对员工的责任

企业与员工之间最基本的关系是建立在契约基础上的经济关

系，除此之外还有一定的法律关系和道德关系。经济关系简而言之就是劳动和雇佣关系，法律关系是对经济关系的法律规定，道德关系是在肯定经济和法律关系的前提下，揭示了企业对雇员之间还有相互尊重，信任的关系，企业对雇员的发展和完善也负有一定的责任。企业对雇员的基本经济责任和法律责任是企业必须履行的伦理底线，企业在这方面对雇员的责任有：保证雇员的就业择业权，劳动保持权，休息休假权，安全卫生权，保险福利权和教育培训权。企业在这些方面违背或忽视了员工的权利，构成了企业严重的不道德行为，应当受到法律、道德的双重制裁。伦理底线规定的企业对员工的责任是抽象意义上的责任，企业真正对员工负责任还要靠具体的行动，企业在实践中担负起对员工的伦理责任需要做到以下几点：

（1）为员工提供安全、健康的工作环境是企业的首要责任。关心每个员工的身体健康和安全，保护员工，避免他们在工作中受伤和生病，特别要做好容易伤害人体工种的防护工作。员工为企业工作是为了获得报酬，维持自己的生存和发展，但是，企业不应以为员工提供工作为由而忽视员工的生命和健康。很多工作对员工的身体健康有伤害，如化工、采矿和深海作业，对于工作本身固有的伤害，企业必须严格执行劳动保护的有关规定。另外，工作环境的安排也必须符合健康标准，工人不得在阴暗潮湿的环境下长期作业，工作间要通风透气等，这些都是安全健康的工作环境的基本条件。

（2）企业要为员工提供平等的就业机会、升迁机会、接受教育的机会。企业为员工提供平等的就业机会，在职业选择上要反对各种各样的歧视。在就业政策中要体现男女平等，在少数民族聚居地区企业要主动吸收少数民族人员就业，企业要为不同性别、年龄、民族、肤色和信仰的员工提供平等的职业升迁机会，不得人为地划定限制。在接受教育方面企业要为员工创造良好的条件，使员工在为企业工作的同时有机会提高科学文化水平，使员工的自我发展和完善成为可能。为员工提供合适的工作岗位和相对公开的报酬。重视员工的利益，按时足额支付工资，按当地政府规定为员工缴纳失业、养老和医疗保险，努力改善员工的工作条件和物质待遇。

(3) 企业为员工提供参与企业管理的渠道，为员工提供自我管理企业的机会。员工在企业中虽然处于劳动者、被管理者的地位，但是劳动者一样有参与企业管理的权利。对企业的重大经营决策、企业的未来发展等重大问题有发表意见和建议的权利。企业应当尊重员工民主管理企业的权利，重视员工的意见和要求，能够调动员工的劳动热情和工作的积极性，有助于工作效率的提高。如果发生处罚和解雇行为，应当严格按法律法规、企业章程和劳动合同办理。

(4) 尊重每一位员工的人格，认真听取员工建议。在与员工交流中应诚实，共享信息、保护员工信息。产生矛盾时应诚恳协商，避免在性别、年龄、宗教等方面出现歧视行为。

三、企业对消费者的责任

社会成员购买了企业的产品就成为企业的消费者，从广义的意义上说整个社会成员都是企业的消费者，只不过有些是潜在的，有些已成为现实的。另外，不同的消费者购买和使用了企业的产品，把企业产品的影响传递到社会的各个角落。因此，企业对消费者负责在某种意义上是对社会负责的体现。企业与消费者是一对矛盾统一体，两者既对立又统一。企业利润的最大化最终要依赖消费者购买产品来实现，消费者购买企业的产品越多，企业的效益越好。如果企业生产的产品质优价廉，满足了消费者的愿望和需求，企业的销售额将直线上升，由此会带来巨大的利润；如果企业生产的产品质量不过关且以次充好，靠蒙骗、损害消费者的利益获取利润，企业利润最大化的目的就将难以实现。企业是通过为消费者提供产品和服务而获取利润的组织，企业为消费者提供质优价廉、安全、舒适和耐用的商品满足消费者的物质和精神需求是企业的天职。企业对消费者的重要责任集中体现为对消费者权益的维护。按照消费者权益保护法的规定，消费者有四个方面的权利：安全的权利、知情的权利、自由选择的权利和听证的权利。如果企业在这些方面侵犯了消费者的权利，使消费者的利益受到损害，企业的行为就是不道德的。消费者购买企业提供的产品是为了满足自己的物质和精神需求，而如果企业向消费者提供了有安全隐患的产品，不仅消费者的消费需求得不到满足，而且在不可知的未来还有付出人身伤害和财产损失的巨大代价，对这一切企业应负完全责任。企业还要尊重消费者的知情权和自由选择权，使消费者尽可能多地了解企业的产品，在公平交易的前提下自由地选择产品。消费者的知情权和选择权是密切相连的，只有享有全面的知情权才可能享有自由的选择权。任何消费者在购买产品之前都有权通过产品的广告、宣传材料和产品说明书对产品的可靠性、性能方面等方面的知识进行全面的了解，以便在琳琅满目的商品中选择到自己称心如意的商品。企业如果在产品的广告、宣传材料和说明书中过分夸大产品的功效，对产品的不足之处极力隐瞒或只字不提；如果出现产品的说明书、标签与内容严重不符的现象，类似这些企业凭借自身的信息资源优势隐瞒产品的不足、夸大产品功效的行为造成了交易过程中严重的不公正，侵犯了消费者的知情权和自由选择权，是企业不尊重消费者、对消费者严重不负责的表现。具体来说企业对消费者应承担下列责任：

1. 尊重消费者

企业应尊重所有顾客，无论他们是否购买企业的产品和服务。尊重顾客包括尊重顾客的人格，虚心听取顾客的意见，尊重顾客的文化和民族风俗习惯，禁止用任何方式对顾客进行侮辱、诽谤、歧视，在交易中应尊重顾客的选择权，不能强买、强卖和以硬性价格销售。

2. 对消费者安全负责

企业应当对顾客使用产品或接受服务的安全性负责。安全权是顾客的一项基本权利。企业为顾客提供产品和服务，必须保证顾客安全。顾客因使用产品或接受服务在人身或财产方面受到伤害的，企业应负责足额赔偿。对有安全隐患的产品，企业有责任及时召回，否则就是不负责任的表现。

3. 提供正确的产品信息

企业应当为顾客提供正确的产品信息，尊重顾客知悉有关产品和服务真实情况的权利，不弄虚作假欺骗顾客和误导顾客。

4. 提供必要指导

企业不仅有责任说明产品本身，而且有责任指导顾客正确使用其产品，为顾客着想，降低产品使用成本，提高使用效果。

5. 确保产品和服务的质量与数量

顾客的利益主要体现在所购买产品和服务的数量和质量上。企业有责任向顾客提供计量正确、质量合格的产品和服务。如果以次充好、缺斤短两，就等于违反公平交易原则，侵犯了顾客的应有权利。企业销售产品包括其售后服务。企业有责任设立专门的售后服务点，听取顾客意见，及时解决顾客在使用产品时遇到的问题和困难，负责退回、调换和修理工作。

四、对合作者和竞争者的责任

1. 与合作者平等相待，互助互利，恪守信用

企业之间通过市场不断扩大分工合作关系，是现代社会化生产发展的要求。忠实履行合作者的责任是实现企业优势互补，取得双赢的必要条件。为此，企业必须与合作方平等相处，恪守商业信用，互相支持，互相帮助，禁止以强凌弱、欺诈、胁迫等不道德行为。

2. 与竞争者公平竞争，反对垄断和不正当竞争

市场经济既是竞争经济，也是法制经济。如果企业在竞争中不遵守竞争法规和公认的商业道德，竞争的结果必将是假冒伪劣得逞，先进企业和名牌产品受损，终将破坏生产力发展和社会精神文明建设。因此，企业在竞争中必须做到：不谋求垄断和限制竞争，不仿冒产品及品牌，不侵犯他人商业秘密，不诋毁竞争对手，不搞商业贿赂，不搞低价倾销，不串通投标。

五、企业对投资者的责任

在投资者单一或数量较少的情况下，企业管理者对投资考的责任是企业的经济责任而非社会责任，但随着生产的社会化，投资主体的社会化程度也在不断提高,包括政府的投资和广大股民的投资。因此，现代企业管理者对投资者的责任，也成了企业社会责任的一部分。

投资者是企业最终财产的终极所有者，企业管理者受聘于经营企业必须对投资者负责，施以专业、勤勉的管理，保证向投资者提供公正而又有竞争性的投资回报，保护投资者的财产并使其增值。那种只想从投资者手中获取资金，却不愿或无力给投资者以合理回报的企业，是对投资者不负责任的企业，这种企业管理者注定要被投资者抛弃或解聘。作为经营者，企业有责任按规定及时、准确地将企业财务状况报告给投资者，瞒报或假报财务状况是对投资者的欺骗。企业经营者应尊重投资者的请求、建议、抱怨和正式的解决方案。

在市场经济条件下，企业与股东的关系事实上是企业与投资者的关系，这是企业内部关系中最主要的内容。古典经济学理论认为，企业是股东的代理人，它的首要职责是促使股东利益的最大化。随着市场经济的发展，人们生活水平的提高，投资的方式越来越多元化。人们投资的方式由原来的单一的货币投资转向股票、债券、基金和保险，投资股票直接成为企业的股东，投资各种债券、基金和保险成为间接的股东。在现代社会，股东的队伍越来越庞大，遍布社会的各个职业和领域，企业与股东的关系渐渐演变为企业与社会的关系，企业对股东的责任也具有了社会性。但是，企业对股东的责任和一般的社会责任不同，它是通过对股东负责的方式体现出来的。

（1）企业对股东最基本的责任是对法律所规定的股东权利的尊重。法律的规定是每一个企业必须遵循的伦理底线，超出了这个界限就构成了企业的不道德行为。企业违背了法律的规定侵犯了股东的权益，是对股东严重的不负责任。

(2) 企业要对股东的资金安全和收益负主要责任。投资人把自己毕生的积蓄托付给企业，希望通过企业的投资获得丰厚的回报，企业应当满足股东这个基本的期望，企业不得拿着股东的钱去做违法、不道德的事情，企业更不能用股东的钱任意挥霍，企业所从事的任何投资必须以能给股东带来利润为基本前提。

(3) 企业有责任向股东提供真实的经营和投资方面的信息。企业向股东提供信息的渠道是财务报表、公司年会。由此投资人可以了解到公司的经营品种，经营业绩、市盈率、资产收益率、资产负债率等情况。公司必须保证公布的信息是真实的、可靠的，任何瞒报、谎报企业信息，欺骗股东的行为都是不道德的，企业对此要负道德和法律双重责任。

六、企业对所在社区的责任

企业应密切与所在社区的关系：一方面为所在地区的居民提供劳动就业机会，增加地方财政资源；另一方面应关心社区发展，积极参与社区公益活动，尊重社区文化，帮助维护社会公共秩序，在力所能及的条件下支持社区公共设施建设，为增进社区公共福利作贡献。不作虚假宣传和误导，抵制不正当竞争，维护健康有序的市场秩序。

企业与社区之间是一种相互交叉的你中有我、我中有你的关系，二者相互影响，不可分离，建立和谐的企业与社区关系对企业的生存发展和社区的进步繁荣具有重要意义。世界著名的管理大师孔茨和韦里克在《管理学》一书中揭示了企业与社区的关系，他们认为企业必须同其所在的社会环境进行联系，对社会环境的变化做出及时反应，成为社区活动的积极参加者。企业与社区之相互促进，共同发展。企业存在于一定的社区内，社区内的人员素质，文化传统对企业的员工素质和价值观有一定影响，良好的社区环境和高素质的人群是企业发展的有利条件。企业积极主动地参与社区的建设活动，利用自身的产品优势和技术优势扶持社区的文化教育事业，吸收社区的人员就业，救助无家可归人员，帮助失学儿童等活动，这样不仅为社区建设作出了贡献，而且会为企业的发展打下良好的基础。企业为社区建设所做出的努力，会变成无形的资本对企业的经营发展起到不可估量的作用，例如，企业积极支持社区的文化教育事业，提高了企业未来员工的素质；企业为消费者服务的宣传活动，拉近了企业与消费者的距离，可以带来大量的回头客；企业热心于环保和公益事业，可以塑造良好的企业形象。总之，企业积极承担社区责任，扩大企业的知名度，提高企业的良好声誉，所有这一切都会作为企业的无形资本在企业的经营中带来巨大的效益。企业通过社区架起了连接社会的桥梁，企业为社区所做的一切有益的工作都会对社会产生重大影响。企业积极参与社区活动履行了企业“社会公民”的职责，为社会的和谐、进步和发展尽了一份力量。

七、企业对政府的责任

企业作为社会的细胞，是国家、社会的成员和重要组成部分。政府作为管理者对企业这个社会成员实施宏观上的管理、控制和组织协调，保证社会秩序的良性循环。企业、政府是社会制度架构中的重要组织层次，在不同的制度体制下企业和政府的关系不同，履行责任的方式和内容也不同。在计划经济条件下，政府和企业是上下级的“绝对服从关系”，企业很少或者根本没有自主经营和决策的权利，一切按照国家的计划办，企业履行责任的方式是对上级的绝对负责。在现代市场经济条件下，企业和政府的关系逐步由单纯的管理、控制走向监督、协调和服务。在现代社会，政府越来越演变为社会的服务机构，扮演着为企业、公民服务和实施社会公正的角色，在这样一种制度框架下，企业对政府的责任表现为“合法经营、照章纳税”，这是企业作为“社会公民”应尽的最基本的社会责任。

(1) 合法经营、照章纳税既是企业的经济责任，也是社会责任。企业是社会财富的创造者，政府是社会财富的管理者。政府依靠企业的合法经营，集中管理社会的总体财富，通过价格、税收和福利政策实施社会财富的公正分配。企业合法经营、照章纳税是主动承担社会责任的体现，企业见利忘义、投机钻营、偷税漏税这些不良行为是对社会责任的逃避。

（2）企业支持政府的社会公益活动、福利事业、慈善事业，服务社会。政府是代表国家对社会进行组织、协调、监督和管理的组织，它的最终目的是实现社会公正，它所代表的是社会公众利益。企业积极参与政府组织的社会的公益事业、福利事业和慈善事业，是企业服务社会、造福人类的体现。

第五章 企业公民战略

第一节 企业战略概述

“战略”一词，原是军事上的一个术语，其本意是基于对战争全局的分析、判断而做出的筹划和指导，后来演变成为泛指重大的、全局性的、左右成败的谋划。第二次世界人战后，“战略”这一术语被引入经济学范畴，并逐步出现了“经济发展战略”、“企业战略”一类新的概念和新的用语。

一、战 略

“战略”一词，原为军事用语。顾名思义，“战”指的是战争，“略”是谋略、韬略，合在一起是指在战争中怎样争取胜利的谋略。《辞海》中对战略一词的定义是：“军事名词。对战争全局的筹划和指挥。它是根据敌对双方的军事、政治、经济地位等因素，照顾战争全局的各方面，规定军事力量的准备和运用。”《中国大百科全书·军事卷》对战略一词则解释为：“战略是指导战争全局的方略。即战争指导者为达成战争的政治目的，依据战争规律所制定和采取的准备和实施战争的方针、政策和方法。”在国外，战略也是一种与军事有关的词汇。《韦氏新国际英语大词典》将其定义为：“军事指挥官克敌制胜的科学与艺术。”《简明不列颠百科全书》则称战略是“在战争中利用军事手段达到战争目的的科学与艺术”。对于战略一词，军事家也有自己的见解。德国军事战略家冯·克劳塞维茨说：“战略是为了达到战争目的而对战斗的运用。战略必须为整个军事行动规定一个适应战争目的的目标。”另一位德国军事战略家毛奇说：“战略是一位统帅为达到赋予他的预定目的而对自己手中掌握的工具所进行的实际运用。”毛泽东同志也曾经说过：“战略问题是研究战争全局规律性的东西。”

随着人类社会的发展，各学科间的知识互相交叉和渗透，战略的概念被广泛应用于经济、政治、文化和科学技术之中，产生了经济、政治、文化和科学技术战略，将其应用于企业经营管理之中，就产生了企业战略。

二、企业战略

研究战略的概念，先研究管理的产生和发展的历史是很有必要的，从管理的产生和发展的历史可以看出：企业战略是管理发展的必然结果。

企业管理的产生和发展经历了：从生产管理到经营管理，再到战略管理的历程。经验管理，源远流长。自从人类社会有了集体劳动，有了组织、分工、协作，就有了经验管理。那是一种凭管理者知识、经验所进行的管理，在人类社会中持续了漫长的历史时期。生产管理发生在 20 世纪初期。那时候，电力和内燃机的使用，推动了科技进步和社会经济发展，整个市场上出现了产品供不应求的局面，企业的各种产品是“皇帝的女儿不愁嫁”，为了多出产品，以提高劳动生产率为中心的生产管理应运而生。

20 世纪 50 年代初，生产管理演变成经营管理。这种演变的背景是世界范围内劳动生产力的大幅度提高，整个市场上出现了供大于求、生产过剩的局面。企业不但要把产品生产出来，而且产品还要适销对路，要把产品卖出去。营销成为企业生产经营活动的中心。

20 世纪 60 年代是战略管理兴起时期。这个时期的背景是科学技术发展越来越快，科学技术成果转化为商品的周期越来越短，企业间竞争越来越激烈，竞争的范围越来越大。产品生命周期变短，使企业的寿命也变得越来越短。这个时期的企业不仅要考虑现在的生产经营问题，而且要“口里吃一个、筷子夹一个、眼睛盯一个、心里想一个”，要分析企业现在所处的环境具有哪些机遇和威胁，制定出带长远性、全局性的谋划性方案，这正是朴素的企业战略。企业战略管理进入我国是 20 世纪 80 年代初的事情。那时候，改革开放的春风吹开了中国的大门，我们实施了改革开放的方针，在引进外国先进科学技术、资金、设备的同时，也引进了企业战略管理，它在我国许多企业得到重用并发挥了巨大的作用。

自从企业战略问世 40 多年来，人们对“什么是企业战略的问题”进行了广泛的探讨，有代表性的说法主要有以下一些。

（一）广义的企业战略

广义的企业战略是美国教授安德鲁斯和魁因提出来的。安德鲁斯认为:“战略是一种决策模式，这种模式决定和揭示企业的目的与目标，以及达到这些目标的重大方针和计划，以及界定着企业所属或应该属于的经营类型。”魁因则认为:“战略是一种模式或计划，它将一个组织的主要目的、目标与活动按照一定的顺序结合成一个紧密整体。有效的正式的战略包括三个基本要素: ① 可以达成的主要目的与目标；② 指导或约束经营活动的重要政策；③ 在一定的条件下实现预定目标的重要活动程序或项目。”

（二）狭义的企业战略

狭义的企业战略是美国学者安索夫、霍弗和申德尔提出来的。安索夫认为:“企业战略是贯穿于企业经营与产品和市场之间的一条共同经营主线，它决定着企业目前所从事的或者计划要从事的经营业务的基本性质。这条经营主线主要由四个要素构成: ① 产品与市场范围，是指企业所生产的产品和竞争所在的市场；② 增长向量，是指企业沿着竞争优势—产品—市场范围进行变动的方向；③ 竞争优势，是指那些可以使企业处于强有力竞争地位的产品和市场的特性；④ 协同作用，是指企业内部联合协作可以达到的效果，即 1＋1>2 的效果。”霍弗和申德尔则认为:“战略是企业目前的和计划的资源配置与环境相互作用的模式。该模式表明企业为何实现自己的目标。”他们在安索夫定义的基础上加入了企业外部环境因素。

（三）整合观点

整合观点的企业战略是加拿大教授明茨伯格提出来的。他认为，企业战略是一个复杂的管理范畴，从一两个方面给其下一个定义不能说明它的内涵。企业战略应当从计划、计谋、模式、定位、观念5个方面去定义它，才能够比较真实地反映企业战略的性质和特点。而这5个英文单词都是以P开头的，这样，整合观点的企业战略就是“5个P”。

1. 战略是一种计划

战略是一种计划，就是说它是一种有预谋、有意识的行动程序，是驾驭企业，处理未来可能出现局面的方针。据此，企业战略具有两个特点，一是它必须产生于企业经营活动之前，具有前瞻性；二是它是为实现企业经营目标服务的，有明确的目的性。企业战略是一种统一的综合一体化计划，目的在于实现企业的目标。

2. 战略是一种计谋

战略是一种计谋的意思是说，商场如战场，是没有硝烟的战场，企业无时无刻不处于激烈的竞争之中。在生产经营过程中，企业会遇到各种各样的困难和风险，要面对各种各样的挑战。对于这一切，在制定企业战略的时候要有预见性，预见到企业在未来的道路上会遇到些什么障碍；为了克服困难、绕过暗礁，要采取什么样的计策、谋略。因此，企业战略是战胜威胁和竞争对手及困难的“计谋”。

3. 战略是一种模式

战略是一种模式就是说，战略是为了实现战略目标进行竞争而采取的途径和行动，以及为实现目标对企业主要资源进行分配的一种模式。它强调了战略的行为方面，认为战略是一系列行为。

4. 战略是一种定位

战略强调的是企业要配置好资源，形成自己的优势；要找准并确定自身在环境中或市场中的位置。这里，战略是企业与环境中的一种中间力量，使企业和环境更加融洽。战略是一种定位的概念，引进了多方竞争与超越竞争的含义。定位正确，在与单个对手面对面的竞争中，在与多个对手的竞争中都能立于不败之地，并能在竞争中壮大自己，甚至还可以使自己处于一种特殊地位，使对手无法与自己竞争。例如，企业可以凭借专利或产品的特殊质量获得其他企业无法得到的细分市场以保持特殊的地位。

5. 战略是一种观念

这种定义认为，战略是一种抽象的概念，是战略家的一种思维，它存在于需要战略的人的头脑之中，体现了组织中人对客观事物的认识方式。例如，面对相同的企业环境，有的企业采取的是技术创新、开拓进取、扩大市场的方式，而有的企业却维持原有的资源配置和经营状况。这些观念都是战略。应当说明的是，战略是一种观念，这种观念同企业的价值观、理念和企业文化一样，都为企业成员所共有，是集体的观念，并通过集体的共同愿望和行为表现出来。

学习关于战略的各种定义，有助于加深我们对战略含义的理解。不同的含义之间并非对立的关系，它们的不同仅仅是对战略特性的认识的不同。把这些含义概括起来，我们认为企业战略是：企业面对激烈变化、具有严峻挑战性的环境，为求得生存和发展而做出的带有长远性、全局性的谋划或方案。它是企业经营思想的体现，是一系列战略性决策的结果，又是制定中、长期计划的依据。

三、企业战略的特征

尽管管理学派和经理们对战略的认识有太多分歧，但是对战略特征的认识基本一致。概括起来，企业战略具有如下特征：

（1）企业战略具有全局性。企业战略就是企业发展的蓝图，制约着企业经营管理的一切具体活动，它追求企业的总体效果。企业战略是对企业的未来经营方向和目标的纲领性的规划和设计，对企业经营管理的所有方面都具有普遍的、全面的、权威的指导意义，只考虑局部利益的计划不能列入企业战略。

（2）企业战略具有长远性。企业战略考虑的是企业未来相当长一段时期内的总体发展问题。经验表明，企业战略通常着眼于未来3～5年乃至更长远的目标。企业战略反对短期化行为，战略的成效也要以长远利益来衡量。

（3）企业战略具有指导性。企业战略规定了企业在一定时期内基本的发展目标，以及实现这一目标的基本途径，指导和激励着企业全体职工努力工作。

（4）企业战略具有现实性。企业战略是建立在现有的主观因素和客观条件基础上的，一切从现有起点出发。

（5）企业战略具有竞争性。战略是适应市场的需要而产生的，是为了增强企业的活力和优势而制定的。战略的作用在于通过密切注视市场竞争态势和企业自身的相对竞争地位，抓住机遇，迎接挑战，发挥优势，克服弱点，以求在"商战"中克敌制胜，保障企业的生存和发展。

（6）企业战略具有风险性。企业战略是对未来发展的规划，然而环境总是处于不确定的和变化莫测的趋势中，任何企业战略都伴随有风险。

（7）企业战略具有创新性。企业战略的创新性源于企业内外部环境的发展变化，因循守旧的企业战略是无法适应时代发展的。

（8）企业战略具有相对稳定性。企业战略一经制定后，在较长时期内要保持稳定（不排除局部调整），以利于企业各级单位和部门努力贯彻执行。

（9）企业战略必须与企业管理模式相适应。企业战略不应脱离现实可行的管理模式，管理模式也必须调整以适应企业战略的要求。

（10）企业战略应与战术、策略、方法、手段相适应。一切好的企业战略如果缺乏实施的力量和技巧，也不会取得好的效果。

四、企业战略构成要素

本书在前面已介绍了广义的企业战略和狭义的企业战略。广义的企业战略包括企业的战略目标及为实现这些目标而采取的手段；狭义的企业战略则只包括为实现企业目标而采取的手段。同时，狭义的企业战略认为，企业战略还包括企业的市场范围、增长向量、竞争优势和协同作用四个要素。这四个要素互相联系起来会产生一种合力，成为企业的共同经营主线，即企业目前的产品与市场组合和未来的产品与市场组合的关联。有了这条主线，人们就可以了解企业的经营方向和产生作用的力量。

（一）产品与市场范围

产品与市场范围说明企业属于哪个特定的行业和领域，企业在这个行业和领域中具有什么优势和劣势。企业所从属的行业和领域范围不可定义太宽，那样会造成经营方向的模糊。因此，产品市场范围常常要用大行业中的分行业来描述，如机械行业中的机床分行业、饮料行业中的果汁饮料分行业等。

（二）增长向量

增长向量说明企业从现有的产品和市场，朝着什么样的产品和市场变化的方向，即企业经营方向的变化。市场渗透是就企业现有产品在现在市场上增加销量，以实现企业增长的一种方式。产品开发是企业开发新产品替代老产品在现在市场上销售，以此实现企业发展的方式。市场开发是用现有产品去开发新市场以达到企业发展的方式。多种经营是用新产品去开发新市场以实现企业发展的方式。

用前面三种方式去实现企业的发展时，企业的经营主线是明确的：或老产品在老市场增加市场占有份额，或开发新产品在原有市场上替代老产品，或用原有产品去开发新市场。而多种经营的发展方向则独具特色，又是新产品，又是新市场，经营主线就不太清晰了。增长向量指明了企业在行业里的发展方向或跨行业的发展方向，用这种经营主线来描述企业的发展方向，是对用产品和市场来描述企业发展方向的一种补充。

（三）竞争优势

竞争优势是企业所追求的产品与市场组合的特殊属性。企业有优势才有强有力的竞争地位。为了获得竞争优势，企业可以采取以下一些做法：或寻求兼并，通过兼并谋求在原行业或新行业中占有重要位置；或选择具有专利保护的经营领域；或进行新产品开发，生产出具有创新性、突破性的新产品替代原有产品占领市场。

以上三个战略要素从企业外部环境方面描述了企业产品与市场的发展道路，而协同作用则是以企业内部的协作为出发点来考虑问题的。

（四）协同作用

协同作用是联合作用的效果，它反映的是企业新产品和市场项目需要相互配合的特征。在许多论述中，协同作用的效果，意味着在常被描述为企业内部各经营单位联合起来共同使用资源的效益会大于各个经营单位单独运作所产生的效益的和。协同作用的形式，在销售协同方面表现为各种产品使用共同的销售渠道和仓库；在运行协同方面，表现为在企业内各单位共同分摊间接费用，分享共同的经验曲线；在管理协同方面，表现为能在几个经营单位之间运用相同的管理经验和专门技术。当然，任何事物都具有二重性，协同作用如果“同而不协”，也会因互相排斥而造成混乱，产生 $1+1<2$ 的效果。

当企业采用不同态势战略的时候，协同作用的表现形式也是不同的。如果企业的经营主线是进攻型的，协同作用将运用于企业的销售网络和技术等重要因素上；如果企业采用的是防御型经营主线，协同作用提供的是企业所缺少的关键要素；在企业采取多种经营战略的时候，协同作用使经营成为一种内在凝聚力。

企业在生产经营中怎样才能获得成功和发展？研究企业战略管理要素是十分必要的。产品和市场范围指出了获利的领域和范围；增长向量指出了这个范围扩展的方向；竞争优势指出了企业获利机会的特征；而协同作用指出的是挖掘企业总体获利的潜力。这四种要素相辅相成，构成了企业战略的内核。探讨企业战略的构成要素有二重意义：

第一重意义是，认识构成要素对企业效能和效率的影响。所谓效能，是指企业实际产出达到期望产出的程度；而效率则是指企业实际产出与实际投入的比率，即实际投入产出比。在企业战略的构成要素中，企业的经营范围、资源配置和竞争优势一般决定着企业效能发挥的程度。协同作用则是决定企业效率的首要因素，并在企业各种特殊能力与产品和市场之间形成与发展。正数值的协同作用会大幅度地增加企业的效率，反之则会降低企业的效率。

第二重意义是，要使管理人员认识到这四种构成要素存在于企业各个层次的战略之中。企业战略的层次不同，这四种构成要素的相对重要的程度也不同。

第二节　企业公民战略

企业公民战略是指企业在经营中充分考虑企业利益相关者，在完成企业目标时为利益相关者创造更多利益达到企业与相关利益者的和谐发展、共生共兴的战略。依据利益相关者理论，企业是一个由利益相关者构成的契约共同体，利益相关者包括企业的股东、债权人、雇员、消费者、供应商等交易伙伴，也包括政府部门、本地居民、当地社区、媒体、环境保护主义者等压力集团，甚至还包括自然环境、人类后代、非人物种等受到企业经营活动直接或间接影响的客体。企业发展中的利益相关者应该有哪些呢？经过对企业经营活动的研究笔者认为，企业在经营过程中主要的相关利益者应该有消费者、环境、竞争对手、合作伙伴、员工、社会、政府。因此，企业在经营中要充分考虑这些企业利益相关者，在完成企业目标时为利益相关者创造更多利益达到企业与相关利益者的和谐发展、共生共兴，实施以企业公民为核心的战略——公民战略。这一战略与以往的企业发展观念的区别在于强调了企业发展的责任，它以约瑟夫·斯蒂格利茨（1999）所提出的广义公司治理理论——利益相关者理论（stakeholder theory）为基础，结合了中国和谐文化中与人和谐、与社会和谐、与自然和谐理念，通过对企业相关利益者进行分析，以企业对相关利益者的社会责任为核心，以达到与相关利益者和谐相处为最高目标。企业实施公民战略就是企业在经营发展时要对这些相关利益者负责，在企业发展的同时，注重满足相关利益者的需求以达到发展的和谐。

一、企业公民战略内涵

（一）以人为本

人类进入知识经济的 21 世纪，随着经济全球化进程的加快和我国市场经济的发展，越来越多的企业意识到，人是企业发展中最活跃、最富于创造力的因素，每一个成功的企业都拥有一支强而有力的人才队伍。企业之间的竞争归根到底是人才竞争，谁拥有足够数量的高水平专业人才，谁就能在竞争中取胜。因此，在企业管理中如何调动人的积极性、发挥人的主观能动性是企业管理的核心任务。1988 年 1 月，来自世界各地的 75 位诺贝尔奖获得者在法国巴黎集会，在会后发表的宣言中有这样一段文字："如果人类要在 21 世纪生存下去，必须回头 2500 年，去吸取孔子的智慧。"联合国教科文组织在于我国召开的"面向 21 世纪教育国际研讨会"上也明确提出：要把儒家的伦理思想作为重建 21 世纪道德的出发点。缘何世界如此关注儒家的伦理思想呢？原因是以"仁"为核心的儒家伦理思想在当今社会发展中起着十分重要的作用。现代企业管理已进入"企业文化"的创新阶段，"以人为本"成为现代企业管理发展的主流。儒家以“仁”为核心的人本主义哲学和道德伦理理论，同样对现代企业管理起着十分重要的作用。

“仁”是儒家人本主义哲学的核心，也是其伦理道德学说的核心和总纲。孔子说：“仁者，人也。”（《中庸》）“仁”是人的本质，是人之所以为人的道德理性原则和人类自身的自我意识。儒家“仁爱”的基本内涵是：第一，在对待自己方面，就是爱人，而爱人必先正己，所以儒家的“仁爱”思想对个人提出了严格的要求，孔子主张“克己复礼”，孟子主张通过“苦其心志，劳其筋骨，饿其体肤，空乏其身”的磨炼。这就是要求人们时时不忘遵循社会规范，通过自己诚实的劳动，克服困难，实现人生价值。第二，在对待他人方面，主张关心他人，互助互爱，甚至把“修已以安百姓”作为君子修身的最高境界。第三，在对待集体方面，就是爱集体，要求人们以天下为己任。儒家的“仁爱”是提高人的道德自律的思想基础和核心，人只有具备了这种主导意识和人道精神，才能从根本上确立人的主体地位，实现人的生存价值。企业管理者将仁学的这些人文智慧和思想资源运用到企业管理中，使仁爱精神作为企业员工进行自我管理、协调各种关系的基本原则，从而形成企业群体意识和敬业精神的根本动力。因此，所谓以人为本的管理，就是企业在计划、安排、组织、监督等一系列生产经营活动中对人进行柔性的人性化管理。“知识化的管理”中作为人力资本载体的人不仅仅具有生产性，同时还具有社会性，以人为本的管理理念因而不仅强调人的个性存在和个性价值，而且还特别强调并关注人的个性差异和社会差异。在企业管理中，以人为本意味着任何个人都应享有作为人的权利，对任何个人的权利都应给予合理的尊重；也意味着对人以外的任何事物都应注入人性化的精神，给予人性化的思考和关怀。“以人为本”管理思想的内涵十分丰富，概括起来主要有：第一，在搞好人与人之间的关系上探索人类行为的规律，提倡善于用人，进行人力资源的开发。第二，强调个人目标和组织目标的一致性。认为调动职工积极性必须从个人因素和组织因素两方面着手，使组织目标包含更多的个人目标，不仅要改进工作的外部条件，更重要的是改进工作设计，使体力劳动与脑力劳动相结合，使员工能感到工作是愉快的。第三，主张企业尊重职工，实行民主参与管理，改变上下级之间的关系，由命令服从变为支持帮助，由监督变为引导，实行职工的自主自治。

以人为本的企业管理认为，在企业生产的诸要素中，人是起决定作用的要素，要树立以员工为中心的观念，坚持员工重于产品。企业管理具有两重性，即自然属性与社会属性。随着世界性的工业化社会向信息化社会的过渡，企业传统的劳动方式在技术革命的冲击下发生重大变革，尤其是计算机的应用和新材料、新技术的研究突破，使人在生产中获得了更大的自由，员工不再是受制于机器的附属物，而成为生产的真正主人。在这种情况下，仍按传统的企业管理观念进行管理，势必压抑员工的活力和热情。美国现代行为科学家伦西斯·利克特在《管理的新模式》一书中指出："美国人越来越不愿接受来自外界的压力和上司的监视，普遍地希望获得更多的自由和自主处理问题的余地。"当今社会，市场竞争的表层是产品的竞争，深层却是员工的竞争。要使先进的科技成果变为现实生产力，使新型原材料变为优质产品，企业中的每个员工都具有不可替代的作用。因此，应把人作为企业的核心，重新认识人的本质和心理活动，重视人性、人的价值、地位和作用，充分体现人性、亲和力。在企业管理中应提倡更聪明地工作，追求管理的人情味、艺术化，形成不同个体的特色优势，努力创造团结协作的氛围，模糊"管"的概念，彰显"理"的成分。

（二）和　谐

企业"和谐"，一方面指人和自然之间的生态和谐，即企业按照可持续发展思想和环境保护要求，形成的一种经营管理理念及其所实施的一系列管理活动；另一方面，也是指人与人之间的和谐。现代企业管理过程中，顾客、员工、互补者的介入程度日益加深，从某种意义上说，企业已成为各种关系的总和。因此，要认识和把握企业，要理解企业的活动，掌握企业运动、变化和发展的规律，要驾驭和管理企业，都必须从企业的关系入手，通过企业内外关系——企业管理层与员工、员工与员工、企业与市场、企业与企业、企业与政府、企业与社会及公众之间诸关系的协调，来实现企业资源的合理优化和充分利用，促使企业取得效率和效果的和谐。

和谐企业，诚信经营是基础。人无信不立，企业无信难长久，诚信是经营之本、是企业最宝贵的资源。企业坚持诚信为本、操守为重，是社会主义市场经济的客观要求，是企业可持续发展的客观需要。有专家指出："20 世纪 80 年代有产品就有市场，90 年代有广告就有销路，21 世纪是商品过剩的时代，企业必须有信誉，产品才能有市场，企业才会有前途。"诚信是和谐的基础，企业只有坚持诚信经营，才能内有和谐，外有形象，才能为净化社会风气贡献力量；反过来，良好的社会风气和社会秩序的形成，又会促进企业健康发展，为和谐企业建设营造良好环境。

担负社会责任是和谐企业重要的检验标准。企业的社会责任可分为经济责任、文化责任、教育责任、环境责任等几方面，这就意味着企业除了要为社会创造丰富多彩的物质财富外，还要为社会培养合格人才，为推动社会文化进步、优化环境作出贡献。企业作为社会的一分子，特别是国有企业，一定要意识到自身的社会责任，在促进自身发展的同时，要反哺社会，带动社会一同前进，不能"躲进小楼成一统，管他冬夏与春秋"，更不能干污染环境、贻害社会的事情。从这个意义上讲，有没有社会责任感、敢不敢承担社会责任、愿不愿主动尽到社会义务，既是和谐社会对国有企业的客观要求，也是检验企业是否和谐的重要标准。

（三）义利相融

在市场经济条件下，企业是独立自主的经济实体和利益主体，有自己的正当权益和利益追求，因而具有"经济人"的品质，但是，企业又离不开社会。企业的生存和发展必须依赖于社会、国家提供的各种资源以及良好的社会环境。在这个意义上，企业又具有了"社会人"的品格。它在追求自身利益的同时，必须重视社会利益，对社会负责。因而，企业要正确处理自我利益与社会利益之间的关系，寻求有效的途径使小我与大我达到完美的统一。可持续发展的义利观，就是要达到义和利的统一。义，即公益、社会利益；利，即私益、企业利益。义利统一体现在以下三个方面：

1. 义利共存

公益与私益都具有存在的合理性，客观地共存于实际生活中，尊重它们所具有的价值是市场理性的起码要求。但是随着行业市场、利益相关者范围的逐渐扩大，市场主体对义利的认识应由承认各自的合理性走向承认彼此的交互性。

2. 义利共融

为了谋利必须谋义，或者说，利己必先利人。这个原则是由市场经济和企业的伦理二重性决定的，即商品和劳务的生产和经营，既具有为己谋利性，也具有为他服务性，为他服务是为己谋利实现的前提。

3. 义利共生

这是义利统一的最高层次。在当今时代，人类社会与自然界已空前地融为一体。在这个共同体里，任何一个主体都是在与其他主体的相互联系中生存和发展的。如果人类要继续生存、发展，就必须保护大家共同的生物圈，而经济生产的组织者——企业，必须责无旁贷地主动承担起环境责任和社会责任，要充分认识到自己的行为对社会可能造成的影响。只有达到义利共生，企业才能实现可持续发展。

要坚持顾客重于利润，树立以顾客为中心的观念。对企业而言，能否实现利润最大化，最终取决于其产品能否得到消费者的认可。从这个意义上说，企业营销管理的全部活动，最根本的目的是满足顾客的需求，要围绕顾客这个中心来展开。以顾客为中心，不仅要了解、满足和引导顾客的需求，而且要树立企业一切经营活动都是为了顾客的价值取向，形成以顾客为中心的文化理念。美国营销学者巴巴拉·杰克逊提出的关系营销理论认为，企业要建立、维持和促进与顾客之间的关系，并形成一种兼顾各方利益的长期关系。关系营销的重点对象是顾客，并把观念从注重每一次单独的销售转到与顾客发展长期伙伴关系上。关系营销学的目的是尽可能使每一位顾客都成为未来的长期客户,成为与本企业有伙伴关系的忠实顾客。西方营销学者菲利普·科特勒提出的"顾客让渡价值理论"，对这一问题作了更为深入的阐述。顾客让渡价值是指顾客总价值与顾客总成本之间的差额。顾客总价值是指顾客购买某一产品与服务所期望获得的一组利益，它包括产品价值、服务价值、人员价值和形象价值等。顾客总成本是指顾客为购买某一产品所耗费的时间、精神、体力以及所支付的货币资金等。西方营销管理学中关于吸引顾客、争取顾客、一切为顾客着想的观念，对我们有着十分重要的借鉴意义。

二、企业公民战略特征

此处借鉴企业社会责任战略和辛杰[①]的研究将企业公民战略特征归结为：向心性、专属性、超前反应性、可见性。

（一）向心性

向心性是对企业社会责任政策或项目与企业使命和目的匹配程度的度量。向心性在战略管理中是非常重要的，常常被称为目的或目标，它通过显示的特定的行为或决策是否与使命、目的或目标相一致，来指出组织行动的方向并进行反馈。具有高度向心性的行为或项目就会在组织中得到优先安排并在未来产生收益。例如，在产品开发领域，医药企业在新药研究和测试中的资金投入就具有高度的向心性。相反，内部审计职能尽管对企业的健康发展和安全很重要，但在向心性衡量上是比较低的。对于战略性企业社会责任来说，那些与组织使命和目标及其实现关系密切的项目或政策，就具有较

① 辛杰：《企业社会责任研究》，山东大学，2009 年。

高的向心性，而传统的宽泛的企业慈善捐助向心性就比较低。例如，汽车的气囊——一种社会责任产品的设计、测试和生产以及这种产品安全方面所存在问题的改正，对汽车生产商来说就是具有高度向心性的。

（二）专属性

专属性是指企业能够获取或内部化企业社会责任项目的利益，而不是仅仅提供一种能被产业中其他企业共享的集体产品。外部性和公共产品就被定义为非专属性的，而如果研究和开发上的投资能够使产品获得专利，那么该投资就是具有高度专属性的。很多的企业社会责任行为，包括很多慈善捐助，产生了非专属性的公共产品，它们可为整个社会所用。例如，公司捐助了一家交响音乐厅，它可以为整个地区的交响乐爱好者带来利益，但这些利益对于捐助公司来说是非专属性的，因为公司并没有享受到排他性的利益。与上面的例子相反，企业在利用烟囱排放的热量发电的技术上的投资，对企业来说是具有高度专属性的，它可以减少向当地电厂购买的电能，从而节约企业的能源支出。这里向公众溢出的利益是企业对全社会能源节约的贡献。事件营销常常能向发起活动的企业和接受资金的非营利组织提供类似的专属性利益，2008 年汶川大地震中慷慨解囊的广东加多宝集团在全国多处城市的“王老吉”被卖脱销就体现了企业社会责任高度的专属性。

（三）超前反应性

超前反应是企业对预期出现的经济的、技术的、社会的或政治的趋势提前做出应对的行为，超前反应性是企业战略管理人员在进行计划和环境扫描时具备的重要特征。在不断变化的环境中，企业必须时常扫描它的环境，以预测变化可能对企业的影响。这些变化可以是新市场机会的出现，也可能是社会问题或威胁的出现。企业如果能够越早认识到关键性的变化，那么它就会占有越有利的态势来利用机会或对付威胁。例如，即将来临的技术变革要求技术更熟练或有多种技能的员工，企业如果引入了员工教育与雇佣项目，那么它将更易于转向新技术并在这么做时遭到较少的抵制。在企业社会责任领域，超前反应性可以通过以下例子予以说明：一家制造商监视有关污染控制方面的社会趋势和管制动向，该公司通过调研发现了新的烟囱净化技术可以满足预期中的管制措施对技术的要求，并且成本比较低，从而获得了超过竞争对手的长期竞争优势。而更有远见的是，该企业认识到污染相关成本在长期将会上升，因而在整个企业内推行了降低污染的措施。著名的海尔集团砸冰箱的故事也是企业社会责任方面超前反应性的体现。在当时，产品供不应求，很多人认为不需要把质量做到极致。但当时海尔就提出了一个超前的理念：有缺陷的产品就是废品。通过提升产品质量直到首先提出星级服务，以至“永远满足用户的需求”，海尔通过超前的价值观，赢得了消费者，企业也一直快速成长，成为了中国最受尊重的企业。

（四）可见性

可见性既表示企业的活动是可观察到的，同时要求企业活动能得到内部和外部利益相关者的认同。可见性对企业来说可能是正面的，也可能是负面的。在企业的一般业务活动中，正面的可见性包括有利的媒体报道、股票价格上升和新产品成功推出等，负面的可见性包括政府对合同欺诈的调查、企业管理人员受到起诉或审判、药品有害副作用的揭露等。企业社会责任活动的可见性一般不可能是负面的，尽管导致企业社会责任行为的报道可能起源于负面事件。例如，对于月经棉塞可能会引起中毒症状的媒体报道，宝洁公司就通过产品召回产生了很大的正面可见性，另外还增强了该公司其他产品的可信性。又如，强生公司通过对泰诺毒性报道的快速的、全面的反应，表明了公司对消费者利益的关心，同时也对它一贯坚持的公司生产守则带来了高度可见性。强生守则现在已成为管理学教科书中企业履行社会责任方面所有公司的典范。以上两例显示了企业在面对负面事件时，通过积极的社会责任响应，最终获得了正面的可见性。而企业如果不能及时对负面事件作出公众所期待的积极反应，那么企业可能就会失去公众以至于整个社会的信任，最终危及企业的发展乃至生存。可见性与企业内部员工的关系最为密切。例如，员工福利计划、全面医疗保障、现场安全保护和职业继续教育等，在企业内部是高度可见的。这些社会责任项目通过提高生产效率、士气和忠诚度，为企业创造了效益，也使企业更易于吸引和留住优秀员工。

三、企业公民战略的四种形式

克拉克森借鉴了沃提克和寇克兰（Wartick & Cochran，1985）描述企业社会责任战略的四个术语，建立了评价企业社会责任的RDAP 模式[①]，在此借鉴克拉克森的思想和辛杰[②]的研究将企业公民战略划分为：消极型战略、抵御型战略、适应型战略、预见型战略。

（一）消极型战略

消极型战略指未能甚至不愿意按照企业公民方式行动。这种战略认为企业社会责任不是必要的，无视企业的社会效益，只要能赚钱，可以不择手段。这种战略行为往往会鼓励企业的短期行为，从而不利于企业的长期发展，结果只能是被市场抛弃。这种企业战略根本无视企业的社会责任，是既不合法又不合理的危险型战略。例如，20 世纪初生产石棉的美国 Manville 公司。当时有权威科研机构研究表明，长期呼吸石棉纤维，容易使人虚弱，甚至导致癌症、肺病（被称作石棉肺）等病症，在这种情况下，这个公司不是寻找方法改善公司员工的工作条件而是隐瞒证据。比起员工安全和健康，该公司更关心的是利润，公司总裁认为给工人更多的补偿比改善工作条件费用低。Manville 公司不负责任的行为不但没有使它的利润最大化反而被迫支付 2.6 亿元调停费，使公司股东利益受到极大的

① Wartick Steven L，Philip L Cochran. *The evolution of the corporate performance model*. Academy of Management Review，1985，10（4）：758-769.

② 辛杰：《企业社会责任研究》，山东大学，2009 年。

损害。这也说明，公司如果为了眼前利益而忽视了社会责任，最终必将受到严厉惩罚。

（二）抵御型战略

实行抵御型战略的公司仅仅为了保住它们现有的位置，采取不积极的防御战略，得过且过。对于必须遵守的规章制度和法定义务规定的强制性要求，维持最小的努力，对抗处理企业社会责任问题，在道德底线上徘徊。对本企业降低成本是自觉的、明确的和积极主动的，而对履行企业社会责任则是不自觉、不明确和消极被动的。这类企业片面追求自身的发展，不注重生态和社会的和谐发展，是一种短视行为，但一般不越雷池，属于合法但不合理型的成本导向战略。典型的例子就是美国的三大主要汽车生产厂家，20 世纪 70 年代，它们面对空气污染、汽油短缺、车辆交通安全等问题，未能做出积极的反应。当美国大学教授们宣称烟雾的最大贡献者是汽车时，各大汽车厂家却无动于衷，仍然把着汽车原有的功能不放，置空气污染、汽油短缺于不顾，结果付出了惨痛的代价，当日本公司提前解决了这些社会问题，大举进攻美国市场时，美国汽车公司才意识到问题的严重性，但大量的市场份额已被日本汽车公司占有。因此采用抵御型战略只能是自欺欺人，一旦忽略或者抵触必将自食其果。

（三）适应型战略

这是一种既合法又合理型的战略，企业比较自觉地使他们的行为服从利益相关者的期望，把企业社会责任纳入到企业发展战略，把它看成是一种谋略和手段，企业社会责任能给企业带来可持续发展的机会。企业履行企业社会责任有一定的自觉性，但也存在很明显的局限性。高层管理者仅仅在必要时才考虑企业社会责任问题，满足管制需要。首先为本企业，其次为利益相关者，在本企业利润最大化的前提下，也适当履行企业社会责任。一旦在不利于或有损于本企业利益的情况下，就不愿意服务社会了，其履行企业社会责任的水平自然就随之下降，企业道德建设水平也随之滑坡。

（四）预见型战略

把企业社会责任看成企业社会资本的投入和企业可持续发展的客观要求，而不仅仅是谋略和手段。注重企业的长期利益，为了保持企业核心竞争优势，企业可以放弃一部分利润和市场份额。企业能比较自觉地把企业利益和为社会服务的目标统一起来。企业既不单单是追求利润的工具，也不是公共法则的附属，而是积极预防社会责任的发生，一旦发生社会责任问题就勇于去承担，努力开展改善社会福利、奉献社会的活动。有许多企业为社会问题的解决献计献策，如美国通用电器公司在教育领域的行为就很有代表性，公司总裁杰克·韦尔奇认为学生是未来社会的栋梁之才，企业有责任引导学生将来为社会奉献，通用公司的几个分公司在当地都建立了企业与高校学生之间的友好联系，意在为国家教育及社会目标的实现作贡献，为此通用公司赢得了良好的社会信誉，也使杰克·韦尔奇在 1999 年全球最受尊重的企业家中名列榜首。这种战略表明企业对待社会责任的态度应是超前的、主动积极的。

第三节　企业公民战略的现实意义

长期以来我国经济的发展主要依靠廉价的劳动力作为支撑，企业社会责任履行差，对员工、环境的保护不够。当企业公民运动进入中国时，许多企业、学者担心在我国现阶段推行企业公民运动会对企业造成巨大的影响，降低企业的竞争力。加之西方企业在发展初期都很少承担社会责任，所以有人提出企业公民运动在我国现阶段不适用，对企业提出这些要求有些超前，将会增加企业的成本，不利于我国企业的发展，不利于我国企业与国际企业的竞争，甚至于有人认为这是西方发达国家为了限制中国的发展所提出的。这些观点有其一定的道理，但却是片面和错误的。在当前我国经济高速发展的同时，出现了一些无法回避的社会问题，比如员工权益得不到保护，工作环境差、拖欠工资、不尊重员工、牟取暴利、破坏环境、商业贿赂等现象时有发生。解决这些问题单纯依靠法律是不够的，必须加强我国企业公民建设。

一、企业发展的需要

企业社会责任是西方发达国家在企业高速发展时期，产品供不应求，企业由小规模逐步向大规模发展变化并发生兼并、收购的扩张时期提出的。由于迅速的扩张，赢利与否决定企业命运，企业非常重视利润。但与此同时企业的发展也给社会带来了巨大的社会问题，从而引起社会对企业营利行为的反思，促使企业社会责任理论的诞生。企业社会责任理论的产生，又促使企业意识到自身对社会利益相关者的责任，从而承担对社会的更多责任，促进企业与社会的良性发展。在中国，目前的状况与西方企业高速发展时期相似，国家强调经济发展，大力鼓励企业的发展，企业已进入成长期，发展迅速，有大型化、规模化的趋势。一方面企业众多，发展快速，竞争渐强，有集中化趋势。另一方面，大部分企业过于强调经济利益，而忽视社会利益和社会伦理，企业社会信誉度和美誉度都较低。粗放的经济增长方式靠的是资源和廉价劳动力的支撑，但现在已难以为继。在资源问题上，我们一方面资源贫乏，另一方面浪费严重。而廉价劳动力加剧了贫富差距和贸易摩擦，这是我们面临的最大的挑战、最大的不和谐。因此对企业来说必须改变企业发展模式，随着经济的发展，竞争的加剧，我国企业的发展必有一个大浪淘沙的购并扩张的过程，有一个由量到质转变的过程。能否继续发展壮大，企业理念的改变是关键。未来企业的竞争，更加体现为一种关系的竞争，实施企业社会责任，建立企业的社会信用和信誉，培养雇员和顾客及社会各方的忠诚度，将是企业竞争发展的有力手段。

二、中国企业进入国际社会的需要

国际社会对企业责任越来越重视，从 SA8000 到企业公民运动再到全球契约都对企业履行社会责任提出了很高的要求。跨国企业对其合作伙伴也提出了履行社会责任的要求，积极履行社会责任、注重回报社会已经成为国际化大公司必不可少的基本要求，是企业国际化持续发展的基石。得道多助，失道寡助，不注意劳动保护、损害资源环境的企业也必然遭到社会和消费者的遗弃。企业积极参与当地公益事业的发展，融入当地经济、文化和社会，也就获得了持续发展的源泉和动力。承担社会责任不仅能提升企业社会形象，更能获得进入国际市场的通行证，具有社会责任感是决定企业能否在全球化运作中取得成功的决定性因素之一。在当今经济全球化的浪潮中，企业之间的竞争日益激烈，对企业社会责任的关注成为现代企业竞争的新潮流，承担社会责任被列入许多大公司的议程。越来越多的投资者在购买股票前进行深入的研究和筛选，避免投资那些直接或间接违反劳工标准的公司。越来越多的股东要求公司实施社会责任政策，采用独立的方法监督供应商的劳工问题，甚至要求公司撤出某些劳工问题严重的地区。在全球化的背景下，国际上关于企业社会责任的标准也越来越多。社会责任已成为对一流企业高标准严要求的公认指标。20 世纪 90 年代中期以来，中国沿海地区的数千家为跨国公司供货的企业，已经接受过跨国公司的社会责任检查。然而，当越来越多的中国企业“走出去”，面对一个个陌生的社会责任标准时，企业就会意识到通过这些社会责任标准认证是多么重要。它不仅能让企业获得一张张进入国际市场的通行证，而且能让企业巧妙突破种种贸易壁垒和市场壁垒，变天堑为通途。当代管理学大师彼得·圣吉在演讲时讲到，越来越多的企业达成共识：企业越是能承担社会责任，越有能力持续经营并持续成长。

三、构建和谐社会的需要

构建社会主义和谐社会是我国实现经济建设、政治建设、文化建设、社会建设四位一体全面发展的重大举措。企业是社会的基本构成单位，是社会生产的主要承担者，能否正确履行自己的社会责任，对构建社会主义和谐社会关系极大。准确理解和强化企业的社会责任，对建设民主法治、公平正义、诚信友爱、充满活力、安定有序、人与自然和谐相处的社会有特别重要的意义。构建社会主义和谐社会，这是党的十六大和十六届三中、四中、五中全会提出的重大任务，这既是全面建设小康社会的重要内容，也是实现全面建设小康社会宏伟目标的重要前提。

企业作为我国经济建设的支柱和社会经济发展的推动者，是社会主义和谐社会最基本的单位和主体，一个社会只有做到企业和谐、社区和谐、环境和谐、人际和谐才能达到整个社会的和谐，而这一切就是要求企业认真履行自己的社会责任。首先，企业应满足企业员工和股东的利益，企业在为股东创造足够利润的同时要关心保护员工的合法权益，为员工提供适当的薪酬、安全的工作环境、必要的劳动保护，做到企业小环境的和谐。其次，企业应当关心社区的发展，为社区和当地经济发展尽自己的一份力量。再者，企业在生产中要注重环境保护，不能为了眼前的利润而破坏环境。最后，企业应当多关心社会贫困的弱势群体，为他们提供必要的帮助，促进人际和谐。当我们的企业都切实认真履行了自己的社会责任，做到企业和谐、社区和谐、环境和谐、人际和谐，那么达成我国和谐社会建设的目标也就不远了。

第六章　企业公民战略实施的内部机制

企业公民既是历史的产物，又处于与时俱进的发展中。企业公民的治理与实现，依赖于由行政干预、经济调控、社会监督、责任认证、企业内部治理和企业自律自愿等方式相结合所形成的一套多层次的制度安排。本章从国家层次、社会层次以及企业层次对企业公民的治理及其实现途径进行了分析，提出了建立和完善国家、政府、社会以及企业自身在企业公民治理中制度安排的建议。

20 世纪 80 年代以来，中国进行了市场化导向的经济改革，出现了经济学意义上的独立核算自主经营的企业。企业向社会承担责任，是企业生存与发展的条件、社会进步的普遍要求，中国企业要在自身的发展过程中承担其对社会的相应责任，是不容置疑的。然而现阶段中国企业在履行社会责任方面表现得意识模糊、界限游移、行为散乱，企业对如何从企业的社会责任角度利用公关工具构建与发展其竞争战略问题尚感生疏。

按照有关制度安排在调整企业公民时层次和主体的不同，可以从国家宏观层次、社会中观层次和企业微观层次进行分析。需要指出，由于中国正处于体制转变和社会转型时期，企业、政府与社会之间关系的调整需要一个过程，因而中国企业承担社会责任的约束和监督机制的建立与完善也是不可能一蹴而就的。

第一节　企业公民战略理念的树立

中国企业应当及早树立企业公民战略理念，要充分认识到只有实施企业公民战略才能获得长久发展，提升竞争力。由于国内企业对企业公民的认识还比较肤浅，不了解企业公民应履行的社会责任，国内学者对企业公民行为规范尚未形成统一认识，而国外企业公民行为标准对现有中国企业有不适合之外，所以要贯彻企业公民战略，首先要建立符合中国现实情况的企业公民行为标准。从国外情况来看，企业公民行为标准一般是由非政府组织来提出的，对企业具有指导作用，但在我国企业的行为主要靠国家的法律法规来明确，而且我国非政府组织发展落后，对企业的影响力有限，所以笔者倾向于由政府出台一整套涉及环保、劳动安全、产品质量、职工劳动权益保障、消费者权益以及市场经济秩序等方面的法律法规，让企业既能享受应有的企业公民权利，又不能避开社会责任、不敢逃避社会责任。其次，理论界、学术界也应该加强对企业公民的研究，争取尽快建立一套合理完善的企业公民评价体系，并定期举行优秀企业公民的评选，通过优秀企业公民的评选来促进企业公民意识的增强。最后，建立社会监督体系。有了一套企业公民的行为规范，只通过对优秀企业公民的评价、宣传还不足以保证企业公民建设取得成功，还要建立社会监督体系，充分发挥新闻媒体、消费者协会、环保组织、工会等社会群众团体的作用。通过这些社会机构和组织，及时对企业公民建设状况做出科学的评估。凡是按照国家关于企业公民规范发展的企业，特别是优秀企业公民，就给予公开宣传表彰；凡是违背国家关于企业公民规范发展的企业，就给予公开披露。同时，对于侵犯企业公民权利的人和事也要予以公开批评及处罚，以便逐步形成做优秀企业公民光荣的社会氛围。

一、培养感恩文化

感恩文化是基督教文化的核心，在西方国家它是一种“社会文化”，是社会公民的一种自觉价值观。西方有感恩节，美国的感恩节更有其社会文化意义，美国的感恩文化将基督教思想与现代社会对个人的尊重结合起来。它将神圣存在、他人、自我在日常生活中联结为整体，乃是终极关怀和世俗关怀的统一。一般认为，“感恩”最初源自基督教教义，是一个宗教味道比较浓烈的概念，但是也有不少人认为，中国远古社会的农事崇拜、祭祀和宗教萌芽就已经蕴涵了“感恩”的含义，那时人们认为自然界具有生命及神奇的能力，因而向山川草木、江河湖海表示敬畏，求其保佑和降福。同时人们认为中国社会一直就有“感恩”传统。《诗经》有“投桃报李”之说。文人有“谁言寸草心，报得三春晖”之句。百姓也有“滴水之恩，涌泉相报”之语。而所谓感恩文化，就是指企业在生产经营活动中，通过长期实践所积淀起来的组织与社会、组织与个人、组织内部人与人之间的感恩之情、感恩之行的总和。这样的一种企业文化包括三个方面：其一是企业员工之间的相互感恩，其二是企业和员工之间的双向“感恩”，其三则是企业和员工对社会的感恩。三个方面的内容相互联系，有机结合，体现了企业感恩文化的本质。企业内部的感恩文化不单单是指企业员工共享企业发展成果和福利待遇有多高，更多的是整个企业的人性化管理，直接体现在企业对员工的尊重程度上。学术上把企业文化分为三类：物质文化、制度文化和精神文化，而企业感恩文化应纳入精神文化的范畴。企业的精神文化要发挥作用，前提是真正重视员工的尊严，企业内部要保持相对畅通的信息度，尊重并发挥企业内部工会等组织的权利，企业重大决策、利润分配方案必须设法让员工共同参与，让员工认同企业的价值观，进而生出对企业核心价值观的无限忠诚。感恩文化是企业公民意识的基础，比如，企业公民意识在西方非常容易被企业接受，企业觉得这是自己的责任，企业发展得益于社会和消费者的恩惠，而且这些企业还有一种使命感，觉得企业公民意识应该成为一种普适的价值观，是企业公民的义务。而这正是基于以“感恩文化”为基础的社会价值观，所以微软公司才可以讲：自己作为一个成功的全球性的企业，有责任利用自己的资源和影响力来为这个世界和人民带来一些正面而积极的影响。

随着企业公民运动在全球及中国的深入开展，社会大众对企业的要求也发生了很大的变化。企业应当积极参与到企业公民运动中，因为这是一场面向未来的竞争，只有积极参与并切实履行企业公民责任、紧紧把握这一战略性发展机遇的企业，才能赢得未来。笔者认为中国企业在参与企业公民运动时应注意以下几个方面：

二、正确认识企业公民战略

我国实行的是社会主义的市场经济体制，要求企业树立适合我国传统的义利观。我国古代学者对义利观进行了论述。孔子说："君子喻于义，小人喻于利。"君子、小人或指道德高尚的人与道德低下的人，或指君王与百姓。在孔子看来，君子所通晓的"义"正是代表了"礼"与"仁"的要求，而小人所追求的"利"则是一己之私利；反过来，君子与小人之分也正是看他"喻义"还是"喻利"。孔子还说："不义而富且贵，与我如浮云。"所谓"不义"即不符合礼的要求。他说："志士仁人，无求生以害仁，有杀身以成仁。"人最宝贵的是生命，在孔子看来，志士仁人，没有因为贪生怕死而损害仁德的，在生死抉择面前，他们只会勇于牺牲生命来成全仁德。当"义"和"利"发生矛盾冲突的时候，要做到"见利思义"、"见得思义"，坚决不能"见利忘义"。这些我国古代的义利观在今天市场经济体制下显得更为重要，它要求我国企业的经营理念应该合乎我国的历史文化传统，"以人为本"，尊重人的价值和尊严，正确处理企业的利益和整个社会的关系，做好适当的取舍，合乎整个社会的伦理道德。但现实中，我国一部分企业经营者和管理人员缺乏社会责任意识，没有把改善员工的工作条件和安全保障当做企业的社会责任，而一味地压低劳动力价格，延长劳动时间，降低劳动力成本。企业的这种行为导致了员工的不满和社会的抵制，从而危及企业自身的发展。所以，企业在发展的同时必须以符合伦理道德的行动回报社会，从而得到社会的认可，获得持久的发展。在中国企业公民建设运动中，中国的优秀企业应当积极行动起来，为企业公民建设付出努力，这些企业的行为会影响和鼓舞更多的企业。树立榜样将会极大地促进中国企业公民的建设，而其中一些优秀企业的社会公益行动已经取得了良好的效果，比如中国石油天然气集团公司在长期的扶贫实践中探索开拓出电视信息扶贫模式。他们采取“中国石油全国农产品深加工招商项目免费广告”的形式，为全国贫困地区无偿发布农产品深加工招商项目信息，用信息这个杠杆撬动全社会的扶贫资源，从而起到“四两拨千斤”的作用。这一活动自2007 年 1 月 1 日起正式启动，当天甘肃省东乡县羊肉加工项目便通过 CCTV-7 向全国播出，引起巨大的社会反响。上海飞马（澳大利亚）财团的代表还专程来东乡县实地考察，洽谈合作事宜，目前一切进展顺利。在收到事半功倍的扶贫效果的同时，也体现了中国石油天然气集团公司履行社会责任、争当企业公民的一面。

第二节　企业公民战略下的企业管理模式

在企业层次上，一方面要提供使各利益相关者参与公司治理的有效途径；另一方面，面对竞争的压力，企业自身也会从战略层次考虑主动承担社会责任，以获取社会资本。

一、利益相关者共同参与的公司治理

相对于上面以政府和行业协会为主的外部治理，利益相关者参与公司治理以保障自身权益，则是一种内部治理。利益相关者参与公司治理在前面已经有了论述，在此不再赘述。就我国具体情况来看，利益相关者参与公司治理应当注意以下几个方面。

第一，在今天的中国，很多企业把成本予以外化、转嫁给社会并造成一系列社会问题，如环境污染、滥用经济优势操纵价格、排挤中小竞争者、欺诈消费者、法人犯罪等，因此，强化企业的社会

责任已经成为当务之急。并且，由于缺乏利益相关者的意识，也带来了企业内部权利制衡手段欠缺等问题，导致企业经营的低效率，从这个角度来看，企业不仅要追求股东的利益，而且要维护利益相关者的利益。所以，构筑一个由利益相关者参与的共同治理机制，对于中国企业来说至关重要。

第二，对于选派代表的问题，可以通过相关利益群体的组织经由民主选举来实现，这种分工会使企业在选举利益相关者代表上，付出的时间与财力变得非常有限，当然，这有赖于“第三部门”的发展程度。

第三，关于不同利益相关者的利益冲突协调，这是个具体的制度设计问题，总的来说，对企业的决策，并不是让利益相关者事必躬亲，而要看决策的范围、大小和关联程度决定是否参与。比如，工资的调整，首先涉及的就是员工利益，一个新产品的推出可能更多涉及消费者的利益，有些决策原则具有多方面的影响，此时就会汇聚更多的意见和利益，即便如此，也不意味着不同利益就一定是冲突的。只有在有限的情况下会出现不一致的情况，此时，凡有法律规定的应当依法去办，属于一些非法律原因的分歧，如各自对投资于某一领域产生风险的不同态度,在具体的案例中确实难分是非，而且较长的决策过程所导致的效率下降也值得考虑。不过，不能因此否定上面所说的事实和理由之客观性，也就不应否定利益相关者参与的必要性和重要性。从国外的情况来开，虽然美国提出企业公民之概念最早，但其公司治理模式并不支持作为利益相关者之一的工人参与。原因在于，美国工会认为，工人可通过集体谈判方式参与而无需借助欧式之设计。换句话说，美国工会认为如果工会强盛的话，可通过与资方谈判，使员工之影响力甚至可跨越工厂之围墙，及于整个社区。显然，美国模式并不是对利益相关者利益的否定，而是因为其发达而强大的工会已成为能够对抗企业、保障工人利益的有力组织支持的缘故。可见，在一定程度上，发达的代表利益相关者利益的组织在公司治理中作用的发挥，有时会形成与企业内部共同治理的替代关系，从根本上说，利益相关者也不是为参与而参与，它们是为了保障各自的利益而参与决策，此目的如果可以通过外部的谈判等手段得以解决，则可称得上殊途而同归。

最后，中国作为社会主义国家，人民是国家及国有财产的真正主人，要在微观的经济层次实现这一理想，共同参与治理至少给我们提供了一个不错的思路，虽然其发端于西方，但在中国应该有更好的制度基础和发展前景。

二、构建以社会责任意识为内核的先进企业文化

企业文化是在一定的社会历史条件下，现代企业成员所共同拥有的、反映本企业特色的基本假设和信念，是对企业在外部环境中寻求生存的竞争问题和在企业内部解决合作问题的反映。它是企业在经营管理活动中所创造的精神财富及其物质形态的提炼，是一个企业所特有的传统和风气，成为一代又一代企业员工必须掌握的或者说已经内化了的"内在规则"。企业文化是一个综合的、系统的概念，其构成要素包括价值观、企业理念、道德规范、行为准则、历史传统、企业制度、文化环境、企业产品等。其中，价值观是企业文化的核心。一个优秀的企业，要创造一种能够使企业全体员工衷心认同的使命感和责任感、一个能够促进员工奋发向上的心理环境，一个能够确保企业经营业绩的不断提高、一个能够积极地推动组织变革和发展的企业文化。企业文化的确立可以说是在某种程度上正是对异化劳动的消除，企业员工在集体主义的价值观下，形成积极的团队意识，积极投入为国家、为民族、为企业的事务自觉地奉献。企业承担社会责任，处理好国家、社会、企业的关系，倡导集体主义的原则，也会以正效应积极地影响企业员工，为国家、为企业也为个人创造美好的明天。

建立有中国特色的企业文化是现代市场经济发展的必然要求。构建具有中国特色的现代企业文化，一方面必须充分发掘和吸纳我国传统文化的精华并使之融进企业管理之中，另一方面还必须结合当代中国的社会文化及其历史使命。

首先，中国古代文化中有许多优良的传统为国人接受并流传至今，发扬光大，成为中华民族文化的核心理念。例如“义”，是中国传统文化所讲的一种道德规范，也是禁约人们行为的准则。孟子说：“义，人之正路也。”荀子说：“夫义者，所以限禁人之为恶与奸者也。”“义”作为道德价值，它所关注的是人的行为活动在什么性质和程度上满足了自身的道德需要。具体而言，就是在特定的行为活动中，是否做出义与不义、善与恶的价值判断，进而自觉自愿地追求大义、抛弃不义，扬善弃恶，追求和实现一定的道德价值。“义利之辩”是中国传统文化中的重要命题，综合各家观点，传统义利观主要有以下一些特点：承认“义”与“利”二者的合理并存；提倡先“义”后“利”；倡导“义在利民”。

在市场经济时代，商家在活跃经济、繁荣市场的同时从中获取合理利润，本无可厚非。但如何看待义利关系，是见“利”忘“义”，还是“取予有义”，则是考验和衡量商家职业道德和商业理性的标尺。我们并不反对追求经济效益，但对个人利益的维护不能损害社会利益。企业作为一个经济组织，与社会存在密切的联系。企业的生存和发展既依赖于社会，又受到社会的约束；既要从社会中谋求自身利益，又必须承担相应的社会责任。企业要想得到长期的生存发展，就必须平衡“义利”关系，加强社会责任意识。树立正确的企业价值观是企业发展的前提，也是企业加强社会责任意识的表现。企业是社会的产物，社会的发展状况影响着企业的自身效益。“皮之不存，毛将焉附”的道理是人所共知的。企业应树立正确的价值观念，从长远利益着眼，正确处理公共利益与个别利益、义务与权利、道义与功利等多层次的关系，“因民之所利而利之”。只有物质利益、经济发展与正确的道德价值导向相结合，“利”的追求才会正当和合理。在义利相通观的影响下，先义后利，以义制利，应作为企业经营的哲学基础，成为企业精神价值观的核心。古人云：“大利不换小义，况以小利坏大义乎？贪者可戒矣。”我们不要求每个企业主只考虑他人利益，但在获利的同时，应该考虑是否损害了他人利益和国家利益，是否符合中国传统道德规范——“义”的要求。

其次，我国的当代社会文化坚持以人为本，全面、协调、可持续的发展观，以建立和谐社会作为社会发展的长远的战略目标。科学发展观强调物质文明、政治文明、精神文明的和谐发展，强调人与自然的和谐发展，强调经济、社会、环境的和谐发展，强调人的全面发展是经济、社会发展的目的。它关注主体与客体的统一，人与自然的统一，发展质与发展量的统一；它关注经济发展的价值取向，关注经济发展的道路、途径，它是对传统发展观的彻底否定。我国的和谐社会是指在科学发展观的指导下，建立在一定经济基础之上，民主法治，公平正义，诚信友爱，充满活力，安定有序，人与自然和谐相处，共同发展的社会。企业不仅是国民经济的基础细胞，也是国家政治、文化、社会的基本单元，它的这种社会地位和发展态势，决定了企业必须承担相应的社会责任。

改革开放以来，特别是 20 世纪 90 年代以后，我国经济增长的速度令世界瞩目。我国政府在转变经济增长方式、规范企业行为、加强市场监管方面出台了很多措施，我国企业在积极承担社会责任方面也做出了很多努力。但毋庸置疑，我国经济增长对资源的掠夺性使用问题还很严重。当前，我们的经济发展模式还存在着一些缺陷，特别是经济、社会、生态环境之间的矛盾日益凸现，大量消耗资源、能源的高投入、低产出、重污染的粗放型经济增长模式，受到自然资源的约束，给经济的可持续发展带来了前所未有的挑战；城乡差别、东西部差别、收入差别的畸形存在已经引起了社会的广泛关注。经济与社会、人与生态环境的矛盾，成为整个社会发展中较为突出的矛盾，如果不重视这些矛盾的解决和引导，不仅会给我国经济发展的后劲带来影响,企业自己的生产和效益也会受到损害。然而解决这些矛盾靠谁？要靠社会的全体成员,尤其要靠广大企业。因此，我国企业如何树立可持续发展观念，转变经济增长方式，积极承担社会责任，已是摆在我们面前的迫切任务。实际上，实现可持续发展所要求的提高经济增长质量、转变经济增长方式、走新型工业化道路、发展循环经济、开发绿色产品、推进绿色生产、建设节约型社会等，原则上讲都是必须依靠企业的努力才能实现的。企业是社会的细胞，企业的任何行为都不是个体行为，都会对社会产生一定的影响。企业能否积极承担必要的社会责任，选择什么样的经济增长方式和利润增长点，关系到是否能够落实科学发展观，是否承担了作为社会公民的道德责任。其实，从长远来看，企业承担社会责任利己利人。从企业的角度来讲，承担社会责任可以使企业赢得更好的声誉、得到全社会的认可、得到人民大众的认可，同时也可以在市场中更好地体现企业的文化取向和价值观念；为企业发展营造更好的社会氛围，使企业得到社会公众的支持和称赞，使企业能够长期稳定发展下去。从社会的角度看，企业承担社会责任，可以与政府和公民一起推动社会的发展进步，促进社会经济、政治、文化的全面发展，为企业创造更好的发展环境，减少不必要的社会成本的付出。

构建社会主义和谐社会是全社会的共同责任。企业作为市场经济的主体，对推进和谐社会建设更具有不可推却的重要责任。企业履行社会责任的状况如何，事关构建和谐社会事业兴衰成败的大局。只有千千万万个企业积极行动起来，在生产经营管理进程中更多地承担起社会责任，构建和谐社会才能真正具备坚实的基础。

三、将社会责任纳入企业战略目标

我国企业首先要加强对社会责任的理解，树立长远的发展观，不仅要认识到履行社会责任对企业的长远发展有利，更重要的是，社会责任是企业应尽的义务和责任，是企业必须要做的事情。企业要有积极的心态承担社会责任，把承担社会责任主动纳入企业发展的中长期目标。在制定企业发展战略时，除了利润目标以外，要明确企业的社会责任目标，并及时根据企业社会责任战略调整企业内部组织结构，作为工作计划落实到具体经营和管理活动中去。强化社会责任是企业管理达到一定水平后企业进一步发展的方向，树立社会责任理念并将之制度化，也是中国企业健康发展的必然要求。

在社会责任管理方面，中国的企业组织应广泛地与世界大公司进行必要的沟通，学习其处理社会关系和担负社会责任的经验，从遵循国际规则的高度理解和认识企业履行社会责任的必要性，从提高企业经营管理水平的高度领会企业履行社会责任的必然性。在企业管理组织结构层次中,要把社会责任管理贯穿到从上到下的各个层次，也可以设置专门的社会责任管理机构，要在管理组织的底层加强社会责任管理的组织落实，避免重大的管理事故出现和控制小的管理事故的发生，降低企业管理的机会成本。

通过将社会责任纳入战略目标和将其制度化，企业不仅要切实履行社会责任，更要在观念上、思想上做到全员统一，要经常性地对企业内部人员进行社会责任教育，对员工进行考核时要增加社会责任标准，慢慢在全企业形成一种遵法纪、讲道德、热心公益的好风尚，并最终培养出社会责任感强的企业文化。

总之，要解决目前我国企业社会责任中存在的问题，应在增强企业承担社会责任意识的前提下，建立起企业社会责任的约束和监督机制。一是要明确政府是企业社会责任的约束和监督机制的基础。政府从维护社会利益和保证社会运转的需要出发，以社会公众利益代表和社会公共管理者的身份，以国家立法的形式和行使政府权力的形式，建立规范的企业社会责任的法律、法规等约束体系，并强化执法力度。这一层次的约束是形成企业社会责任约束和监督机制的基本前提和保证。二是企业应从自身的长远生存和发展考虑，在社会中树立良好的企业形象，提高承担社会责任的意识，强化企业自律精神，并从经济和组织形式上，保证社会责任的具体落实。三是加强社会对企业承担社会责任的监督，充分发挥舆论媒介、消费者协会和工会等社会团体的作用，形成多层次、多渠道的监督体系，以形成企业承担社会责任的社会环境。总之，企业社会责任的约束和监督机制是以政府、企业、社会三者合理的关系为基础，由法律强制、行政干预、经济调控、企业自律和社会监督等方式相结合而形成的一套多层次的约束和监督机制体系。

四、积极履行社会责任

随着我国加入世贸组织和大型跨国企业加大在中国投资和采购的力度，我国和世界的经济联系越来越多，因而企业受 SA8000 的影响越来越大。然而 SA8000 的冲击并没有引起国内绝大多数企业和政府相关部门的重视。对于企业社会责任认证问题，企业应该主动和政府联系使其社会责任管理与国际接轨，建立统一规范的产品认证认可体系，鼓励国内认证机构发展壮大并与国外知名认证机构建立合作关系，使这项活动能够适应中国的国情。良好的产业关系对保障和吸引外国投资非常重要，要提倡清洁生产、减少污染、增强环境保护，把社会元素纳入到企业规划之中，建立可持续的经济和社会发展方式。SA8000 操作简单，它也是唯一一项发证的社会责任认证标准，所以加入这个标准可以证明企业已经通过社会责任的有关认证，减少出口到欧美等国家的阻力。它已经成为我国企业进入跨国企业供应链或产业链，以及产品出口西方发达国家的一个重要的"敲门砖"。从企业自身来看，"社会责任"认证不过是要求企业禁止使用童工，尊重员工的人权，按时发放工人的工资，采取必要的安全措施。SA8000 标准的要求并不是特别高，如果企业连这样基本的要求都达不到的话,那么这个企业迟早会被市场所淘汰。企业应该利用 SA8000 认证，改善自身不符合标准的项目，提升企业的社会责任。在现阶段，对我国企业而言履行社会责任至少应做到以下两点:

首先，企业在生产中应当不断提高生产技术，不仅仅因为科学技术是第一生产力，能够极大地推动经济增长，也是因为企业要承担和履行好社会责任，很多方面与技术有着直接的关系。研究开发新产品需要技术，确保和提高产品、服务质量要有技术保障，减少污染、保护环境在很大程度上是个技术问题，劳动安全也与技术有很大关系。这就要求企业注意技术素质更新和提高。技术素质更新，显然不单指设备、工艺等方面的更新，它还包括技术人员、技术管理素质的更新，以及全体员工技术观念、技术水平的更新和提高。

生产技术的提高有利于充分发挥员工的创造力，解决在生产过程中所出现的一系列问题，特别是生产效率的提高有利于解决童工问题和缓解工人因加班过度导致的身体、精神问题。其次，增强企业人力资源。员工是企业的重要推动力，是生产力中最活跃的因素。需要特别指出是，不仅要更新提高员工的素质，更要更新提高企业领导人员的素质，而且后者更为重要。企业领导者提高自身素质，应注意从"勤奋、意志、信义、宽恕、廉洁、谦虚、自强"等七个方面进行自律，严于律己是一些成功企业家的成功原因之一。

（一）坚持可持续发展

可持续发展理论是20世纪后期人们提出的一种新的发展观，提倡一种新型发展，那是既能满足当代人的需要，又不对后代人满足其自身需求的能力构成危害的发展，是人类以新的价值观和道德观审视道德主体行为善恶而做出的理性选择。可持续发展对于企业伦理的最大贡献在于将自然环境等因素纳入到人类伦理思考的范围之内，提出了同代人之间、现代与后代之间、人与自然之间的公平原则。可持续发展就是在维护经济、社会和环境三者和谐关系的基础上，使经济得到持续的发展。通过正确处理经济与社会和环境之间的关系，实现协调发展，取得双赢或多赢效果。企业要做大做强、稳固发展，不但需要处理好企业经济增长与环境之间的关系，更要处理好企业与社会、市场、同行、顾客之间的关系，必须坚持可持续发展理念，走可持续发展道路。要建立符合我国市场经济发展要求的现代企业伦理文化，必须树立可持续发展理念。

首先，要形成经济、社会和环境相协调的企业效益观。企业在追求经济效益的同时，必须注重对社会效益和环境效益的维护，以新的企业伦理文化作为企业效益的评价尺度，使企业对效益的追求符合人类可持续发展的需要。

其次，要建立人类、社会与自然和谐发展的企业价值观。人类生存是建立在有限的资源、有限的能源、有限的环境的基础上的。为此，企业应合理利用资源，保护环境，改变以追求物质利益为唯一目标的价值观，充分重视伦理精神的企业价值导向，使物质文明、精神文明均衡发展。

最后，要树立科技进步与企业伦理文化相协调的企业技术观。要反对技术至上主义，确保企业在承担社会责任的同时，健康、有序、可持续地发展。

（二）坚持企业承担社会责任与创造经济效益相结合

任何一个服务于社会的企业都具有双重效益，即经济效益和社会效益，而且要把社会效益置于经济效益之上，使企业可以正确处理经济效益与社会效益的关系。这是因为，首先，企业履行社会责任，社会才能接纳它，给以生存保障，有助于避免不利于企业发展的外在制约。其次，企业履行社会责任，有利于树立良好的企业形象。事实上，一些杰出的企业家已经意识到了企业社会责任的重要意义。美国惠普公司的创始人之一戴维·帕卡德认为“一个公司是离不开社会的”，公司要主动为社会着想，做一个好公民。关于“好公民”，戴维·帕卡德指出：“今天，惠普公司在世界上许多不同的社会进行营业。我们对我们的职工强调说，所有这些社会都应当由于我们的存在而变得更好些。这意味着，我们应当使人们的利益同当地社会的利益保持一致。这意味着，我们在同个人和集体打交道时应当最忠诚老实。这意味着，我们应当改善和保护环境，建立可以使当地社会引为骄傲的，富有吸引力的工厂和办公楼。这意味着，我们要在才智、精力、时间和财力上给社区项目以支持。”

企业要坚持承担社会责任与创造经济效益相结合，就要做到：首先，实现企业利润合理化和最大化。企业通过诚实劳动，合法经营，满足消费者需求，以获取最大的经济效益，这是企业生存和发展的前提。当今企业都是平等的市场主体，都要进入到激烈的市场竞争中去，只有最大限度地获取经济效益才能立足。从这个意义上说，企业合理地追求利润的最大化是国家允许和提倡的。

其次，尽可能地履行社会责任。追求利润并非企业的终极目标，企业的最终目的在于以产品和服务提升人民的共同生活水平，促进社会的进步。这就要求企业在关心自身利益实现的同时还要关注自身之外的社会利益，承担企业的社会责任，以社会进步和发展为己任，把企业利润看做企业完成社会使命、为社会作出贡献而得到的回报。

（三）坚持以人为本和顾客至上

第一，真正坚持以人为本的原则，以人的价值关怀为目标，把人放在企业的中心地位，最大限度地调动人的积极性、发挥人的主动性，这是塑造企业伦理文化的重要原则。从西方管理思想的“经济人”到“社会人”的演变中，可以看出人的价值在现代企业管理中得到了足够的肯定。日本著名的索尼公司的董事长盛田昭夫说过：“如果说日本式的经营真有什么秘诀的话，那么，我觉得人就是一切秘诀最根本的出发点。”企业伦理文化强调以人为中心，把人放在企业的中心地位，在管理中要关心、尊重、理解他人，真正做到以人为本，即以员工为本。首先，确定员工在企业中的主人翁地位，使员工真正成为企业的主人，参与企业管理，行使企业主人的权利，承担企业主人的责任和义务，最大限度地调动起他们的积极性、主动性和创造性。同时要重视实行民主平等的管理方式，以顺畅方式沟通人际关系，反对官僚作风和硬性专制管理方式。其次，满足员工的各种需要。哈佛大学芒斯特教授认为：管理者不应当把员工看成单纯的“经济人”，而应把他们当做“社会人”加以尊重，应该重视人的非经济动机，要采取多种措施最大限度地满足下属多方面的要求和愿望，这样方能提高工作绩效，增强企业竞争力。最后，实现由刚性管理到柔性管理的转化。现代企业竞争是人才的竞争，企业应充分认识到人才是一种稀缺的宝贵资源，把高素质的员工看成企业最宝贵的财富和资源加以重视，这就要求企业不是用硬性的规章制度束缚人，而是要引导员工逐步完成从强制管理到自主管理的升华，实现从他律到自律的飞跃。

第二，所谓顾客至上，就是指企业生产经营的出发点和落脚点要建立在顾客需要之上，体现的是企业对待顾客的态度。只有坚持顾客至上、消费者优先的原则，才能使企业取信于市场，才能把潜在市场转化为现实市场，实现企业与顾客双赢的目标。为此企业必须实施顾客需求导向战略，坚持顾客至上、诚信的企业伦理文化建设原则。首先，以消费者需求为价值取向。“顾客至上”的经营原则要求企业在了解消费者消费需求的特点、购买规律、商业习俗和惯例的基础上，生产和销售适销对路的产品，消费者购买商品，看重的不只是商品的外观、价格、质量、信誉，还有商品的精神价值和心理价值，所以，企业必须扩大商品的附加值以增加消费者的附加利益，重视对其心理上的满足，开拓多元化市场。其次，对顾客以诚相待。企业的生存和发展离不开消费者，因为，只有消费者购买产品企业才会有效益。企业只有把消费者看做自己的衣食之源，才能真诚地对待消费者，以优质的产品和上乘的服务获得消费者的信任。也只有得到信任，企业才能在激烈的市场竞争中立于不败之地。海尔集团的成功就是一个很好的实例。“海尔国际星际服务”，“真诚到永远”，海尔集团以自己的真诚，获得了广泛坚实的信任和支持。最后，企业在市场活动中做到顾客至上是以不能违反国家的相关政策和法律法规为前提的。不能一味地为了满足顾客的一些不合理、不合法的需求，做出违法的事，而是要积极引导顾客树立健康、科学的消费观念。现实生活中，如一些企业为了牟取暴利，生产摇头丸、海洛因等非法商品以满足部分特殊顾客的特殊需求，这类企业终究会受到道德的谴责、法律的严惩。

五、加强企业伦理文化建设

企业伦理文化是指在企业经营管理活动过程中，基于内外部因素影响下，所逐渐形成并贯彻执行于企业整体及其内部各构成要素之中的价值标准、行为方式和道德规范的总和，并通过提供善恶价值尺度，给企业行为以正确的价值导向。它是企业文化的重要内容之一，也是企业文化正确与否的律尺。作为规范企业员工行为的要求和准则，企业伦理文化是由经济基础决定的、受民族文化和社会文化影响，并贯穿于企业经营活动的始终，对企业文化的其他因素以及整个企业活动都有着深刻的影响。

企业伦理文化既是企业的客观存在，也是企业的主观选择。因为企业的任何决策、任何行为都受到其价值观念的影响。同时企业伦理文化的进步也是追求卓越、追求企业品质发展的动力和目标。企业伦理文化进步是市场经济发展的结果，也是一个方向。企业伦理文化是随着市场的成长、成熟而不断发展的；同时市场经济发展的最终目的，应该是实现人的全面发展，这又是通过企业伦理发展来实现的。

（一）弘扬中外优秀伦理文化

当今中国企业和社会经济发展有着深厚的文化土壤，中国的企业伦理文化不能凭空而生，它应该是对中国传统伦理道德的继承和发扬。以德服人、以仁爱人、以信取人、以民为本、以义统利等传统伦理文化对现实生活仍然发挥着重要作用，企业作为一个社会组织，其指导思想、价值观、行为方式等也必然受到传统文化的影响和制约。企业在构造自己的伦理道德体系时，也对传统道德文化产生着不可小视的影响力量和制约力量，同时直接关系到企业的社会形象、地位和社会对企业伦理文化的认同度和接受度。一些企业家注重吸收传统儒家思想的精华，强调“君子爱财，取之有道”，把追求利润和服务于社会结合起来，树立了良好的形象，取得了可观的经济收入，这表明中国的企业伦理文化建设，离不开对中国传统伦理道德文化辩证地吸收与借鉴。

西方的资本主义经过了数百年的历练，其企业在经营管理活动中积累了大量成功的经验。企业伦理道德是由它们提出来的，并在一系列经济活动中加以实践，使其成为企业经济活动的一种新观念、新方式、新风尚。企业伦理既是企业战略的核心内容之一，又是企业文化的律尺，更是企业开展经济活动的基准。现代西方资本主义国家企业生产经营活动的实践证明，是否注重企业伦理文化建设，往往对一个企业的兴衰具有决定性的意义。我们要坚持“扬弃”的方针，善于吸收利用人类创造的一切优秀文化养分，包括西方国家的企业伦理道德中的合理部分，丰富中国企业伦理道德的内容。

（二）坚持义与利相结合

自古以来，中国传统价值观念总体来讲是重“义”轻“利”的，即注重道义，不讲个人利益，而资本主义价值观只讲“利”，不讲“义”。在我国当前的市场经济形势下，我们应当把讲“义”和讲“利”结合起来。企业讲利，既符合市场经济原则，也是发展国民经济之需。如果一个国家大部分企业都亏损，那么，整个国民经济就会瘫痪。因此，企业“言利”、“求利”是正当、符合道德的，应当鼓励企业在从事正当合法经营活动的前提下，谋求正当的经济利益。因为企业一旦失去利益的刺激，也就不可能积极地去求生存、求发展，更谈不上主动承担社会责任，长期地为社会可持续地健康发展作贡献。然而问题的关键不在于是否“言利”与“求利”，而在于如何“求利”。如果把企业求利看做企业活动的最终目的，只关心自身眼前利益而不讲道德，不负责任，只会自毁形象，失信于市场，遭到广大消费者的唾弃。企业“求利”，必须坚持目的与手段在道德上的统一性，即善的目的必须要用善的手段来实现，对利益的获取必须“取之有道”、“以义取利”。这是企业生产经营活动中应该遵循的一条重要的道德原则。企业要以“义”统“利”，“义”、“利”兼顾，处理好二者的关系，实现义利共存、共融，进而升华到义利共生。

（三）坚持自我监督和社会约束相结合

企业伦理道德建设，不仅依靠企业内在的自觉性，而且也要求企业依托社会外在的强制性，坚持自我约束和社会约束相结合。要求企业的自律性，是以企业作为市场主体的相对独立性为前提，以激烈的市场竞争为杠杆的。道德最终要靠具体的行为个体来完成，每个道德主体需要将社会的道德要求内化为企业的道德义务，用健全的道德体系来指导其社会行为，从而达到随心所欲而不逾矩的境界，其中道德认识的提高、道德情感的培养、道德意志的磨炼、道德修养的积累都是非常重要的，而自我监督是贯穿于其中的不可缺少的环节。企业只有在自我不断地对照、反省、监督下，道德境界才可能不断提高，成为一个有高度道德觉悟的个体。市场经济客观上突出经济个体对自身命运和自我利益把握的权利和义务，使其在获得利益满足的同时，肩负起更多的社会责任。在当代，社会不仅要求经济个体对自身行为的后果负责，而且更要求其在行为后果产生之前，就应当对自身行为实行自律。市场经济是一种具有高度规范性的经济，在客观上不存在完全的自律。当社会还未能够为道德主体提供完全自律的条件和环境时，当道德主体自身的自律能力有限时，他律就在所难免。特别是市场经济的求胜性自发趋向，常常能够冲破道德主体自律的堤防，如果没有他律的监察，就难免出现道德主体的恶性泛起，危害他人和社会。况且市场经济本身所具有的协作性和契约性，在客观上也必然要求自律性和他律性相结合。无论缺少哪一方面，市场经济的正常运转都将是不可能的。

（四）提高和完善企业管理者道德人格

企业的成长与发展离不开优秀的高素质的企业家，其素质与魅力表现在于其人格，直接表现为道德人格。道德人格是企业家素质的核心，决定着企业家的人格质量。企业家道德人格必须具备良好的思想作风和工作作风。一是要有一心为公、公而忘私的忘我精神。二是要有实事求是、勇于批评与自我批评的工作作风。三是要有言行一致、艰苦奋斗的实干作风。四是要有关心群众疾苦、密切联系群众的民主作风。就我国目前而言，企业家道德人格风范更应该具有责任意识、廉洁作风、创新精神，以担负起发展企业的重任。企业家道德人格必然具有政治内涵，必须坚定马列主义，用邓小平理论来武装头脑，并将其作为自己的价值标准和行动准则，以此教育规范企业员工的思想意识和社会行为。可以说，强烈的创新精神、永不停止的经济冲动、坚忍不拔的内在毅力、对市场变化的灵敏触觉、极强的复合素质等是企业家道德人格的永恒主题。

企业家作为现代企业的管理者与经营者，是企业经营管理的决策者和指挥员，是企业发展的关键人物。企业家优秀道德人格的完善是现代企业制度完善与社会主义市场经济发展的保证与必然要求；是建设社会主义精神文明，提高整个社会道德风尚的需要；是建设企业伦理，完善企业文化的坚强保证；是现代企业软性管理的内在逻辑。总之，培养与造就一支具有高尚道德人格的企业家队伍，将为建立全体企业所共同奉行的社会、企业伦理价值规范作出应有的贡献。

领导者的素质的教育过程是一个主观修养适应客观需要的动态性过程。从理论来说，人的道德追求始终包括教育与自我教育、认识与行为的过程。企业家的道德人格追求既是一种社会行为，更是企业家个体的个人行为。要建构企业家道德人格，应遵循如下的基本原则：

首先要加强企业道德教育与企业伦理文化建设，营造一种具有正确的价值导向、行为准则的道德文化氛围，以有利于形成造就优秀企业家的良好氛围。在当前，特别要学习邓小平理论、贯彻执行党的十六大精神，形成道德环境的强大导向力和约束力，促成社会规范的有力内化，从而形成全社会关注企业家，企业家关注社会、回馈社会的良好氛围。

其次，德育修身，发挥主体自省。如古人提倡“吾日三省吾身”，企业家要磨砺坚强的道德情感和意志上的自制力，要加强自我武装，向书本学习，向成功和先进的企业家与领导者学习，取人之长，补己之短，并向群众学习，在群众中吸取营养，塑造自我形象。运用自我教育、自我调控的方法加强个人的道德修养。

最后，以身作则，发挥道德实践。当代企业家在驾驭企业的过程中，应有自己坚定的信念与追求，不为私利，只为对企业、社会和未来承担的使命所驱动。道德人格不是光鲜的口号，而是一种实际的行动。确立和实践道德，切忌弄虚作假，把它看成谋取自身利益的工具。

（五）提升员工道德境界

从国内外企业员工和伦理准则的比较之中，可以发现主要存在四种员工伦理类型：第一种是酷爱工作型，如日本的“工作狂”。第二种是严格遵守劳务合同的契约型。第三种是价值工作型，即为个人价值的实现而工作。第四种是集体价值型。从我国的实际来看，我们提倡集体价值型的员工伦理。基于这样的认识，员工的伦理准则应该包括：敬业尽职、团结协作、刻苦钻研三个方面。首先，员工同企业是依赖签订的劳动合同而建立起契约关系的，因此，面对法律责任和道德责任员工就必须要在工作岗位上恪守职责，在工作中按照敬业尽职的伦理准则做好本职工作。其次，企业是一个关系复杂的组织，只有企业员工的团结协作才能形成实现企业伦理目标和生产目标的合力。一个具有良好团队精神的企业可以减少内耗，养成良好的企业人事氛围，形成企业在竞争中的向心力和凝聚力。最后，企业处在一个技术高速发展的时代，从适应技术变革的角度来看，就要求员工必须要通过刻苦钻研业务本领和充实知识含量来不断提高工作水平。

在中国传统伦理思想中，有着极为丰富的道德教育和道德修养的材料，对于今天企业成长中的伦理教育极富启示。只有加强道德教育，用优秀的伦理思想提高每一个员工的道德觉悟，并辅之以必要的规章制度和行政措施才能使每个人的行为符合组织的要求。通过教育宣传和提高企业伦理水平，做好社会舆论监督工作，使企业信息透明化。教育员工正确认识市场经济条件下的企业伦理管理。

企业道德教育的目的是通过教育使员工具有良好的道德品质。道德品质包含道德意识和道德习惯，而道德意识又包含道德认识、道德情感、道德意志、道德信念。道德意识的四个方面加上道德习惯构成了企业道德教育的五大任务。一是培养员工正确的企业道德认识，形成正确的善恶观念。正确的善恶观念是进行正确的道德行为选择的必要前提，要让员工深入认识为什么必须这样做而不能那样做，并能在纷繁复杂的现实中做出正确的道德判断、评价和选择。二是陶冶道德情感。员工从理论上认识了一定的道德义务后，内化为情感时，才会对行为和举止产生深刻影响，推动人们主动趋善避恶，追求情感上向往的美德。三是锻炼道德意志。员工履行企业道德所规定的各种义务时，会遇到来自多方面的困难和阻力。如果没有坚定的道德意志，就可能在行为选择时放弃初衷，甚至屈服于外部压力和眼前利益，做出不道德的事情。四是加强道德信念。道德信念具有综合性、稳定性和持久性的特点，它是深刻的道德认识、强烈的道德感情和坚强的道德意志的有机统一，是促使人们把道德认识转化为道德行为的内在动力。五是培养道德习惯。员工若养成了企业的道德习惯，其行为就无需外来监督就能符合企业所推崇的道德原则和规范。上述五个环节相互影响、相互作用，形成一个有机整体。

六、以人为本的人力资源管理

企业人力资源管理的理论经过了长期的发展，为促进企业人力资源管理作出了巨大贡献。企业公民在人力资源管理中应该树立的理念是：理解、尊重员工，充分发挥员工的主动性和创造性，为员工提供负责任的帮助，包括工作条件、工作环境、必要的指导及关爱。它可以分为五个层次：情感管理、民主管理、自主管理、人才管理和文化管理。具体包括这样一些主要内容：运用行为科学，重塑人际关系；增加人力资本，提高劳动质量；改善劳动管理，充分利用劳动力资源；推行民主管理，提高劳动者的参与意识；建设企业文化，培育企业精神等。要充分重视人的需要，调动每个人的积极性，并采用多种激励手段来激发每个人的潜能。另外，还要塑造一个有利于人力资源发展的环境，即尊重知识、尊重人才，并有适度的竞争和良好的培训。在这样的环境中，员工能体会到知识的可贵，从而会不断地学习，以丰富知识和提高技能，而且真正有才能的员工能在企业中担当重任。既有压力也有动力的适度竞争机制和良好的培训环境，也能够激励员工不断进取，不断创新，积极提高素质。

（一）劳动保障

1. 保护童工和未成年工

在就业最低年龄、年幼工人、学生及其工作时间和安全工作区方面，企业必须遵循有关法律法规的规定，并应联合其他人员或利益团体采取必要的措施确保儿童和应当受义务教育的青少年的教育，不得将其置于不安全或不健康的工作环境或条件下。

2. 劳动补偿

企业支付员工的工资应不低于法律或行业的最低标准；必须发给津贴，并代扣保险（如员工基本养老金、失业保险、医疗保险、工伤保险和生育保险等）；必须定期向员工详细说明工资和福利构成，公布发放具体日期，并按期发放；应向员工提供一些可随意支配的收入并以员工方便的形式（如现金或支票）支付。

3. 安全与健康

企业应具备避免各种工业与特定危害的知识，并对员工进行相关培训；为员工提供健康、安全的工作环境和安全、卫生的生活环境及设施；建立并有效运行健康、安全预警机制。

4. 工作时间

企业应遵守适用法律及行业标准有关工作时间的规定，所有加班（特殊情况例外）必须是自愿的。

（二）人权保障

1. 保障员工成立或加入社团

企业必须尊重所有员工组织，工会接纳会员不得采取任何歧视行为，允许员工以集体名誉争取自身权益。

2. 禁止强制劳动

企业不能通过“押金”、扣押身份证或专业岗位工作证件等方式雇佣员工；应公布员工上下班时间，并在生产工作现场悬挂醒目的时间显示器，如遇加班应提前通知员工，员工有无条件拒绝加班的自由；应在与员工签订的劳动用工合同中，明确注明员工有辞职的自由，并明确约定员工辞职的提前告诉时间；不得从事或支持体罚、精神或肉体胁迫以及言语侮辱。

3. 禁止歧视

企业不得因种族、社会等级、国籍、宗教、身体残疾、性别、户籍、语音、性取向、政治归属等而对员工在聘用、报酬、培训、升迁、解职或退休等方面有歧视行为；尊重员工的信仰、风俗习惯及个人兴趣爱好；不得有强迫性、虐待性或剥削性的性侵扰行为，包括姿势、语言和身体的接触。

4. 制度知晓

企业应通过各种有效途径和方式，将与员工利益直接相关的规章制度传递给员工。劳动合同必须按照国家劳动主管部门的相关规定，注明员工的权力、责任、义务及下岗、解雇和处罚规定。

5. 正当程序

员工在被降职、不乐意的调任或被解雇之前，应享有公众听证、同行评价、外部仲裁或其他公开的及相互同意的诉讼程序等权利。

6. 保护员工个人信息

企业应该仅收集那些绝对必要的雇员信息，并以适当的方式利用，不能将之作为商品交换、出售；雇员有权知晓自己的什么信息被企业存储了。

7. 必要员工培训与开发

企业应该加强对员工的技能培训，尤其是提高员工基本技能方面的培训，并为之提供公平的展示才能的舞台。

8. 对员工忠诚

企业中每个员工都能够获得平等的尊重，经理人员和员工是一种亲密无间的朋友关系，同事之间也是一种友好的协作关系。为员工从事有挑战性的工作、能做自己想做的事、发挥自己的聪明才智创造条件，让员工在工作中能够获得成就感。员工能得到无微不至的关怀，能够得到许多意想不到的福利，如建立工厂幼儿园，帮助员工购买东西等。员工努力工作能得到丰厚的报酬而且所得的报酬与企业的发展相关联。

9. 保障员工的人格权利

包括名誉权、隐私权、肖像权、姓名权等。企业不得以侮辱、诽谤等方式损害公民或者法人的名誉，不得构成对他人名誉权的侵害，企业不得以任何理由侵犯员工的隐私权。

七、责任导向的企业营销

企业公民市场营销就是以相关利益者理论为基础，以企业主动承担社会责任为核心，在企业营销过程中积极全面地承担和履行企业在市场营销中的社会责任为理念的营销模式。

随着商品经济及企业营销活动的不断发展，企业为社会及广大消费者提供日益丰富的产品、为国家作出日益巨大的贡献的同时，由于某些企业从自身利益出发，出现了一系列违反法律及营销社会责任标准的行为，诸如在市场上销售的"一日鞋"，销售使消费者致命的假酒假药，销售毁坏消费者脸部的化妆品、使农民颗粒不收的种子；采用卑劣的手段牟取暴利、大宰顾客，如以几十元成本的服装按千元以上价格出售；诱惑和强迫消费者做出错误的购买决策等。因而要求企业营销活动必须遵循法律及营销道德。西方国家对于市场营销道德的研究始于 20 世纪 60 年代，80 年代则成为学术界研究的热门之一。1987 年美国证券交易委员会前主任约翰 · 夏德（John Shad）捐资 2 300 万美元在哈佛大学商学院建立起目前全球最大的企业伦理问题研究中心，其研究的重点是企业营销道德。其他国家如英国、法国、意大利、德国、日本等也先后开展对市场营销道德的研究，许多学者著书立说，提出企业经营管理者应当遵循的营销道德标准；有的提出市场营销决策人应具备的道德；有的提出经营管理道德已发生了危机，呼吁管理者重视树立道德观等。企业公民营销正是在这一背景下提出的，企业公民营销以承担社会责任为核心，是一种将企业利益与消费者利益和社会利益结合的营销模式，不仅突出了企业营销道德责任，更突出了企业营销社会责任的全面性。

企业公民营销是以社会责任为核心的营销理念。企业营销社会责任则指消费者对企业营销决策的价值判断，即判断企业营销活动是否符合广大消费者及社会的利益，能否给广大消费者及社会带来最大的幸福。这势必涉及企业经营活动的价值取向，要求企业以社会责任标准来规范其经营行为及履行社会责任。最基本的社会责任标准已被规定为法律和法规，并成为社会遵循的规范，企业必须遵守这些法律和法规。营销社会责任则不仅指法律范畴，还包括未纳入法律范畴而作为判断营销活动正确与否的社会责任标准。企业经营者在经营活动中应当遵循这两种类型的营销社会责任。判断市场营销社会责任的标准是什么？在很多情况下并不像人们想的那么容易。固然有些违背营销社会责任的行为，诸如虚假广告、合谋定价、贩卖假酒、假药、假种子等普遍为社会所痛恨的行为，其违背社会责任是一目了然的。然而，对某些营销行为，囿于个人价值观及生活经历的不同,每个人对某行为是否违背社会责任存在不同的见解。比如，什么是欺骗性广告，在人员推销中哪些行为构成行贿？又如以顾客身份从竞争对手获取营销情报是否违背社会责任，再如对儿童做广告是否符合社会责任要求等。

西方国家伦理学家提出了判断营销社会责任的两大理论，即功利论及道义论。功利论主要以行为后果来判断行为的社会责任合理性，如果某一行为给大多数人带来最大幸福，该行为就是具有社会责任的合理性，否则就是不具有社会责任合理性的。道义论则从处理事物的动机来审查是否具有社会责任合理性，而不是从行动的后果来判断，并且从直觉和经验中归纳出某些人们应当遵守的社会责任和义务，以这些义务履行与否来判断行为的社会责任性。在现实中，通常将功利论与道义论相结合来判断营销行为的社会责任性。

任何企业均具有双重身份。企业作为独立自主、自负盈亏的商品生产者和经营者，它具有自己独特的经济利益，其经济利益在于追求利润的最大化，从此意义而言，企业是“经济人”。作为经济人的企业，势必以追求利润为标准衡量自己的经营成果及决定自身的价值取向。同时，企业又是社会经济细胞，是社会财富最基本的创造者，企业的这种社会性决定了它是“社会人”。企业的生存与发展所需的各种资源（包括人、财、物等）及企业所生产的产品的实现条件都有赖于社会提供，因而企业应当承担一定的社会责任，其经营行为应当受到社会的约束和限制。

（一）保护消费者权益

保护消费者权利和利益是企业的主要社会责任。具体说，要求企业为广大消费者提供花色品种多样的、优质的产品和服务，以满足其各种不同的需求。为此，要求企业要树立起以顾客为导向的经营哲学，并根据市场需求的变化，不断调整市场营销策略，以适应消费者不断变化的需求。在现实中，随着市场经济的发展，众多企业为广大消费者提供日益丰富及花色品种多样化的产品，大大提高了人们的生活质量，并考虑了广大消费者的权益。但是，某些企业由于出于自身的利益，追逐利润最大化，生产和销售假冒伪劣产品；哄抬物价或实行垄断价格；进行欺骗性广告宣传；诱惑及操纵、强迫顾客购买自己所不需要的产品；利用过多的包装而造成严重的浪费及环境污染，破坏了自然环境生态平衡，破坏了人类生活的环境及生活质量。为了保护社会及广大消费者的利益，西方国家的消费者自发地掀起了保护消费者权益运动,迫使企业保护消费者的权益。我国则是在全国及各级消费者协会的领导下，有组织地开展保护消费者权益活动，从而推动了企业承担有关这方面的社会责任。

在保护消费者权益运动中，社会关心的焦点是要求企业承担以下的社会责任或执行四项基本义务：

（1）使消费者获得安全产品与服务的权利。即要求企业保证购入产品或服务的消费者的身体健康及生命安全。为此，要求生产者及经营者对其所生产和出售的产品或服务所产生的后果负责任。

（2）使消费者获得有关产品充分信息的权利。即要求企业向消费者提供充分的关于产品优劣、构成成分、使用方法及使用效果等真实情报，以避免误导消费者作错误的购买决策。

(3) 使消费者具有自由选择产品的权利。即要求企业在任何时候让消费者自由选择自己所需要和所喜爱的产品，反对企业对消费者采取高压推销及垄断政策，反对诱惑消费者购买并不需要的产品。

(4) 使消费者具有申诉的权利。企业对消费者因购入的产品或服务不满意而向有关部门进行申诉，应持欢迎及支持态度，并对消费者的损失进行赔偿。

(5) 引导健康消费。

（二）保护社会利益及社会的发展

保护社会利益及社会发展是企业义不容辞的社会责任。企业从事生产经营活动，一方面为社会创造日益丰富的物质财富，以保证社会各经济部门及国民经济的正常运转，以及保证中央及各级政府、各企事业单位职能正常运行所需的物质条件，亦即为保护社会利益及社会发展提供使用价值形态的财富；另一方面，企业为国家及各级政府提供一定的税收，即从价值形态上为国家作贡献，以增加国家积累资金，促进国家建设事业迅速发展。此外，企业还应当对社会公益事业进行支持和捐赠，帮助教育、娱乐、社会贫困地区的发展，这是近年来企业社会责任的延伸。例如，美国特快专递分公司建立一种计算机培训计划，用以帮助残疾者应聘计算机工作的需要。又如 IBM 公司捐赠或降价销售计算机给教育部门。在实践中，许多企业认真地履行了为社会提供丰富优质的财富及照章纳税等社会责任，但有些企业由于经营指导思想不端正，一味追逐利润最大化，或生产和销售不符合社会要求的产品，或偷税漏税，严重地违背了法律及社会责任原则。由于诸多原因，许多企业还不可能对社会公益事业进行支持和捐赠，更不能将这些活动纳入社会责任的范畴。

（三）保护自然环境及社会生态平衡

保护社会自然环境免遭污染，实现社会生态平衡是企业重要的社会责任。随着商品经济的发展，企业在为社会创造巨大财富、给广大消费者提供物质福利的同时，却严重地破坏了自然生态平衡，污染了环境，并造成恶劣的社会环境，严重地威胁着人类生存环境的良性循环。因此，保护自然环境，治理环境污染，解决恶劣的社会环境问题，实施社会可持续发展战略势在必行。通过绿色营销从微观方面实施可持续发展战略是企业的社会责任，通过绿色营销来保证消费者的绿色消费亦成为企业的社会责任。

1. 通过绿色营销满足消费者的绿色消费，提高消费者的生活质量

绿色营销是在绿色消费的驱动下产生的。所谓绿色消费，指消费者意识到环境恶化已经影响其生活质量及生活方式，要求企业生产和销售对环境冲击最小的绿色产品，以减少伤害环境的消费。所谓绿色营销，指企业以保护环境观念作为其经营哲学，以绿色文化为其价值观念，以消费者的绿色消费为中心和出发点，通过制定及实施绿色营销，满足消费者的绿色需求，实现企业的经营目标。绿色营销体现出四种绿色理念：企业在选择生产何种产品及应用何种技术时，必须考虑尽量减少对环境的不利影响。产品在生产过程中要考虑安全性，产品在消费中要考虑降低对环境的负面影响。企业设计产品及包装时，要减少原材料消耗，并减少包装对环境的污染，从产品整体概念考虑产品的设计、产品形体及售后服务的节约还有保护环境等。

2. 通过绿色营销实施社会可持续发展战略

可持续发展战略是指社会经济发展必须同自然环境和社会环境相联系，使经济建设与资源、环境相协调，使人口增长与社会生产力发展相适应，以保证社会实现良性循环发展。可持续发展战略的实施，从宏观方面，要求政府重视制定实施可持续发展战略的总体目标、方针及政策；从微观方面，要求企业将营销活动同自然环境、社会环境的发展相联系，使企业营销活动有利于环境的良性循环发展，即使企业从微观方面保证可持续发展战略的实施。这也是当今及未来企业的重要社会责任。

上述分析说明，当今及面向21世纪的绿色营销是满足消费者绿色消费、保证消费者身心健康、提高消费者生活质量的根本途径，亦是企业主要的社会责任。

（四）合法竞争

市场经济下企业间的竞争是极其激烈的，企业与竞争对手间应怎样相处呢？依据和谐营销理念，企业对竞争对手也要承担一定责任，比如尊重对手、适度展开竞争、反对不正当竞争行为等。常见的不正当竞争行为有：

（1）欺诈性交易方法。包括四种：① 假冒他人的注册商标。未经注册商标所有人的同意，擅自使用他人的注册商标，既是商标侵权行为，也是不正当竞争行为；② 擅自使用知名商品的名称、包装、装潢，或者使用与知名商品近似的名称、包装、装潢，使购买者误认为是该知名商品；③ 擅自使用他人企业名称或姓名，使人误认为是他人的商品；④ 在商品上伪造或冒用认证标志、名优标志等质量标志，伪造产地，对商品质量作引人误解的虚假表示。

（2）商业贿赂行为。商业贿赂是指经营者为了推销或者购买商品，采用行贿手段以获得竞争优势的行为。

（3）虚假广告。是指经营者利用广告或者其他使公众知道的方法，对产品的质量、制造成分、性能、用途、生产者、有效期限、产地等作引人误解的虚假宣传。

（4）侵犯商业秘密。商业秘密是指不为公众所知悉，能为权利人带来经济效益，具有实用性并经权利人采取保密措施的技术信息和经营信息。侵犯商业秘密的行为包括：① 以盗窃、利诱、胁迫或其他不正当手段获取权利人的商业秘密；② 披露、使用或允许他人使用以前项所述手段获取的权利人的商业秘密；③ 违反约定或违反权利人有关保守商业秘密的要求，披露、使用或允许他人使用其所掌握的商业秘密。第三人明知或应知前列违法行为，获取、使用或披露他人的商业秘密，视为侵犯商业秘密。

(5) 掠夺定价。掠夺定价是指经营者以挤垮对手为目的，以低于成本的价格销售商品的行为。构成掠夺定价的不正当竞争行为需以挤垮对手为目的，同时以低于成本的价格销售商品为条件。但销售鲜活商品，处理有效期即将到期的商品或者其他积压商品，季节性降价，因清偿债务、转产、歇业等原因而降价销售商品等不属掠夺定价。

(6) 欺骗性有奖销售和巨奖销售。经营者采用谎称有奖或者让内部人员中奖的欺骗方式销售商品，利用有奖销售的手段推销质次价高的产品，均构成欺骗性有奖销售的不正当竞争行为。巨奖销售是指最高奖的金额超过 5 000 元的有奖销售行为。巨奖销售容易助长盲目消费，对中小企业是一种威胁，无形中破坏了公平竞争的秩序，因而是一种不正当竞争行为。

(7) 诋毁竞争对手的商业信誉。商业信誉是社会对经营者从事的经营活动所作的全面评价。这种评价反映了经营者的商业形象，形成了属于经营者的一种具有财产内容的特定的信誉。诋毁竞争对手商业信誉的行为主体须为经营者，方式为捏造事实、散布虚假消息。经营者违反上述规定，给被侵害者造成损害的，均应承担损害赔偿责任。

(8) 企业经营者不得限定他人购买其指定的经营者的商品，以排挤其他经营者的公平竞争的行为。这类行为往往出自垄断企业或借助行政力量。比如燃气公司指定用户购买某品牌的燃气具，有些企业利用行政权力限制竞争,通过政府及其所属部门滥用行政权力，限定他人购买其指定的经营者的商品，限制其他经营者正当的经营活动,以及限制外地商品进入本地市场或者本地商品流向外地市场，干扰、阻碍正常的交易活动的行为。

企业在竞争中应与对手和谐相处，禁止一切不正当竞争行为，因为企业与竞争对手既有竞争关系其实也有一种伙伴关系，企业与竞争对手间也要和谐相处，互相尊重。

（五）对营销工作人员负责

营销人员的工作通常比较辛劳并且压力很大，企业应当关心、尊重营销人员。和谐营销要求企业首先要为营销人员提供适当的福利、良好的工作条件和正当公平的薪酬。其次，企业要尊重信任营销人员，不能因为个别营销人员的道德问题而否定整个营销队伍。再者，企业应对营销人员给予培训和指导，为他们提供职业指导及职业生涯规划。还有，企业应当保护员工的生理和心理健康。曾经有一家企业在销售烫伤药时，用烧红的铁条将促销人员的手烫伤，然后敷用烫伤药以显示药品的效力。企业这种行为不仅伤害了员工的生理健康也危害了员工的心理健康，也不可能与员工间达成和谐。

第七章　企业公民战略实施的外部机制

第一节　企业公民战略实施的政府机制

企业公民建设有利于落实科学发展观和构建社会主义和谐社会，政府就应该把推动企业公民建设作为重要任务列入工作日程，通过企业宣传思想政治工作，增强企业公民建设的意识，提高企业对企业公民建设重大意义的认识，纳入政府的先进性建设内容，努力把企业公民建设和社会发展结合起来，不断推进企业公民建设。政府在企业社会责任发展和实施过程当中，应当充分发挥利益相关者博弈的规则制定者和监督公平博弈的作用，而不是偏袒一方而使另外一方利益受损，从而导致企业社会责任的弱化或流于形式。政府在推动企业社会责任的进程中，应该在指导思想上树立“公司目标应当是追求利润最大化与承担社会责任有区别的并重”的思想。

市场经济虽然不是行政经济、计划经济，但是也绝不是放任自流的经济，市场因其具有盲目性和自发性，就需要政府对市场进行宏观调控，进行适当的干预。世界银行在 1997 年度发展报告《变革世界中的政府》中，就思考了现代市场经济条件下政府的作用，认为有效的政府对于提供公共商品和公共服务及经济和社会发展的规则和机构是必不可少的；没有有效的政府，经济、社会的可持续发展都不可能实现。在现代市场经济条件下，并非“管的最少的政府，就是最好的政府”，有效的经济运行机制需要市场“看不见的手”与政府“看得见的手”的有机结合，这是现代市场经济条件下政府与市场关系的主要特征。

政府需要摆正自己在经济和社会发展中的位置，必须先要确保政府在强化公司社会责任方面行为端正，坚决杜绝政府部门进行商业活动，谋取私利，出现与民争利的现象。我国《公司法》第五十八条就规定了国家公务员不得兼任公司的董事、监事、经理等，从法律层面对公务人员涉足商业活动进行限制。这样不仅有利于有效地防止腐败，保持政府官员的廉洁，更重要的是有助于维护社会主义市场经济秩序。在近几年出现的煤矿安全事件中，一方面固然有企业自身经营不善的原因，但是不可否认的是“红顶商人”的进驻和入股，使得矿主肆无忌惮地置国法于不顾，在这里政府官员起到推波助澜的作用。

政府为推动企业承担社会责任而行使经济行政权时要遵守法定、效率、公平、人权等四个方面的原则。①发挥政府的宏观调控职能，就要求政府依法行政，做一个有效的政府。在传统计划经济体制下，政府包办一切，财政统收统支，物资统购统销，计划分配一统天下，市场调节难以立足，政府全面控制经济运行，可以说管得太多、太杂，是一种效率低下的行政方式。在 20 世纪 80 年代以来，我国走上市场化取向改革之路，政府职能也要求随之改变。我国政府职能的主要问题是“越位”与“缺位”并存，由于政府职能的范围超越了边界，“越位”管了不该管的事；同时，由于政府职能的范围未能达到合理边界，该管的事“缺位”，没有管好。所以有必要规范政府职能，理顺政府与市场的关系，实现政府与市场的互补定位，真正做到“有所为有所不为”。我国政府经过几次机构改革，取得了一定的成效，也明确了其应该必须处理的几个基本任务，包括立法任务、制定政策维护宏观经济稳定、投资基础设施和基本的社会服务、保护承受力差的阶层、保护环境等。政府应当将自己的主要注意力、发挥作用的基本点放到以创造高效、公平、竞争的市

① 刘俊海：《公司的社会责任》，法律出版社 1999 年版，第 142 页。

场环境为主要内容的轨道上来。精简政府机构，提高政府办事效率，通过国家的发展战略、规划和政策，通过各种经济杠杆（财税、金融等），保持经济总量平衡，抑制通货膨胀，优化经济结构，实现经济持续快速健康发展，推动市场的公平竞争；政府加强公共政策制定、公共产品（物质的与精神的）供给和公共服务职能，增加服务项目，改善服务方式，提高服务质量和效率。

国家和政府是保证实现企业公民的第一主体。美国职业安全和健康署（OSHA）成立于 1970 年，其目的是“尽可能保障国家每一个工作男性和女性的安全及健康的工作条件，并保护我们的人力资源”。

企业是在一定的社会环境中发展和运作的。在西方发达国家，企业公民并不是完全是靠企业家自身的觉醒形成的，而是靠市民社会的基础和各种社会运动的共同推动发展起来的。中国既缺少市民社会的基础，又缺乏社会运动的推动，在这样的条件下，政府对企业公民建设的推动就显得更为重要。

在中国计划经济向市场经济过渡的阶段，政府在领导市场经济发展方面仍然发挥着主导的作用。在中国目前缺乏推进企业公民运动的社会基础和各种社会力量的情况下，政府的引导和推进作用就显得尤为重要。根据目前全球化进程中企业公民运动的发展趋势，政府可以从以下几个层面推进企业公民建设：

第一，推进企业公民法制化，要从公司法的总则中突出强调企业必须承担的基本社会责任，使企业公民建设纳入法制化、规范化的管理体系中。强化企业公民实际上是强化企业的守法行为，使企业在生产经营的过程中严格遵守劳动保护法、生产安全法和环境保护法，在遵守国家各项法律的前提下创造利润，为社会作贡献。

第二，使企业公民管理与国际接轨，建立企业公民评价体系。在西方发达国家，对任何一个企业的评价都是从经济、社会和环境三个方面来进行的，经济指标仅仅被认为是企业最基本的评价指标，而关于企业公民的评价标准多种多样，如道琼斯可持续发展指数、多米尼道德指数、《商业道德》、《财富》等都将企业公民的社会责任纳入评价体系。所以，跨国公司都把履行企业社会责任作为实现企业良好公民形象的条件，并且将企业公民作为一个制度化、规范化的管理体系，有明确的计划、有专门负责部门、有一定的经费保障、有可操作的规范化的管理程序。而在中国，对企业的评价仍然停留在经济指标上，这样的评价体系已经不能适应经济全球化的趋势和要求，也不利于中国的企业提高国际竞争力。

第三，加强对企业公民的培训，要让地方政府管理部门的官员和企业经营者、管理者理解企业公民对企业发展和地方经济发展的重要意义，帮助企业树立社会责任的理念，在创造利润的过程中，不能忽视企业的社会责任。要帮助企业建立企业公民管理体系，使企业公民管理制度化、规范化，尽快与国际接轨。

第四，加大对企业公民的宣传，让全社会都来关注企业公民，参与到推动企业公民的运动中来，营造推进企业公民建设的社会氛围。使企业在一个积极促进企业公民建设的环境中认识到推行的社会责任，这样才有利于企业发展，否则，对企业发展会产生不利影响。

第五，地方政府要加强对企业公民的监督，对企业守法行为的情况要充分了解，并做出定期评估。表彰认真履行企业公民行为的企业，对那些严重违反劳动法、生产安全法和环境保护法的企业进行惩罚，从而引导企业转变观念，朝着积极履行社会责任、做合格企业公民的方向发展。

从总体上说，在国家和政府层次对企业公民的强化，包括立法、宏观调控、行政和司法等方面的调节和干预。

一、依法规范企业公民建设

依法规范企业公民建设包涵两层含义：其一是通过立法为企业公民建设提供法律依据；其二是通过执法为企业公民建设提供有效的法律监督。就我国立法现状而言，对企业公民建设的立法完善应包括以下三个方面：

首先，在立法中明确赋予企业以国家公民地位。企业作为一种商事组织形式不可能与宪法意义上的公民具有完全相同的责任能力和行为能力，比如企业不可能具有选举权和被选举权等。之所以需要在立法中明确赋予企业以国家公民地位，就是要首先肯定企业的社会属性。企业的社会属性可以说与生俱来，股东出资组成企业，本身就是一个社会化的行为，企业与股东、经营者、雇员、监管者、债权人、消费者甚至社区、环境等之间的关系也不可能脱离社会规范，因此，企业的社会成员地位应首先在立法中得以体现。

其次，立法应充分体现企业平等的法律地位。公民法律地位平等是现代宪政国家的标志，承认企业是国家公民，就必须承认不同规模、不同所有制企业在法律上的地位平等。在这里应特别说明一点，经济立法的企业法律地位平等原则同国家实施产业政策而产生的政策导向作用以及为国家安全等考虑实施的行业禁入政策并不矛盾，企业在权利与义务平等的基础上，可根据自身的资金、人力等资源状况自主选择投资领域，国家可依据国际惯例制定并实施产业政策、行业准入及禁入政策，以保障全体公民的整体利益，这是个体服从整体的关系，且通常一个国家产业政策的导向性越强，禁入的行业越少，说明该国政府调控经济的能力越强，经济开放度越高。

最后，在立法中对企业社会责任做出明确规定。对于我国企业而言，在立法中明确规定企业的社会责任首先要解决一个认识上的误区：企业社会责任与企业办社会之间的根本区别。企业办社会是计划经济体制下社会福利实物化的表现形式，在经过社会福利货币化改革，养老、住房、医疗、教育等社会保障体制初步建立后，企业已不具有办社会的外部条件和内在动力，如果说现在一家房地产企业在其开发的社区兴办一所幼儿园，那么这种行为绝不仅仅是为了解决企业职工子女入托问题，而是企业市场战略的一部分，并且幼儿园的运作也会采取市场化的模式。企业社会责任究其实质是企业在实现其获利目标过程中基于法律和道德约束对利害相关人所承担的责任，对于企业本身而言，它缺乏自行产生主动承担与企业战略无关的社会责任的内在动力，必须借助于法律规范和道德倡导的力量。就我国目前的实际情况，法律规范应成为促使企业承担社会责任的主要推动力。

二、通过宏观调控加强对企业公民的引导

政府、市场、企业这三者的关系可以概括为政府调控市场、市场引导企业。国家调控和干预体现在企业公民建设方面，首先是应坚持理顺政企关系，按中国改革的目标继续前进，充分尊重企业的自主权，尤其是国家独资、控股和参股企业的自主权，使其成为真正的市场主体，绝不应由行政人员和政府机构直接干预企业的经营活动，这是保证企业效率和竞争力的重要条件。其次，在计划经济时期“企业办社会”的局面也应彻底改变，国家通过宏观调控引导企业承担社会责任也不是要政企关系回到“企业办社会”的老路上去。

为此国家运用的宏观调控手段主要有：① 政策引导，即制定经济和社会发展战略、方针和产业政策，在此基础上制定行业规划和行业政策，控制总量平衡，规划和调整产业布局；② 杠杆引导，即根据产业政策和规模经济要求，运用利率、税收、汇率和价格政策等经济杠杆，引导企业调整产品结构和企业组织结构调整，实现资源合理配置；③ 信息引导，政府要及时发布各类与企业经营密切相关的宏观调控政策及其贯彻情况的反馈信息，从而引导企业决策行为。

三、行政监督

对企业履行企业公民责任的行政监督分为以下几个方面：

（一）会计监督

所谓会计监督，是指会计机构、会计人员依照《中华人民共和国会计法》规定的权限和程序对企业财务及经营业务活动所实施的监督。会计监督是建立现代公司制度、强化公司社会责任的重要一环。为保障会计监督的有效性，有必要建立会计人员监督不力的民事赔偿责任，充分发挥注册会计师的监督作用。

（二）质量监督

质量监督即对产品或劳务的质量监督，通过规定质量管理体制、

质量责任和义务、损害赔偿和法律责任等，来实施经济监督，以满足产品或劳务的适用性、可靠性和经济性要求。实践中经营者伪造和冒用认证标志、名优标志等质量的行为，伪造产品产地的行为，伪造或冒用他人厂名、厂址的行为，在生产、销售的产品中掺杂、掺假，以假充真、以次充好的行为屡见不鲜，甚至有愈演愈烈之势。因此，进一步贯彻执行《中华人民共和国产品质量法》和《中华人民共和国标准化法》等法律法规，加强质量监督工作，并逐步完善有关的质量监督特别是服务质量监督立法已经迫在眉睫。需要注意的是，公司在产品质量方面的自我监督不是万能的，政府运用公权力对产品质量进行的监督也是有限度的，只有最大限度地调动起社会公众提高产品质量监督的自觉性才能从根本上筑起产品质量监督的钢铁长城，形成人人监督产品质量的社会氛围。

（三）技术监督

技术监督即对生产技术及生产技术运用形成的技术经济并以此作为科学、技术和实践等方面的标准和质量的准则和依据的监督活动。它通过制定标准的范围和标准的分级、标准的实施及违反标准的法律责任，以及计量单位、计量标准器具、计量检定及违反计量的法律责任等，来实施技术监督。目前，规制计量监督工作的立法依据主要是 1985 年 9 月 6 日第六届全国人大常委会第 12 次会议通过的《中华人民共和国计量法》及国务院于 1987 年 1 月 19 日批准、国家计量局于 1987 年 2 月 1 日发布的《中华人民共和国计量法实施细则》。虽然立法对计量行政部门的监督、计量监督员的监督、国家法定计量检定机构、依据行政授权的检定和测试等内容作了规定，但随着计量工具的推陈出新、计量活动的复杂化、现代化与高科技化以及计量监督工作方式的变化，需要尽快由立法机关予以完善。

（四）环境监督

对自然环境及人工环境的保护而形成的环境监督活动。是主要对环境污染和其他公害的监督，包括环境保护监督和公害防治监督。

（五）消费监督

消费监督即对购买和使用商品和接受服务等消费的监督活动。它以消费者权益保护为中心，包括商品安全保障、商品规格表示、消费者争议解决及损害赔偿等。在广义上，还包括购买商品的质量、价格、卫生、计量、包装、商标、广告等方面的监督。

（六）劳动监督

劳动监督即对企业用工行为，包括劳动安全、性别歧视、雇用童工、强制劳动、工资报酬、工作时间、工作强度和工作环境等的监督。

（七）公正交易秩序的监督

在现实生活中存在着不少不正当竞争行为，如混淆误导行为、商业贿赂、巨奖销售、权力干预、行业垄断、联合限制竞争、串通报标行为、侵犯知识产权行为、虚假的广告行为等五花八门，不一而足。要从根本上贯彻第八届全国人大常委会于 1993 年 9 月 2 日通过的《中华人民共和国反不正当竞争法》，必须加强对不正当竞争行为的监督工作。除进一步加大行政监督的力度外，要强化对不正当竞争行为的社会监督。

（八）司法监督

司法监督是制裁违法和维护权益的最终途径。在涉及企业滥用经济权力和侵害利益相关者权益的案件中，应通过司法裁判给企业公民的实现创造一个公正高效的司法环境。在实践中，企业利用经济实力侵害利益相关者权益的案件往往具有一定的特殊性，如当事双方的实力具有不均衡性和信息不对称性（企业与消费者之间发生纠纷时，双方在经济力量、产品信息、专业经验和法律知识等方面即是如此），受损对象具有不确定性和分散性（企业制造的假冒伪劣产品会行销各地，其造成的损失也难以统计；还有，企业产生的环境污染在短时期内难以测定，造成的危害同样不易量化等）。就此，有学者认为由于社会法维护的是社会整体利益，因此违反社会法的行为，一般会侵犯众多不特定人的利益。通过集团诉讼的方式解决此类问题有较强的针对性，不仅可以平等保护所有受害人的合法权利，及时解决人数众多的纠纷，而且有利于法院充分发挥审判职能，及时办理人数众多的案件，提高工作效率，降低诉讼成本，保障法制的统一和权威，能够更为有效地促成企业公民的实现。但是，企业部分危害社会的行为，有时并无直接的利益相关者，按照中国目前法律的规定,此时一般的自然人或组织就无权对该行为提起诉讼，特别是如果该行为并未构成犯罪，刑事诉讼无法启动的情况下，有关行政机关又因种种原因不作为，此时产生损害行为的企业就成为“漏网之鱼”。所以，除了集团诉讼之外，为强化企业公民的司法监督，就应该设置公益诉讼程序，超越诉讼主体必须存在直接利益相关者的限制，让那些制造社会危害又未曾得到追究的存在不良行为的企业置于恢恢法网之下，让法律对社会公共利益的保护进入新的境界。

第二节 企业公民战略实施的社会机制

从社会层次分析，对企业公民的治理包括充分发挥行业协会的作用、构建科学的社会责任会计信息披露体系、建立企业公民评价体系、完善企业公民社会监督机制、加强企业社会责任的理论研究、社会多方参与、完善法律法规等。

一、充分发挥行业协会的作用

行业协会在企业公民的实现中具有独特的作用，其作用的发挥是由现代社会发展所赋予它的特定性质、职能、组织结构与运作方式等决定的。

行业协会的性质。行业协会属于中国《民法通则》规定的社团法人，与机关法人不同，它是非政府机构；与企业法人不同，它是非营利机构，即国外通行的 NGO 或 NPO，作为一类特殊的社团法人，行业协会属于“市场中介组织”。行业协会的基本职能可以归结为八项：一是代表职能，即代表本行业全体企业的共同利益。二是服务功能，包括信息服务、教育与培训服务、咨询服务、举办展览、组织会议，等等。三是沟通职能，即作为政府与企业之间的桥梁，向政府传达企业的共同要求，同时协助政府制定和实施行业发展规划、产业政策，行政法规和有关法律。四是统计职能，即对本行业的基本情况进行统计、分析并发布结果。五是研究职能，即开展对本行业国内外发展情况的基础调查，研究本行业面临的问题，提出建议，出版刊物，供企业和政府参考。六是协调职能，即制定并执行行规、行约和各类标准，协调同行企业之间的经营行为，实行总量和价格调控。七是监督职能，即对本行业产品和服务质量、竞争手段、经营作风进行严格监督，维护行业信誉，鼓励公平竞争，打击违法、违规行为。八是公证职能，即受政府委托，进行资格审查、签发证照，如市场准入资格认证，发放产地证、质量检验证、生产许可证和进出口许可证，等等。

（一）自益性行业协会

目前对行业协会关注较多的是从保护行业企业权益的角度，尤其是在加入世界贸易组织后，在国际贸易中面对五花八门的贸易壁垒和反倾销手段，行业协会在支持企业应对反倾销方面的积极作用。在推动企业公民建设方面，则可以利用行业协会自愿与强制相结合的民主机制，发挥其自律和监督职能，对成员企业的行为进行约束，特别是要运用行规的作用。社会主义市场经济的治理，不应单纯依赖国家的立法，而应包括多个层次的规范：国家立法、行业协会立规、企业立标、社会立德等方面。

行规是相关行业的大多数企业要求和意愿的反映和表达，它的产生基础是这些企业及其所能代表的绝大多数此行业企业的经济利益，其中包括它们对市场如何建立和发展的判断，对同业企业规划、布局、定点的判决，对同业企业之间良性竞争的标准认定，对同业企业与其他企业的经济关系如交易行为应遵守的交易规则的制定。行规由于其出现是各行各业的行业协会根据本行业在当前市场状况和贸易环境下的合理利益和合法要求所制定的，所以它不仅在数量上可能会超出法律的件数和文字，而且在内容上要远远细化于法律的描述与概括。如可以对本行业的一项或几项产品的技术标准甚至包括一段时期内的市场参考价格做出规范。行规还可以对这类乃至这个产品在市场上投放和经营的规则做出约束和反约束的规定。对违反行业决定的企业和行为可以公开做出行业的抨击和排斥。

此外，行规产生的效率性也决定了它比法律对市场有更强的适应性等优点。在此基础上，行规可以做到为法律所不能为，形成对法律的延伸、补充甚至高于法律的规范要求。如广东省工商联在有关私营企业吸纳下岗再就业人员方面的提案、调查、建议等工作就发挥了政府难以替代的作用。

在注重行业协会对成员企业监督和规范职能的同时，还应注意到政府的约束，即“行业协会规范”和“规范行业协会”要并举，行业协会毕竟是代表特定行业利益的组织，难免有以自我利益为中心的倾向，甚至有越权和侵犯社会公众权益的可能。

（二）公益性协会

如工会、消费者协会和环境保护组织等，此类协会在促进企业承担其社会责任方面有以下几方面的作用：

(1) 向上与政府沟通，提供信息、反映群体需求，以便取得政府对相关事业的支持和相关群体利益的重视。在国外，一些利益集团的活动影响非常明显，被称为“压力集团”，在议会进行游说等政治活动，争取获得立法的支持。在中国，公益性组织应成为上下沟通的桥梁和纽带。如全国工商联在全国政协第十届一次会议上提交的《关于修改宪法完善保护私人财产法律制度的建议案》，这是继1998年、2002年之后第三次向大会提出了有关保护私人财产的建议案，突显出其在反映成员利益上的积极作用。

（2）与自益性行业协会平行沟通，制定维权准则，促进本行业成员或公共事业的保护与发展，如中国消费者协会所作的消费警示、抽查公布以及拟订合同文本和一些行业企业信息披露准则等，就发挥了保护消费者、监督企业行为的积极作用。对于一些社会影响较差、对企业公民意识淡薄的行业企业存在的问题，虽不能理想主义地认为可以靠一两个协会解决，但至少可以给相关的弱势群体增加一些反映愿望和争取权利的渠道和力量。

（3）在具体的侵权案件中，通过协会直接给受害者以支持诉讼等方式参与。如中国消费者协会在实践中不断探索有助于企业利益相关者维权的新模式，为广大消费者解决消费纠纷提供方便、快捷和经济的渠道。

总之，行业协会在督促企业承担社会责任时其作用是双向的，既有对企业监督约束其行为的作用，也有支持利益相关者行使和保障权益的作用；既有与政府的沟通与协作，也有与其成员间的对话和合作。

二、构建科学的社会责任会计信息披露体系

社会责任会计是研究如何更好地维护可持续发展，为企业管理当局、投资者、债权人、政府和社会公众等相关利益集团和个人决策提供企业的社会责任履行情况的会计信息系统。它通过社会学与会计学有机结合，并用会计特有的技术和方法，对某一单位的经济活动所带来的社会贡献和社会损害进行反映和控制。企业公民会计信息的披露可以满足企业利益相关者的社会责任信息需求，揭示企业可持续发展的义务和责任。

（一）披露内容和披露模式的制度化和规范化

不同行业企业的社会责任内容有着较大差别，这不便于企业间信息的比较，且披露模式也会因此而有一定的改变，但具体到某一行业的不同企业，其应承担的社会责任项目却基本相同或类似，因此，在未来社会责任会计的发展过程中，要形成跨行业的且普遍适

用的披露方法是不太可能的。相比之下，将全社会的企业划分为若干类型的行业，并将该企业归入与之相对应的行业，在行业内对披露内容和披露模式进行具体规定并实现标准化，这是完全可能的并且也是一种发展趋势。

笔者认为，在结合行业实际情况的基础上，由相关行政部门组织会计学者和行业专家，由他们一道来制定本行业企业应承担的社会责任和应披露的社会责任会计信息内容和项目，在经充分论证之后，由行政部门将这些内容和项目作为行业标准来发布，这不失为一种促使社会责任会计走向规范化和制度化的有效手段。这样不但能为企业行使社会责任和整理相应的会计信息提供明确的导向，而且也可以规范企业的社会行为，方便社会责任会计信息的比较。

（二）披露手段和披露时间的信息化和适时化

现代信息技术的发展和互联网的普及和应用，正在改变着传统的会计信息披露方法，企业的社会责任会计信息披露方法同样也不可避免地要适应这种信息化的环境。在未来的信息社会中，虽然在会计期末“白纸黑字”式的披露方法仍然可能继续存在，但是，电子化和网络化的披露方式必然会越来越受到重视和青睐，且在时间上也不再固定在期末，而是根据企业的实际情况和使用者的具体要求进行适时地掌握。披露手段的信息化和披露时间的适时化是未来社会责任会计发展的必然趋势，较之传统的披露方法，它更能节省信息披露的成本，使信息使用者更方便更及时地获取所需信息。

（三）披露风格和披露形式的个性化和多样化

企业公民会计信息披露的信息化特点决定了企业公民会计信息披露在风格和形式上将会呈现出个性化和多样化的特点。比如说，企业可以利用一些模块和控件进行人机交互式的信息披露；除了传统的报表以外，企业还可以利用各种图形和画面进行相关会计信息的说明；另外，披露界面也可以设计得更加美观和具有人性化。这里所讲的个性化和多样化是指在确保所披露的内容和模式规范的基础上，就具体的披露风格而言的，这样使得企业公民会计信息的披露将会变得更严谨而不失灵活，规范而不显呆板。

三、建立企业公民评价体系

客观地来讲，企业普遍缺乏自身推进承担社会责任的动力。要使企业更好地承担社会责任，必须建立和健全企业承担社会责任的约束和监督机制。企业社会责任看起来只涉及企业自身的经营理念和社会责任管理体系，但是，企业也是在一定的社会环境中发展和运作的。在西方发达国家，企业社会责任并不是完全是靠企业家自身的觉醒形成的，而是靠市民社会的基础和各种社会运动的推动发展起来的。但是在中国，目前既缺少市民社会的基础，又缺乏社会运动的推动，在这样的条件下，政府对企业社会责任的推动就显得更为重要。

随着企业社会责任理念的升温，许多国际组织和企业内部相继出台了生产守则，以此来监督企业社会责任的实施状况。在我国，宣传比较多的是 1997 年 8 月美国 CEPAA（Councilon Economic Priorities Accreditation Agency）所制定的国际标准 SA8000（Social Accountability 8000），即社会责任标准。该标准规定，企业必须承担对社会和利益相关者的责任，对工作环境、员工健康与安全、员工培训、薪酬、工会权利等具体问题规定了最低要求。但这并不是一种法律要求，而更多的是一种道义要求。在多数情况下，它是以舆论压力、消费者运动和企业的道德自觉来实现的。在发展中国家，这种约束无疑是极其脆弱的。事实证明，SA8000 在中国的推广在某种程度上提高了工人的生活工作条件，但这种提高往往是很有限的，有些通过认证的企业还存在作假行为。并且，作为“生产守则”发起者的跨国公司，近日来也频频发生劳工纠纷的问题。同时也应该看到，这些生产守则是发达国家跨国公司提出的，它必定从自身利益出发，与发展中国家实际情况有一定的差别。例如，跨国公司一方面要求其合作伙伴符合社会责任标准；另一方面，千方百计地压低价格、降低成本，最后牺牲的还是劳动者的利益。作为发展中国家，我们应该在 SA8000 的基础上制定出自己的标准，建立一套适合中国企业的评价理论体系和评估机制，并通过国际谈判，力争将中国体系融入国际标准中。

目前，构建企业社会责任评价体系已引起政界和企业界人士的关注，同时一些专家学者已先行做出了研究成果。在 2006 年召开的“两会”上，全国政协委员王鹤龄指出，随着市场化改革的不断深入，社会对企业的社会责任要求越来越高，为使企业履行社会责任经常化、长效化，制定并推行符合国际惯例又切合中国实际状况的企业社会责任评价体系，已成当务之急。2006 年 3 月 23 日举行的深圳市政协第四届二次会议大会发言上，来自中国国民党革命委员会深圳市委员会的政协委员何杰，也建议深圳率先建立企业社会责任体系。北京大学民营经济研究院根据国外的要求，结合中国的具体情况，研究制定了《中国民营企业社会责任评价体系》。该评价体系是把追求经济效益与履行社会责任有机统一起来，基本上考虑了 3 个方面的关系，即经济关系、社会关系和环境方面的关系的评价体系，包含经济、社会和自然环境 3 个层面，56 个具体指标，为“具有社会责任感的民营企业”评选活动做好了理论支持与准备。

四、完善企业公民社会监督机制

加强社会对企业承担社会责任的监督，完善企业社会责任监督机制。利用政府的行政干预和经济调控等手段，协调企业利益与社会利益，充分发挥舆论媒介和消费者协会、工会等社会团体组织的作用，形成多层次、多渠道的监督体系和制度安排，以促进企业承担企业社会责任。

完善企业社会责任监督机制，首先，要发挥政府的监督职能。建立企业约束和监督机制的基础环节和基础层次在于政府，表现在政府从维护社会利益和保证社会运转的需要出发，充当社会公众的监护人和协调企业利益与社会利益的仲裁人，以行政干预和经济调控为手段，引导并监督企业履行社会责任的程度和方向，纠正或惩处企业逃避社会责任的现象，以保证企业对强制型社会责任和关联型社会责任的有效履行。其次，要发挥有关部门的作用，搞好联合监督。重视发挥纪检、监察、审计等职能部门以及工商、财税等经济部门的监督作用，建立相应的联席会议制度，定期沟通，及时了解情况，以有效防止企业经营者的违法违纪行为。要积极发挥审计事务所、会计事务所、法律事务所等社会中介机构在规范、监督、服务企业经营者方面的作用和非政府组织的监督职能。再次，还要完善企业内部的监督体系，充分发挥党委会、职代会、工会“老三会”及股东会、董事会、监事会“新三会”的作用，对企业经营者进行经常性的监督，对不合格的企业经营者，根据有关程序，对其进行罢免和改选。最后，要发挥非政府组织的监督作用。在市场经济条件下，非政府组织是一种非常活跃的角色，可以做很多政府力所不能及的工作。比如，它可以根据国家法律或者代表群众对企业的污染行为提起诉讼，捍卫公众的环境权益，还可以定期公布环境报告，对环境问题进行及时分析，以督促企业承担企业社会责任。此外，要利用我国庞大的有社会责任感的媒体群，特别是网络媒体的出现，对传统媒体的公开性、即时性与传播速度进行了革命。媒体在对劳资关系中出现的问题进行调查、报道与呼吁方面，做了大量艰苦甚至非常危险的工作，今天我们之所以能对劳资关系存在问题的严重性进行判断，正是媒体的贡献。

对企业社会责任的监督，仅仅依靠政府是远远不够的，还需要广大的社会公众参与。另外，媒体更应该加强对企业社会责任方面的监督，对有些问题严重的企业要进行深入调查，对其不履行社会责任的行为进行勇敢地揭露，只有敢说真话的媒体才是令人信服的媒体。媒体可以利用自身的舆论引导力对企业行为进行强有力的监督。总之，只有全社会共同努力，才能促使中国企业更好地履行其社会责任。

五、加强企业社会责任的理论研究

理论是指导实践的武器，要加强我国的企业社会责任建设，促使企业较好地履行其社会责任，首先必须有比较成熟的、能被企业采纳的理论。而我国关于企业社会责任的理论研究才刚刚起步，因此，理论界应加强对企业社会责任的理论研究，为国家立法、为企业活动提供可靠的理论依据。理论界首先要明确目前中国企业社会责任的具体内容及重点内容，研究出符合中国国情的社会责任评价体系和披露机制，并为企业承担社会责任的方式做出指导。理论界不仅要加强理论研究，还要加快将理论应用于企业实践的速度，真正发挥出理论指导实践的作用。

六、社会多方参与

企业公民建设离不开全社会的参与，只有社会各界都积极参与才能更好地推动企业公民运动的开展。

首先，消费者应当树立起社会责任意识，对那些不履行社会责任的企业进行抵制，拒绝购买和使用这些公司的产品，支持优秀企业公民，首选这些公司的产品。

其次，投资者要做责任投资者，对不履行社会责任的公司降低或不进行投资，如国外一些银行对企业在贷款时要审查该企业的社会责任履行情况，对不履行社会责任的企业拒绝发放贷款。

再次，应当发挥媒体的监督作用。在今天的中国，媒体的作用已经远远超过任何一个时代它对社会大众的影响，企业公民建设需要媒体的大力支持，这也是媒体履行社会责任的表现。通过新闻媒体的宣传，可以极大地宣传企业公民理念，使企业、政府、消费者和社会更加关注企业公民建设。新闻媒体特别是大型媒体更应该积极宣传企业公民理念、宣传企业的公益行为，让更多的人了解企业社会责任履行情况，让更多的人对企业履行社会责任的情况进行评价，通过宣传使优秀企业公民，使之得到社会的认可和尊敬。在这方面比较引人注目的是中央电视台的“春暖 2007”行动。中央电视台经济频道（CCTV-2）在2007年2月4日发起的这次全国性大型电视直播公益活动联合了劳动和社会保障部、交通部、铁道部、中华全国总工会、团中央、全国妇联、联合国开发计划署、联合国儿童基金会、中国红十字会、中华慈善总会、中国青少年发展基金会、中国扶贫基金会、李嘉诚基金会等相关政府和公益机构，共同行动，旨在彰显媒体的社会责任，激发社会的关爱行动，弘扬人与人之间的相互关爱的温暖氛围，从而推进中国企业公民的建设。

最后，要发挥非政府组织的作用。虽然我国现阶段非政府组织数量有限，在我国社会中发挥的作用还很有限，但从企业公民运动发展的国际经验来看，在企业公民运动中非政府组织都发挥了很大的作用。在我国也应当营造良好的环境来促进非政府组织的发展，让非政府组织为促进企业公民运动发挥重大作用。

七、完善法律法规

各国政府都在其法律政策之中列出了企业应当承担社会责任的内容，并取得了一定的效果，据世界自然基金会（WWF）在关于企业的社会责任讨论稿中指出："不同的企业对于现有法律和规则的态度有五种。违反法律（极少数）；试图降低标准（一部分）；遵守现有的标准（大多数）；比现在的标准更进一步（一部分）；超出了现有的标准并探索新的解决办法（极少数）。"从我国实际情况来看，政府在促进企业社会责任方面做了一定的工作，但是距民众期望仍然相去甚远。

政府应加强立法层面的工作，完善相应的法律、法规，做到真正的有法可依。我国现行"公司法"为我国企业在社会主义市场机制之下有序、合法经营提供了法律依据，取得了很大的成就，但是第一次"公司法"的设立是在1993年的环境之下，国家刚刚确立市场经济体制，崇尚物质文明、追求企业的最大利益成为公司的首要目标，在"公司法"中可以看出法律的指引就是利益导向。在最近修改的"公司法"中，考虑到了我国现在的一些情况，适当地对相应条款进行了删减、改动，但是仍然没有把企业的社会责任提高到其相应的位置上来、最佳的方法就是把企业的社会责任提高到总则的位置，确立经济利益和社会责任并重的双重经济目的，从立法层面给予社会责任以相应的地位。

我国政府在颁布《中华人民共和国劳动法》、《中华人民共和国公司法》之后又连续出台了《中华人民共和国危险化学品管理条例》、《中华人民共和国职业病防治法》和《中华人民共和国安全生产法》等法律法规，这些法律法规对职工社会保险、用工合同等劳工权利进行了更详细的界定。这些规定为企业进行合法行为提供了依据，有着很强的导向作用，但问题在于有关部门的执法力度不够，加之一些企业守法的意识不强，导致现状并不理想。法律的执行、落实不到位，尤其在劳动密集型加工生产企业存在着较为突出的社会责任问题，在生产条件、生产安全、职业中毒、加班、劳动关系紧张、员工基本权益保障等方面问题尤为严重。从国际劳工组织的网站上就可以看到我国加工企业工时的问题，在赶制订单的季节，有些企业的工作时间超过12小时，更有甚者，一些企业工人1小时的加班工资只有0.5元，严重违反劳动法。有些企业工人实行计件制工资，采取把计件的单元价格压得很低的做法，使工人不加班就完不成当天的任务，而且从账面上看就没有加班工资，从而逃避了加班工资问题。从现实情况来看，虽然国家对生产中的用工时间和环境要求都有着严格的规定，但是在实际的操作过程中往往出现有法不依的现象。所以，政府必须进一步加强对企业社会责任的法制化、规范化的监督。

从法律层面对企业承担社会责任做出指引，不但要完善立法，最重要是在实际操作的过程中做到执法必严，政府切实负起监督职能。

（一）建立企业信用制度

我国目前处于建立和完善社会主义市场经济体制的过程中，政府应在借鉴各国建立社会信用制度经验的基础上，采取有效措施，从市场经济体制规范的角度出发，全方位地建立一系列规则和信用管理体系，发挥制度与规则在道德体系中的刚性他律作用。一方面，要营造公平竞争的市场环境，为每个参与市场竞争的经济主体提供公平竞争环境，实现优胜劣汰，确立市场规则和信用。另一方面，大力提升市场主体自律性，加强和规范商会、行业协会和各类市场中介组织的作用。此外，还要提高社会伦理道德在弥补、增进道德诚信以及约束交易关系方面的作用。

具体做法有：其一，加强信用立法和信用执法，建立和完善失信惩戒机制，严格执法，加大各个经济主体失信的成本。其二，商业银行和社会信用中介服务机构要对企业的行为和业绩建立信用记录、信用档案和信用评估体系，对其信用进行分析，建立“褒守信者、惩失信者”的信用机制。企业则要建立信用管理部门，对客户进行信用调查。在当今的经济社会，要增加对失信者的威慑力，加大失信成本，使人们不敢失信。其三，建立社会信用中介服务机构，定期对各个经济主体做出具体明确的信用调查评估报告，并依据报告进行评级。任何机构和个人都可以向社会信用管理机构征询准备与之交易的经济主体的信用情况，然后再决定是否与之交易或者以何种方式交易。其四，建立个人信用制度，成立个人信用信息库，并向全社会开放，建立奖优罚劣的信用机制，完善对违背个人信用者的制裁措施。

任何非市场经济体制在向市场经济体制过渡阶段必然会出现经济失信问题，即使市场经济体制建设得比较完善了，失信现象也难以完全根治。社会信用制度的维系要依靠道德诚信文化教育的作用，要依靠社会信用体系的规范。前者具备道德的力量，后者则是惩罚失信的“戒尺”，二者相辅相成，缺一不可。社会信用体系建设的最重要的任务之一，就是建立失信惩罚机制。失信惩罚机制以提高失信成本为基本出发点，它所承担的任务是打击市场上的各类经济失信行为，大量地惩处额度非常小且不便使用公检法手段处理的经济类违约失信行为。失信惩罚机制是强加在任何市场参与者头上的一根戒尺，对任何失信者都具有震慑和打击作用，它会对有失信记录的企事业法人和自然人实施不同程度的经济性质的打击，迫使受信人不敢轻易对各类经济合同或书面允诺实施违约。

（二）制定推行企业道德责任标准

许多人对“质量认证”、“体系认证”略知一二，但说起“道德认证”可能会感到很陌生。“道德认证”，就是 SA8000 标准认证，它是非政府机构 CEPAA（经济优先权委员会认可委员会，总部设在美国）联合一些跨国公司和国际组织制定的标准。该标准在使用童工、强迫劳动、安全卫生、结社自由和集体谈判权、歧视、惩罚性措施、工作时间、工资报酬及管理体系等 9 个方面作了明确规定，如不得使用童工，不得要求员工在受雇时交纳“押金”，员工一周工作不能超过 48 小时，为员工提供安全健康的工作环境，等等。SA8000 标准把对企业抽象的“道德”要求指标化、量化了，成为企业的道德指数，目的是要让企业成为“讲道德”的“社会人”。

有专家称，尽管 SA8000 还不是强制性标准，但一旦事实上被公认并施行，将对中国的贸易和大部分企业产生较大影响。据了解，目前已经有两百多家跨国公司对其全球供应商实施社会责任评估和审核。只有通过该项审核，才能与之建立合作伙伴关系，如家乐福、沃尔玛、雅芳、美国通用公司等。有调查显示，84% 的荷兰人、89% 的美国人在购买消费品时都考虑这些标准。目前，德国进口商协会已制定了《社会行为准则》，规定德国进口商应对其国外供应商的“社会行为”进行审查。并且，该准则有可能被其他一些国家的进口商协会所采用。美、意、法等国家的有关贸易组织正在讨论，准备把企业是否通过 SA8000 认证作为它们选择供应商的依据。“道德认证”、“社会责任”的字眼现在越来越频繁地出现在跨国公司订单的附加条款中，一些没通过认证的企业出口开始受阻。

如果说 ISO9000 质量管理体系关注的是产品，ISO14000 环境管理体系关注的是环境，那么，SA8000 社会责任标准关注的则是人。它是继 ISO9000、ISO14000 之后，企业通往国际市场的第三张“门票”。有关专家指出，对于外向型经济指数较高的地区来说，这张“门票”显然是非买不可的。必须高度重视 SA8000 对国内企业的影响。据介绍，自 1995 年以来，我国约有 8 000 家企业被外商要求做 SA8000 认证，而目前国内通过 SA8000 认证的企业还不到 100 家。

目前，我国出口产品有很大一部分属于劳动密集型产品，推行 SA8000 无疑会增加产品成本，降低企业竞争力。但是，正如专家指出的那样，国内企业既然要进入全球采购和生产链条，就得主动适应这个标准。因此，要促进我国出口业健康发展，必须调整产品结构向知识密集型过渡，加大技术含量和增值空间，加强行业协调。如果一味通过降低劳动力成本等“不道德”的做法来取得竞争优势，不但有碍社会公正，不利经济社会的协调发展，而且会面临越来越多的反倾销控诉、“不道德”指控。

（三）加强企业道德管理，树立正确的企业经营理念

道德和管理二者密不可分，道德作用于企业管理者、被管理者和管理机制的每一个环节之中，企业道德管理是培育和提升企业核心价值观的主要内容和目标之一。在一个企业中，管理者总是希望员工学习知识，听从指导，有敬业精神，全心全意地去完成任务。而每一个员工又希望上级时刻给予自己信任感、归属感和实现自我价值、自我需要的空间。实际上，在大多数企业中一方面是管理者面对身边的人才不加以培养，不委以重任，反而舍近求远，求贤若渴，另一方面被管理者不是把自己的精力全身心地投入工作中，而是在不断地抱怨上级和放弃中重新寻找机遇。企业中诸如此类的矛盾比比皆是，人们总把责任推到某一人或某一件事上。这就是道德管理不力的结果。

管理者是企业道德的塑造者，被管理者是企业道德的实践者，管理制度是企业道德的基础和前提。企业管理者不要认为道德管理是个人是非问题，不要倾向于将任何不道德的行为归结为一个孤立的事件。被管理者也不应刻意抵触来自企业正常的道德教育行为，要在被塑造过程中不断反思、改进自己的道德行为，并通过这个机遇创建一个有利于加强团结、提高企业核心竞争力的文化氛围。

第一，由于教育背景、宗教信仰、种族、地域以及个人成长历程中的不同使每一个人对道德标准的认识存在差异，因此，在实行道德管理时要尊重个体差异性。管理者不要认为他人总会以自己的角度来看待问题，也不要将自己的是非观念强加给他人。同时，在管理者处于困境中时，作为一个有责任心、敬业的员工，应该扪心自问“我做过什么？”、“是否是我的过错？”要在成长过程中不断地反思自己、检查自己，使道德的差异性逐渐走向一致性。

第二，管理者和被管理者要保持行为一致性。企业和员工之间自有劳资关系开始，实际上就产生了一种潜在的协议。企业希望员工在今后的工作中具有一定能力，能够完成企业交办的任务，而员工也希望，在多年的服务、努力和付出之后，有一定的回报。此时，就要求企业各级管理者，在日常经营管理时要值得员工信赖，敢于承诺，敢于为所支持的道德观而采取实际行动。只有依靠企业所信奉的道德观念，贯彻始终，言行一致，企业才能拥有真正意义上的道德品质。

第三，就管理本质而言，在企业中管理者和被管理者的目标是一致的，都希望企业健康发展。因为只有企业的发展，才能实现管理者的管理目标和投资者的利润最大化，也只有如此被管理者才能获得基本生存的需要和实现自我价值的空间。但在现实中，由于某些原因，每个人都围绕着自己的短期目标和利益工作。这就需要进一步加强企业道德管理，实现统一管理目标，这样才能激发员工的潜能，使每个人内心潜在的共同目标显现出来，让每个人按照共同目标努力工作，这样必将产生共同责任并收获丰厚的集体回报。

第八章　企业公民战略与企业竞争优势

第一节　竞争优势理论回顾

什么是企业竞争优势（Competitive Advantage，CA）？目前还没有十分统一而明确的定义。为研究的需要，本处借鉴和参照了麦影对企业竞争优势理论的评论。①竞争优势的概念最早在英国经济学家 Chamberlin（1939）的著作《垄断竞争理论》中提出，Ansoff（1965）将其引入战略领域。Ansoff（1965）将竞争优势定义为“由个别产品—市场范围中的独特资产及其成长性所形成的强势竞争地位”。Hofer 和 Schende（1978）指出竞争优势是通过资源配置企业所获得相对于竞争对手的独特市场位势。Sout（1981）则将竞争优势视为是“选择易于获胜的竞争领域的哲学”。Porter（1985）认为竞争优势是企业相对于竞争者所拥有的独特且优越的竞争地位，外在表现为高于平均水平的市场占有率或获利能力，可以通过企业活动所创造的价值与成本两个指标来衡量。Barney（1991）提到当“企业现有或潜在竞争者无法同时实施与其相同的价值创造策略”时，该企业便拥有竞争优势。Besanko 等（1999）认为，当企业绩效高出行业的平均水平时，也就具有了竞争优势。

通常将企业竞争优势相关理论研究分为两大类：第一类是以 Porter 产业分析理论作为代表的竞争优势外生论，认为企业竞争优

① 麦影：《企业社会责任对竞争优势影响的实证研究》，暨南大学，2010 年。

势是由企业外部环境和市场结构所决定的；第二类是以资源基础论、企业能力理论和企业知识理论作为代表的竞争优势内生论，认为企业的竞争优势决定于企业的资源与能力。

一、企业竞争优势外生论

竞争优势外生论最初来自著名的S—C—P范式（梅森—贝恩范式），即市场结构（Structure）—市场行为（Conduct）—市场效率(Performance）范式。S—C—P 范式提出企业绩效的差异由市场结构和市场行为两者决定。由于市场结构、市场行为都是存在于企业之外的，因此可以推论出企业的绩效（竞争优势）是外生的。Michael Porter 接受了 S—C—P 范式并提出了基于产业分析的竞争优势理论。Porter（1980）提出的竞争战略理论认为，企业竞争优势来源于在有吸引力的产业里的有利竞争地位。Porter（1980）认为产业吸引力是决定一个企业赢利能力的首要和根本因素，而产业吸引力主要由以下五种基本力量决定：竞争对手的入侵、替代品的威胁、现有竞争对手之间的竞争、客户讨价还价的能力和供应商讨价还价的能力。综合分析这五种基本力量就可以判断一个产业的赢利能力情况，并可以判断处于某产业中的企业获取超出资本成本的平均投资收益率的能力。Porter（1980）还认为在结构稳定的产业中，企业是否具有竞争优势取决于在其产业中的相对地位，因此，企业获取竞争优势的关键是选择一个正确的产业。

Porter（1998）在“集群和新竞争经济学”中还提出单个企业的竞争优势往往来自或镶嵌于该企业所处的企业群落之中。进一步强调了企业外部环境尤其是企业所处的产业、集群对企业竞争优势的重要意义。竞争优势外生论在竞争优势的研究领域作出了开创性的贡献，但在指导企业经营活动中，也有一些不足之处。竞争优势外生理论的前提假设源自新古典经济学中的“黑箱”理论与企业同质性的假设，认为企业的竞争优势只能来自行业结构、市场机会、竞争关系等外部因素，而忽视了企业与企业之间资源、能力等的差异，因此并没有深入到企业内部来研究其内在运作机理对企业竞争优势的影响。在现实中，企业之间的差异是导致企业竞争优势差异的主要原因。Rumelt（1984）通过实证研究指出，“产业中长期利润率的分散程度比产业间的分散程度要大得多”。通过资料分析指出，产业内企业之间的利润率分散程度与产业间相比，前者是后者的 3～5 倍，这更是从实证研究的角度对竞争优势外生理论提出了质疑。Jacobsen（1988）、Hansen 和 Wernerfelt（1989）等人的研究也对竞争优势外生理论提出了质疑。这就引发了大家对于传统战略理论的质疑：竞争优势并非完全来源于行业结构和市场力量，于是更多人转向研究企业内部，以期获得竞争优势的本质源泉。Porter 的产业分析法过于强调企业外部环境，强调企业的“定位”，而忽略了不同企业的内部差异，忽视了竞争优势的内在来源，从而误导企业进入利润率很高但却与企业竞争优势无关的产业，往往导致企业战略的失败。Porter（1985）也曾尝试通过价值链的理论将研究推进到企业内部层面，但因涉及因素与环节过多，制约了其可操作性。Porter 通过价值链来分析企业的竞争优势内涵时，曾经注意到了企业成本、营销和质量等相关的内部因素，但仅停留在最终产品层次，没有深入地分析价值链的中间和源头，因此他对企业竞争优势形成的内在因素及“持久性”等深层次原因的探讨还不够深入系统。总之，竞争优势外生论对于指导现代企业的经营实践有着很大的局限性。

二、企业竞争优势的内生论

20 世纪 80 年代以来，企业面临着外部环境稳定性日益脆弱的现实，而企业显然难以控制外部环境因素，这促使研究者从企业自身因素寻找竞争优势的来源。因此，竞争优势内生论逐渐成为竞争优势研究领域的主流理论。Marshall（1920）早期就讨论过企生内生成长的内生性特征，Penrose（1959）、Nelson 和 Winter（1997）都意识到企业内生的知识和能力的积累可能成为企业竞争优势的来源，Alchain（1950）强调企业知识积累及其适应、模仿和试错活动对企业竞争行为的作用，Andrew S（1971）则认为战略是要让企业自身的条件与所遇到的机会相适应，Andrew S 强调企业内部条件的重要意义。

竞争优势内生论承认企业内部因素是竞争优势的来源，认为企业内部知识、资源、能力的形成、积累和更新是企业获取和保持竞争优势的关键。竞争优势内生论打破了企业同质性的假设，深入研究企业内部，解释了同一产业内企业之间的差异，将对竞争优势来源的研究向前推进了一大步。企业竞争内生论大致经历了三个阶段：基于资源的企业竞争优势理论、基于能力的企业竞争优势理论、基于知识的企业竞争优势理论。

（一）基于资源的企业竞争优势理论

1. 企业资源的内涵

关于企业资源的定义，国内、国外学者给出了各种不同的界定。Daft（1983）把资源看做企业可控的并能用以制定和执行战略以提高组织效率和效果的一系列因素。Wernerfelt（1984）提出企业资源包括了物资资源、人力资源和组织资源。Bamey（1991）从竞争优势的角度对企业资源进行了界定，他提出企业资源包括为企业所控制的各种资产、公司特性、信息、能力、组织过程、知识等，并将企业资源分为三类：物质资本资源、人力资本资源、组织资本资源。Amit 和 schoemaker（1993）将企业的资源定义为一组可获得且企业可控的因素的存量。资源最终通过其他资产及其结合机制包括技术、管理信息系统、激励系统（incentive systems）、劳资之间的信任等转换为最终产品，它包括可交易的无形要素、物质要素和人力要素。Grant（1991）认为企业资源是一系列投入生产的要素。它的基本类型有财务资源、有形资源、人力资源、技术资源、声誉及组织资源。王迎军（1998）沿着 Grant 的思路对资源进一步扩展，认为企业资源除了投入要素外，还应该包括无形的技能、能力等活性要素。而迟克莲（2000）从战略的角度对企业资源进行了定义，认为企业资源是生产产品或提供服务过程中，企业拥有的、能帮助企业实现其战略目标的各种要素的集合体。贺小刚（2002）的企业资源定义更宽广，他认为定义企业资源首先应该以功利为目标，凡能潜在地或实际地影响企业价值（租金）创造的所有事项都可以视为资源。同时他也指出这些资源不一定全都可以为企业提供持续竞争优势，有的资源或许会阻碍企业战略的实施。也有些学者从应用角度定义企业资源，如 Mati (1995)、Ravichandran (2002)、Santhanam (2003)、Wade（2004）对 IT 能力资源进行深入的划分，基本可分为 IT 基础设施资源、IT 人力资源、IT 使用的无形资源等。陈健（2005）、陈瑶瑶（2005）则从创新能力的角度分析了 R&D 的创新资源，认为创新资源是带动经济超越简单再生产和扩大再生产的创新经济资源要素、制度要素和社会要素的总和，除了一般要素外，还包括创新环境和技术支撑体系。

2. 基于资源的企业竞争优势

企业内的资源有很多种，而哪些才是企业独特专有的资源呢？资源基础观的首倡者 Chamberlin（1933）列举了技术能力、品牌知名度、美誉度、与他人合作能力、管理者独立工作能力、商标和专利等技术、专利、品牌、商标等重要企业资源。Penrose（1959）将企业看成物质资源、人力资源、无形资源的集合体。Barney（1986）认为，正是因为战略要素市场存在信息不完备性等缺陷，一些企业由于其具有较强的市场预测能力或者预测能力不强但比较走运而获得竞争优势，并获得超额利润。Dierichx 和 Cool（1989）则认为，实施一项战略所需要的战略资源中，有很多战略资源尤其是无形资源无法通过市场来买卖，只能通过企业长期内部积累来获取。在分析 Boter 五力模型假设基础上，Barney（1991）认为五力模型中的假设不适用于基于企业资源观的分析，并提出两个假设："行业或集团内企业所控制的战略资源是异质的"和"这些异质资源在企业间不完全流动，否则异质性消失"。在这两个假设的基础上，提出了基于资源观的竞争优势的分析框架。他指出企业要想获得持续竞争优势，就应该具备掌握特异的、不完全流动的资源的能力。这些资源和能力具有价值性、稀缺性、不完全模仿性和不完全替代性4个特征，并进一步地促进企业的持续竞争优势。但Bamey定义企业资源时忽略了人的因素，随后很多学者提出人力资本是其中一个重要的特异资源。Wright等（1994）证明了人力资源也具有Bamey提出的异质资源的4个特征。人力资源具有价值性、稀缺性、不能被模仿，并且不具持续性。在此基础上Finigan（1998）分析很多组织后发现，有些企业强调人力资源实践使其组织绩效更高。

（二）基于能力的企业竞争优势理论

1. 企业能力的内涵

Selzniek（1957）认为能力是企业生存的特殊物质，是能够使一个组织比其他组织做得更好的特殊物质。能力的概念最早可追溯到古典经济学家亚当·斯密的劳动分工理论。其后，很多学者从不同的角度研究和定义了企业能力。

Richardson（1972）认为能力是指企业所拥有的知识、经验以及技能等，企业倾向于专门从事其能力可以带来比较优势的活动。Moingcon和Ramanantsoa（1998）认为能力体现为企业对资源进行优化配置的过程。Petroni（1998）提出，企业能力是企业一种特殊的智力资本，该种资本确保其拥有者从事生产经营活动，并且促使企业以自己特定的方式更加有效地处理生产经营活动中的各种现实难题。Mahoney和pandian（1992）认为企业能力表现为将企业的潜在资源转为活动和行为。Grant（1991）认为能力是完成一定的任务或活动的一组资源所具有的能量。能力不是简单的禀赋或信息，能力代表了组织内资源之间的相互作用，并且具有显著的惯性以及专有性，能力从属于学习，它随着实际问题的解决而改变（Dosi & Marengo，1994）。同时，能力也不仅仅指资源集合，更是在企业内部形成的人与人、人与其他资源之间的相互协调的复杂模式（Fose，1997）。可以认为，企业能力是以信息处理为基础的资源运用和操作过程，是企业所专有的，并且会通过企业资源间复杂的互动作用逐渐发展起来。

2. 基于能力的企业竞争优势

随着对竞争优势理论的发展，人们渐渐认识到并非资源本身，而是隐藏在其背后的开发利用和保护资源的核心能力，这才是“企业获取竞争优势的根本来源”。Prahalad 和 Hamel（1990）的专著《企业核心竞争力》掀起了学者们对企业核心能力研究的热潮，该文特别强调持续竞争优势来源于企业核心能力。Prahalad 和 Hamel 对核心能力的特征进行了描述，认为它是“组织的集体学习，特别是学习如何协调多样的生产技能并如何整合多重技术的源流”，是“关于组织工作和提供价值”，是“沟通、卷入和致力于跨越组织边界的工作，它涉及许多层次上的人员和所有的职能”。因此，核心能力不会因为使用而磨损，反而会随着其应用和分享而得到增强。

能力理论的观点是，最终产品的竞争是表象，而现代企业的竞争本质上是企业核心能力之争。通过扩展了对资源的认识，能力理论使得对竞争优势来源的认识更进了一步，但并没有对以下问题作出合理解释：企业为何能拥有核心能力？一些企业为何在获得了核心能力的同时，往往会因出现“核心刚性”反而丧失了核心能力？Prahalad 和 Hamel（1990）的企业核心能力理论认为，凡是能获得持续成功的企业具有这个共同的特点，即持续不断地开发和强化该企业某一方面的能力，由此而形成竞争优势，决定企业竞争优势的能力不是单纯的企业资源，而是企业多方面的资源、技术和不同技能的有机结合。Prahalad 和 Hamel（1990）还认为核心能力是组织中的积累性学识，特别是如何协调各种不同的生产技能和有机整合各种技术流。因此这种“核心能力”就是蕴涵于一个企业生产、经营环节中的具有明显优势的个别技术和生产技能的组合。Stalk、Evans 和 Shulman（1992）提出“整体能力观”，强调企业整体能力是企业能否取得竞争优势的关键，还认为核心能力主要表现为组织成员的集体技能和知识以及员工相互交往方式的组织程序。资源和能力对企业发展起着非常重要的作用，但并未解释某些企业为何及如何在快速与无法预测的变动环境下拥有竞争优势。Teece等（1997）认为应从资源基础的观点再加上从动态的角度展开对竞争力的研究，而这种动态研究既要包括外部环境的动态研究也要包括内部条件的动态研究。动态能力理论是资源基础观、权变理论与演化理论的有机结合，很大程度上是针对资源基础观的不足而提出来的。

3. 动态企业能力理论

动态企业能力理论是近年来战略管理领域研究比较热门的一种理论，来源于并发展了基于资源观的能力理论。Teece、Pisano 和 Shuen（1997）将动态能力（Dynamic Capabilities）定义为改变企业能力的能力。他们认为企业核心竞争力具有刚性，一旦环境变化，核心竞争力可能成为企业发展的障碍。动态能力理论把焦点放在创新的原动力上，认为应以创新性动力克服核心能力中的惯性，相对于资源观来说，它更加重视企业的动态效率。Barney（2001）认为动态能力不但关注企业边界内资源，也关注边界外资源控制权的获得，因此动态能力不但对企业内产出有影响，而且间接影响企业运作能力和企业边界。Teece（2007）更明确地提出了相对完善而具体的分析框架与类型：动态能力是“不断以快于竞争对手的速度感知、抓住突现的机会并进行必要的资源重构的能力”，包括“机会感知、机会把握、战略重构”3个维度。

Iianisti 和 Clark（1990）认为，企业集成能力特别是技术集成能力就是企业的动态能力，即企业在自身相关业务的技术知识演变中选择出那些与自身现有知识基础有关联的技术知识，同时执行这种关联的能力。Bitar（2004）认为动态能力是组织开发、维持和更新其自身的能力。这些能力包括个人和组织的学习、资源、技能、系统、结构、文化等。Zehra（2006）认为动态能力是企业决策采用合适的方式重构公司资源的能力。Giudici（2009）认为企业管理能力整合促进了动态能力，这些管理能力是高阶层的能力，包括组织的发展和管理能力变革、促进持续竞争优势进行的资源管理等企业惯例。也就是说，动态能力是企业整合能力。

Nelson 和 Winte（1982）认为能力是为组织关联提供一组产出决策的高层次的惯例，也代表着决定企业生存发展的大量的典型而重要的活动集合。因此，Eisen、hardt 和 Martin（2000）分析动态能力特征之后，认为动态能力也是可以确认的常规惯例（Routines）。它是一系列能使企业发展并与环境变化相适应的能力集合，包括整合资源、重新配置资源及获取和让渡资源有关的动态能力。即：一些动态能力可以整合资源，一些动态能力可以重构公司的内部资源，其他的动态能力作用于资源的获取和释放。Zolfo（2002）认为 Teece (1997) 尽管对动态能力是什么及有什么作用进行了分析，但没有提出动态能力来源于哪里。因此他从动态能力来源等方面重新对其进行定义：动态能力是一种集体学习的、稳定的活动，组织可通过它系统地产生并修改其运作惯例来提高组织效率。

综上所述，动态能力既是改变企业能力的能力、企业整合能力，也是可以确认的明确流程或常规惯例。很多学者研究了企业动态能力的形成机制，认为动态能力是对现有能力要素进行重新组合、重构并进一步实践和反思而形成的（如 Porter，1985）；知识形成的动态过程也是企业动态能力的演变过程；动态能力的形成过程就是企业形成技术轨道和技术范式的过程（如 Nelson 和 Winter，1980；Dosi，1982）；学习机制在动态能力演化形成过程中起到了关键作用（如 Zollo 和 winter，1999；Eisenhardt 和 Martin，2000）。

（三）基于知识的企业竞争优势理论

Grant (1996)、Marsh 和 Ranft (1999)、Nonaka (1994)、Simonin (1999) 等认为知识能力是企业获得持续竞争优势的最重要、最核心的能力。基于知识的企业竞争优势理论认为，相对于市场机制，企业组织可以更有效地在其内部共享和传递个人和团队的知识，企业间绩效的差异是来源于知识的不对称和由此导致的企业能力的差异。有别于有形资源，知识和技能可以为企业获取“李嘉图租金 (Ricarduan rent)”和“张伯伦租金（Chamberlinian rent)”，也就是说通过利用经济规模、高额的转移成本等机制建立行业的高壁垒来获得超额利益。李嘉图租金是由于比竞争者降低了边际生产成本而获得的收益，张伯伦租金则是把价格置于该企业效率水平之上的结果。不仅如此，通过组织学习不断进行知识创新，还能够为企业不断地创造“熊彼特租金”，即基于创新的经济租金。熊彼特租金是指企业通过在一个不确定性很高或者非常复杂的环境中承担风险和形成独创性的洞察力来获得的利益。Winter（1988）直接将企业视为“生产知识的仓库”，野中郁次郎（1991）认为，知识是在现代激烈竞争的背景下竞争优势的一个确定资源。野中郁次郎（1991）还指出，如果处于原有市场逐渐衰退、新技术迅猛发展、竞争对手快速涌现、产品飞速淘汰的产业中，只有能持续创造知识并快速将新知识应用于创新技术与产品的企业才能获得成功。

Cohen 和 Levintha（1990）认为，从外界获得的知识在内化（internalizing）过程中比较困难，因为企业在将外在知识内化的过程中需要有吸收能力（absorptive capacity）或者是识别、复制、使用能力的能力。因此知识就成了企业的优势资源，成为企业的竞争优势的来源。

Iles、Yolles 和 Altman（2001）通过实证分析表明企业通过员工个人知识的积累和传播获得竞争优势的情况比较小，但企业可以建立一个知识系统，通过这个系统把核心的知识在组织内传播是可行的。同时，Pfeffer 和 Sutton（2001）指出组织学习气氛和领导的鼓励可以促进知识的积累和传播。当一个企业通过构建适合组织学习的环境和文化来进行知识的积累和传播，那么这个企业就获得了具有竞争优势的知识资源。在 Peter M.Senge 的专著《第五项修炼》(1990) 中提到“应变的根本之道是学习，这乃是竞争求生存的基本法则”，在其后出版的《变革之舞》(1999) 中，Senge 又强调“21世纪企业间的竞争，实质上是企业学习能力的竞争，而竞争唯一的优势是来自比竞争对手更快的学习能力”。也就是说，未来唯一持久的优势，就是企业要比自己的竞争对手更快地学习。企业竞争优势来自核心能力，核心能力则表现为一些知识和技能，这些知识和技能只有通过不断的组织学习才能得到更新。根据基于知识的企业竞争优势理论，在不断变化与发展的环境中，竞争优势产生于企业的知识与能力的动态组合与运用，给企业带来竞争优势的除了企业内部的专有知识，还有企业外部的知识，企业必须从内外部获取其所需知识，运用已有能力和构建新的能力来更好地使用知识，从而给企业带来竞争优势。

第二节　企业公民战略对企业竞争优势的影响

企业公民战略是指企业在经营中充分考虑企业利益相关者，在完成企业目标时为利益相关者创造更多利益达到企业与相关利益者的和谐发展、共生共兴的战略。这一理念与以往的企业发展观念的区别在于强调了企业发展的责任，是以约瑟夫·斯蒂格利茨（1999）所提出的广义公司治理理论——利益相关者理论（stakeholder theory）为基础，结合中国和谐文化中与人和谐、与社会和谐、与自然和谐的理念，通过对企业相关利益者进行分析，以企业对相关利益者的社会责任为核心，以达到与相关利益者和谐相处为最高目标的理念。依据利益相关者理论，企业是一个由利益相关者构成的契约共同体，利益相关者包括企业的股东、债权人、雇员、消费者、供应商等交易伙伴，也包括政府部门、本地居民、当地社区、媒体、环境保护主义者等压力集团，甚至还包括自然环境、人类后代、非人物种等受到企业经营活动直接或间接影响的客体。企业发展中的利益相关者应该有哪些呢？经过对企业经营活动的研究，笔者认为企业在经营过程中主要的利益相关者应该有消费者、环境、竞争对手、合作伙伴、营销员工、社会、政府。企业实施企业公民战略就是企业在经营发展时要对这些相关利益者负责，满足相关利益者的需求以达到发展的和谐。

从企业发展历程看，经过了资本的原始积累和资源的优化整合阶段之后，企业已经步入了“企业公民”这一全新竞争阶段。随之而来的是，社会责任已经成为对一流企业“高标准、严要求”的公认指标。从 1999 年美国推出“道琼斯可持续发展指数”，到 2001 年英国的 Footsie for Good 指数，再到澳大利亚推出的 Repu Tex 指数，国际社会已经越来越看重企业社会责任，并加以量化。世界经济论坛更是放言，具有社会责任感是决定企业能否在全球化运作中取得成功的决定性因素之一。事实上，越来越多的企业实践和众多的研究成果充分说明，在社会责任和企业绩效之间存在正向关联度，企业完全可以将社会责任转化为实实在在的竞争力。

目前对于企业是否需要承担社会责任的问题基本上已经得到解决，企业承担相应的社会责任已经成为全社会的共识。而当前的问题是企业如何将承担社会责任与其生存发展结合起来，探讨企业社会责任如何影响企业的竞争优势有着重要意义。不少学者从企业社会责任对财务绩效影响的角度来进行理论与实证研究，但并没有达成一致意见，他们得到不同结论。这意味着企业社会责任与企业财务绩效之间不是简单的正相关或负相关关系。两者之间可能还存在着一些重要的影响因素，或者存在着中介变量发生作用。同时，企业财务绩效是企业过去经营结果的经济性反映，并不能完全反映企业的经营优劣情况，不能反映企业经营活动的社会性，因此不能代表企业活动的全部成果。而且，企业获得良好的当期财务绩效并不必然导致未来也能获得持续的财务优势。因此，仅仅从与财务绩效的关系视角来研究企业社会责任是有失偏颇的，不能全面认识企业社会责任对企业发展的影响。

作为财务绩效指标的补充，也有学者将企业社会责任与企业的声誉、吸引人才等联系起来。但现阶段关于企业社会责任对竞争优势影响的研究都是零散、不系统的，仅仅是从某一视角或通过案例来说明企业社会责任对竞争优势有提升作用，而两者深层次的作用机理、作用方式仍然不明。因此，研究企业社会责任之间作用关系及企业社会责任通过何种方式以及如何作用于企业竞争优势，对于企业社会责任理论和企业竞争优势理论的进一步深化和扩展可以提供桥梁作用，也可为企业承担企业社会责任提供实践指导作用。

一、企业公民战略对竞争优势的负向作用

企业公民意味着对企业社会责任的主动承担和追求，必然会增加企业的成本，对企业产生一定的不利，但从现实的环境发展要求以及企业战略的角度来研究企业承担社会责任对企业是有着长远利益的。企业承担社会责任必然会产生一些不利影响，这也是当前许多人不支持企业承担社会责任的理由，这些理由主要有：

（一）短期内增加成本

企业实施企业公民战略必定会增加成本。比如，为了给员工提供安全、舒适的工作环境，企业就要增加对安全设施和工作设施的投入，实行员工最低工资保障，为员工提供各种保险、进行培训，注意环境保护，购买、安装环保设备，使用更严格的产品标准等都会在短期内增加企业的成本。如果企业的产品价格保持不变，就会对企业造成较大的压力。

（二）企业发展目标迷失

当社会或企业过多地强调企业的社会责任时，有可能造成企业发展目标的迷失。早期企业的目标是追求利润最大化，企业目标明确。现在企业要注重社会责任，如果不能很好地处理企业社会责任的范围和对谁承担责任以及承担责任的程度，企业就会迷失发展目标，更甚至于影响企业的利润。比如，美国控制数据公司在20世纪80年代过度关注社会责任就导致公司从盈利变为亏损。

（三）企业发展速度受影响

发达国家企业在发展初期不承担企业责任，其营利用于积累，加快了企业的发展速度，我国企业现阶段处于发展初期，许多企业资本实力还不够雄厚，此时要求我国企业承担社会责任必然会影响到原始积累，从而影响企业发展速度，也会对国民经济的发展产生影响。

（四）削弱劳动力竞争优势

现阶段，我国吸引外资的一个重要原因是劳动力优势，如果要求企业承担较高的社会责任，那么我国劳动力优势就会大打折扣甚至可能会丧失，对外资的吸引力将有所降低，跨国公司也会担心其分包商不能达标而不愿来我国投资，从而对我国吸引外资产生消极作用。再有，我国服装、纺织、制鞋等劳动力密集行业在国际竞争中主要依靠劳动力优势，许多企业还存在着工作时间较长、职工福利较低、生活环境较差等现象，即使这样，这些企业利润空间也较小，抗风险能力较弱。如果要求这些企业承担过高的社会责任，不仅要大幅度提高职工工资，而且还要加大投入力度，改善企业生产经营环境，这样，就必然大大增加企业的成本，削弱国内企业特别是中小企业的出口竞争力。

二、企业公民战略对企业竞争优势的正向作用

（一）有助于建立良好的企业文化

独特的企业文化是一个企业核心竞争力的重要构成因素。这不仅是指在浅层次上，企业要遵守劳动法规，保障员工的人权、自由，利益不受侵害等，而且要求切实履行社会责任，回归到“人”作为经济社会的主体，一切经营管理活动都要围绕人的利益做文章，找到利益相关方群体的利益最大化这个结合点，去制定和实施企业的经营战略，使企业内部和谐一致，并融入外部社会。对内要改善工作条件，建立起良好的激励分配机制，形成相互尊重、平等沟通的氛围，培养员工的归宿感和忠诚度；还要尊重员工的个性，才能管理好日益差异化的员工队伍；企业公民主动承担社会责任有利于在企业中形成“感恩”文化，会激发出超越制度的道德力量，会使企业的凝聚力大增和内部交易成本大减。对外，做一个社区的合格公民，量力而行，积极参加一切与人有关的公益事业，如助学、赈灾。

（二）有助于树立品牌、提升声誉

现代消费者消费时从注重产品逐渐转变到越来越重视服务，不

仅关心产品本身的质量，还关心企业的信誉、形象。一个负责任的企业是不会把不合格的产品制售给它的利益相关者——消费者的。做到这一点还远远不够。随着买方市场的形成，一方面消费者会越来越重视品牌。另一方面拥有品牌的企业会获得更高利润。品牌从何而来？从对利益相关者的增值服务而来,从企业承担起社会责任而得。从产品的设计开始，就要注重用户的价值，产品的方便性、实用性，关心产品的生产、包装运输，关心产品的社会影响。企业都参与哪些社会公益事业或活动，同样会留给消费者深刻的印象，对于培育潜在消费者或品牌忠诚度，以及提升产品的美誉度都至关重要。提倡社会责任、争做优秀企业公民不仅仅可以提升企业社会形象，更能获得进入国际市场的通行证，提升企业的长期盈利能力。正如星巴克的首席执行官奥林·史密斯（Orin Smith）所言，星巴克的最大成就之一，就是说服顾客支付 3 美元的高价购买一杯“有社会责任的咖啡”。同样的，杜邦公司之所以能从一个总资产仅为 36 000 美元的火药小作坊，茁壮成长为年销售收入超过 240 亿美元的跨国巨头，公司对企业社会责任的重视功不可没。

而且，实证研究表明，相对于竞争者而言，企业的社会责任活动能对企业的形象与声誉产生积极的影响，可以形成企业难以被复制的重要竞争优势。尤其在市场竞争激烈、产品同质化较明显、产品差异化较小的情况下，良好的社会责任形象与声誉成了企业吸引消费者，保持员工忠诚，管理其他利益相关者群体，并最终战胜竞争对手的重要手段。

企业利益相关者对企业声誉的评价，对竞争优势的获得起到什么作用？许多学者分别从企业履行慈善责任、环境责任、客户责任等方面提出企业社会责任对企业声誉、形象有正面的影响，进而影响了企业竞争优势。

Fombrun 和 shanley（1990）的研究显示，企业社会责任（以公司的慈善捐款和慈善基金来衡量)对公司声誉评价具有正面的影响。Fombrun、Gardberg 和 Bamett（2000）将企业社会责任视为一种声望、荣誉资本的积累，认为这种声望、荣誉资本也可以反过来有助于企业经济效益的提高。Amit 和 Schoemake（1993）提出，企业慈善可能提升企业的品牌或者声誉，品牌和声誉是企业的重要无形资源，且是异质的，与企业竞争优势有着密切的关系。Williams 和 Barrett（2000）证实了公司参与慈善活动对企业声誉有提高作用。Russo 和 Fouts（1997）发现高的企业环境质量给企业带来两种无形资源，一是可以对顾客购买产生影响的环境控制声誉，二是企业的政治影响资产，即企业影响公共政策制定的能力。

（三）促进创新

通常，企业创新能力是指企业运用自身技术与资源建立新科技与产品的新方法或者程序，能较好地回应客户需求。企业创新能力主要包括产品创新能力、生产过程创新能力以及管理创新能力。

企业承担社会责任在短期内将增加支出，而处于激烈竞争的市场中往往难以通过提高产品价格来弥补该支出，很多企业反而要通过降低价格来提高市场份额。在此压力下，企业只有通过不断进行产品创新、管理创新等，来提高技术水平，提高产品质量，不断推出新产品，才能在竞争中立足。如果企业确立了对其利益相关者如客户、社区、自然环境等履行社会责任的战略，则会不断地改进生产工艺，开发新的生产技术，生产更优质、低成本、安全、环保的产品，从而助于提高企业创新水平（Luetkenhorst，2004）。企业创新能力是企业获取竞争优势的有力保障，通过创新能在竞争中赢得先机，并获得超额利润。也就是说，企业履行社会责任可以通过关注对各利益相关者的利益与要求来推动其创新，从而获得竞争优势。

我国的企业和企业家，整体来说已经成功走过了开创基业的历史阶段，面临企业如何跨越发展的障碍，实现持续性经营的挑战。正确理解新的环境下，有关企业、企业的社会责任的深刻内涵，有助于企业家确立正确的发展战略，跃上新的发展轨道。比如，过去的市场机遇等，的确为完成原始积累助了一臂之力，市场规范了，甚至成为公众公司、跨国公司后，如何经营管理实现良好业绩，需要认真学习和思考。学会分享和合作，才能加速企业的行业整合和国际化进程，应对巨大的竞争对手。而这一切，尽可在企业社会责任里找到答案。只要我们的企业家认同了企业是利益相关方的企业，企业只有在履行其社会责任中才能实现永续经营，那么，就会不断创新经营管理，提升企业的核心竞争力，实现基业常青。

（四）提升财务业绩

事实胜于雄辩。道琼斯可持续发展指数的金融分析师发现，与那些丝毫不考虑社会和环境影响的公司相比，那些充分考虑了上述因素的公司的股票业绩更佳。Innovate Strategic Value Advisors 公司也发现，对那些拥有卓越“环境绩效”（environmental performance）的公司而言，它们的财务绩效同样不俗！

此外，2002 年美国 De Paul 大学的 Curtis C. Verschoor 教授和 Elizabeth Murphy 副教授也进行了一项专门针对企业社会责任与财务业绩的研究。该研究将《商业伦理》杂志（Business Ethics）评出的 100 家“最佳企业公民”（基于企业对股东、员工、客户、社区、环境、海外投资者、女性与少数民族这七大利益相关者群体提供服务的定量评估）与“标准普尔（S&P）500 强”中其他企业的财务业绩进行比较。基于 1 年和 3 年的整体回报率、销售增长率和利润增长率，以及净利润率和股东权益报酬率这八项统计指标，得出结论：“最佳企业公民”的整体财务状况要远远优于标准普尔 500 强的其他企业，前者的平均得分要比后者的平均值高出 10 个百分点。

（五）降低运营成本

如今，众多企业整天绞尽脑汁，苦苦思索如何开源节流，实际上，以杜邦和 3M 为代表的“企业公民”早已另辟蹊径，从防患于未然入手，把预防污染放在第一位，有效地解决了这一难题。

杜邦的员工都铭记这句名言：“尽量不要在地球上留下脚印。”这句话有两层含义：一是尽量少用不可再生的资源；二是所有排放物尽量减少到最低限度，不对环境造成伤害。因此废料减量和资源再生利用成为杜邦环境管理的重点。如今，环境保护不再只被消极地理解为只会增加企业的运营成本，而是被视为能够产生效益的行业。

1975 年，3M 公司开始力推“3P”（Pollution Prevention Pays）计划，从污染源头——产品和生产过程抓起，重新规划产品，改善生产流程，重新设计生产设备，对废料进行循环利用。由工程师、生产专家、实验室人员组成的“3P”统筹委员会，专门管理“3P”计划，对符合标准的项目予以审批通过，并奖励那些体现出技术创新的项目。3M 公司的全球雇员群策群力，共发起了近 5 000 个“3P”项目。截至 2002 年，3M 公司共节约了 8.94 亿美元。除了上述显性的成本节约之外，“3P”计划还降低了与污染相关的事故和法律纠纷的发生几率，保护了员工的身体健康，让员工更多地参与决策，并进一步强化了创新文化。

（六）提高销售量和顾客忠诚度

众多的研究成果显示：企业越是注重社会责任，其产品和服务就越有可能获得更大的市场份额。现在的顾客，特别是欧美顾客，社会意识逐步加强，不单单注重产品的价格、质量、安全、便利等，更关心产品是如何生产出来的。对于消费者来说，接受一件由剥削童工、妇女或囚犯所制造出来的商品已变得不可思议。

2003 年，Hill、Knowlton 和 Harris 利用互动式问卷调查的结果显示，当美国人了解到一个企业在社会责任方面有消极举动时，高达 91%的人会考虑购买另一家公司的产品或服务，85% 的人会把这方面的信息告诉他的家人、朋友，83% 的人会拒绝投资该企业，80% 的人会拒绝在该公司工作。

（七）构筑人才高地

在知识经济时代，人力资源成为企业最重要的资源之一。在一定程度上，拥有一流的人才是企业成功的必要因素。

常言道，良臣择主而侍，良禽择木而栖。能力突出的人，往往在工作去向上选择慎重。今天，超过 3/4 的美国人在找工作时会考虑未来雇主的社会形象。只有在开放创新、符合社会道德规范的企业中，士气才会高涨，员工才能真正为自己所从事的事业感到由衷的自豪，才会全身心地投入到企业的发展中，尽情释放自己的能量和光泽。

经常参与到社会责任事业中的企业，相比而言更具知名度，更易获得人们的好感，当然也更易招聘到并留住优秀人才。由此带来的好处是节省了管理费用，以及相关的招聘和培训费用。即使在人才相对过剩，好工作不是轻而易举就能找到的今日，相当一部分人仍会把企业的社会责任作为衡量企业是否合适的一把尺子。比如，1999 至 2001 年间 Aspen 学院开展的一项社会创新研究表明，超过一半的 MBA 学生在发现自己的价值观与所供职公司的发生冲突时，他们会选择另谋高就。

（八）降低监管力度和市场壁垒

以种种行为证明自己切实遵守政府法规的企业，常常能被国家或当地政府给予更多的自由。在美国，国家和州级环境监管部门都有正式的规划，对积极采取措施减少对环境、健康和安全影响的企业给予认可和奖励。而且这些企业面临的检查和程序性工作都会减少，在向政府提出申请时甚至能获得一些优惠。美国联邦判决指导方针规定，如果企业能证明它将社会责任落到实处，并且实行了有效的道德规范计划的话，针对该企业的处罚和罚款就会减少甚至完全没有。

（九）有助于危机处理

荷兰危机管理专家 Rosenthal（1991）对危机下的定义是“对一个社会系统的基本价值和行为准则框架产生严重威胁，并在时间压力和高度不确定性情况下，必须对其做出关键决策的事件”。Barton (1993) 将危机视为是“一个会引起潜在负面影响的具有不确定性的事件，这种事件及其后果可能对企业及其员工、产品、服务、资产和声誉造成巨大的损害”。国内危机管理专家薛澜（2003）等认为，

"危机"通常是决策者的核心价值观念受到严重威胁或挑战，有关信息很不充分，事态发展具有高度不确定性和需要迅捷决策等不利情境的汇聚。

有研究表明，企业主动积极地对社会问题作出反应、主动承担社会责任，对于提升其社会形象、促进经济绩效有着积极作用（Brenda E Joyner etc.，2002；peter A Stanwick，Sarah D Stankwick，1998；Bernadette M Ruf，2001）。也就是说，企业对其利益相关者履行社会责任有助于降低危机发生的可能性，或者在万一发生危机事件时，能有效化解，尽快平息事件，最大限度减少损失。反之，企业无视社会责任的存在将招致相应的惩罚。如 2008 年爆发的含三聚氰胺的"毒奶粉"事件，给整个乳品行业带来沉重打击。其中，首要责任人三鹿集团由于其生产过程中未履行对客户最基本的责任，同时在事件发生后也未能及时主动地承担起对客户生命安全的责任，以及对公众披露真实信息的责任，三鹿集团且在已经发现本企业产品存在重大质量问题后仍然不及时召回问题产品，而是听之任之继续让其在市面流通，危害广大客户的生命安全，结果真相大白，危机最终来临。该危机事件暴露了平时忽视客户责任的企业在危机来临时手足无措，难以化解危机、走出困境，在经济上和声誉上都受到了重创，长期难以恢复。

企业只有在平时注重履行对各利益相关者的责任，将社会责任理念根植于企业核心文化价值观中，才能尽可能减少或避免出现诸如产品与服务质量问题的重大危机事件，即使在个别环节由于疏忽而造成疏漏，但如果能积极主动地承担责任，也能获得利益相关者的谅解与支持，顺利渡过难关，甚至化"危"为"机"。如美国强生公司在 1982 年泰诺药片中毒事件中由于能及时承担责任，"选择了一种自己承担巨大损失而使他人免受伤害的做法"(《华尔街日报》)，首先考虑公众和消费者利益，不惜花巨资在最短时间内向各大药店收回了所有的数百万瓶这种药，并花 50 万美元向有关的医生、医院和经销商发出警报，最终强生公司顺利渡过危机，很快夺回原来市场，并且获得了更好的声誉。

可见，积极主动地履行社会责任可使企业尽可能地减少发生危机事件的概率，即使在面对危机时，履行社会责任的企业往往能获得利益相关者的同情与信任，能化险为夷，甚至通过处理危机事件反而获得声誉的提升、管理能力的提高等好处。

传统上，中国企业一直习惯于追求短期经济效益的快速增长，忽视了“企业伦理道德”的长期建设，忽视了社会责任标准认证。然而，当越来越多的中国企业“走出去”，面对一个个陌生的社会责任标准时，他们就会意识到通过这些社会责任标准认证是多么重要。它不仅能让我们获得一张张进入国际市场的通行证，巧妙突破种种贸易壁垒和市场壁垒，变天堑为通途，而且对于快速提升企业品牌形象能起到关键的作用。例如，SA8000 标准作为全球第一个可用于第三方认证的社会责任管理体系标准，任何企业或组织可以通过该项认证，向客户、消费者和公众展示其良好的社会责任表现和承诺。所以，唯有真心、耐心、全心全意承担好社会责任的企业才能在残酷的全球化竞争年代，获得长远的利益，与社会共同发展，成就长青基业。通过上述的分析，我们可以看出，企业实施企业公民战略对企业的竞争力提升利大于弊，而且在我国企业国际化的进程中，企业公民战略是中国企业“走出去”，融入国际舞台的必然战略。

参考文献

[1] 曹沛霖. 政府与市场[M]. 杭州：浙江人民出版社，1998.

[2] 曹正汉. 无形的观念如何塑造有形的组织——对组织社会学新制度学派的一个回顾[J]. 社会，2005（3）.

[3] 常凯. WTO、劳工标准和劳工权益保障[J]. 中国社会科学，2002（1）.

[4] 常凯. 经济全球化与企业社会责任运动[J]. 工会理论与实践，2003（8）.

[5] 陈斌. 经济全球化进程中中国企业社会责任营销研究——在SA8000框架下[J]. 重庆社会科学，2004（2）.

[6] 陈宏辉. 企业利益相关者的利益要求：理论与实证研究[M]. 北京：经济管理出版社，2004.

[7] 陈李宏. 我国企业社会责任探析[J]. 广西社会科学，2002（6）.

[8] 陈立勇，曾德明. 企业的利益相关者、绩效与社会责任[J]. 湖南社会科学，2002（6）.

[9] 陈留彬. 中国企业社会责任理论与实证研究[D]. 济南：山东大学，2006.

[10] 陈荣耀. 企业伦理[M]. 上海：华东师范大学出版社，2001.

[11] 陈剩勇，何包钢. 协商民主的发展：协商民主理论与中国地方民主国际学术研讨会论文集[M]. 北京：中国社会科学出版社，2006.

[12] 陈恕祥，杨培雷. 当代西方发达国家劳资关系研究[M]. 武汉：武汉大学出版社，1998.

[13] 陈永森. 告别臣民的尝试——清末民初的公民意识与公民行为[M]. 北京：中国人民大学出版社，2004.

[14] 陈泽环．社会主义的市民伦理和公民伦理[J]．江西社会科学，1994（3）．

[15] 陈志坚．SA8000：企业牵手社会责任[J]．企业改革与管理，2004（10）．

[16] 程多生．企业社会责任是中国企业面临的新课题[N]．中国企业报，2004-09-24.

[17] 程恩富，彭文兵．企业研究：一个新经济社会学的视角[J]．江苏行政学院学报，2002（2）．

[18] 程伟庆．M 型企业组织结构的日、美比较[J]．现代日本经济，1999（5）．

[19] 仇书勇．论公司社会责任与公司外部治理的完善[J]．北方工业大学学报，2003（4）．

[20] 楚永生．利益相关者理论最新发展理论综述[J]．聊城大学学报：社会科学版，2004（2）．

[21] 邓正来，[美]杰弗里·亚历山大．国家与市民社会——一种社会理论的研究路径[M]．增订版．上海：上海人民出版社，2006.

[22] 邓正来．市民社会理论的研究[M]．北京：中国政法大学出版社，2002.

[23] 邓正来．国家与市民社会——一种社会理论的研究路径[M]．北京：中央编译出版社，1999.

[24] 董军．论企业社会责任[D]．南京：东南大学，2007.

[25] 杜询诚．民族资本主义与旧中国政府（1840—1937）[M]．上海：上海社会科学院出版社，1991.

[26] 段淳林．试论经营伦理与企业的社会责任[J]．华南理工大学学报，2000（6）．

[27] [美]乔治·恩德勒．面向行动的经济伦理学[M]．高国希，等，译.上海：上海社会科学院出版社，2002.

[28] 冯涛，鲁政委．虚拟企业的契约特征及其治理[J]．财经理论与实践，2003（5）．

[29] 冯涛. 体制转轨中的非正式制度安排问题[J]. 当代经济科学, 1996（6）.

[30] 甘碧群，曾伏娥. 企业营销行为的道德感知与测度：消费者视角[J]. 管理世界，2004（7）.

[31] 高丙中，袁瑞军. 中国公民社会发展蓝皮书[M]. 北京：北京大学出版社，2008.

[32] 高丙中. 民间文化与公民社会[M]. 北京：北京大学出版社，2008.

[33] 高强，陈英存. 从公共选择的角度看企业伦理与企业社会责任对社会福利的贡献[J]. 经济师，2002（11）.

[34] 高兆明. 中国市民社会论稿[M]. 徐州：中国矿业大学出版社，2001.

[35] 古丽娜，张双武. 公司社会责任、利益相关者和公司绩效研究[J]. 西北民族大学学报：哲学社会科学版，2004（3）.

[36] 顾成敏. 公民社会与公民教育[M]. 北京：知识产权出版社，2008.

[37] 何增科. 公民社会与第三部门[M]. 北京：社会科学文献出版社，2000.

[38] 何增科. 公民社会与民主治理[M]. 北京：中央编译出版社，2007.

[39] 侯若石. 现代公司制度的弊病与企业社会责任[J]. 开放导报，2004（1）.

[40] 侯一夫. 中国公民社会的发育——现状、问题与前景[D]. 北京：中共中央党校，2009.

[41] 胡钢. 产业集群环境下的企业利益相关者分析[J]. 中国经济问题，2003（6）.

[42] 胡祥. 近年来治理理论研究综述[J]. 毛泽东邓小平理论研究，2005（3）.

[43] 黄长玲. 全球化与国际劳动人权[J]. 欧美季刊，2003（1）.

[44] 贾生华，陈宏辉. 利益相关者的界定方法评述[J]. 外国经济与管理，2002，24（5）.

[45] 姜启军，贺卫. SA8000 认证与中国企业发展[J]. 中国工业经济，2004（10）.
[46] 蒋红. 马克思市民社会理论研究[M]. 北京：人民出版社，2007.
[47] 蒋明新. 人力资源开发与管理[M]. 2 版. 成都：西南财经大学出版社，2003.
[48] 金东日. 合理性与合法性：现代化的两块基石[J]. 南开学报：哲学社会科学版，2005（3）.
[49] 康晓光. 权力的转移——转型时期中国权力格局的变迁[M]. 杭州：浙江人民出版社，1999.
[50] 科斯，等. 契约的经济学[M]. 北京：经济科学出版社，2000.
[51] 劳动科学研究所课题组. 企业社会责任运动应对策略研究[J]. 中国劳动，2004（9）.
[52] 雷良海. 现代企业的新一轮竞争目标——社会责任[J]. 中国改革，1998（6）.
[53] 黎精明. 关于我国企业社会责任会计信息披露问题的研究[J]. 武汉科技大学学报：社会科学版，2004，6（3）.
[54] 黎友焕. SA8000 与中国企业社会责任建设[M]. 北京：中国经济出版社，2004.
[55] 黎友焕. 国内外 SA8000 进程及新趋势分析[J]. WTO 经济导刊，2004（7）.
[56] 李翀. 论社会分工、企业分工和企业网络分工——对分工的再认识[J]. 当代经济研究，2005（2）.
[57] 李德顺，马俊峰. 价值论研究[M]. 西安：陕西人民出版社，2002.
[58] 李佃来. 公共领域与生活世界[M]. 北京：人民出版社，2006.
[59] 李东红. 企业组织结构变革的历史、现实与未来[J]. 清华大学学报：哲学社会科学版，2000（3）.
[60] 李惠斌，薛晓源. 全球化与公民社会[M]. 桂林：广西师范大学出版社，2003.
[61] 李立清，李燕凌. 企业社会责任研究[M]. 北京：人民出版社，2005.

[62] 李立清. SA8000 引领人本管理新时代[J]. 企业改革与管理，2005（2）.

[63] 李敏，曾国军. 跨国公司在华投资策略及中国企业的应对措施研究进展[J]. 管理世界，2004（8）.

[64] 李培煊. 管理学[M]. 北京：中国铁道出版社，1999.

[65] 李时敏，李建军. 论公司的社会责任[J]. 东北财经大学学报，2003（2）.

[66] 李心合. 面向可持续发展的利益相关者管理[J]. 当代财经，2001（1）.

[67] 厉以宁. 经济学的伦理问题[M]. 北京：生活·读书·新知三联书店，1995.

[68] 梁能. 公司治理结构：中国的实践与美国的经验[M]. 北京：中国人民大学出版社，2000.

[69] 梁小民. 积极应对 SA8000 认证[N]. 深圳商报，2003-12-05.

[70] 林光. 企业生产运行管理[M]. 北京：清华大学出版社，2006.

[71] 林火旺. 正义与公民[M]. 长春：吉林出版集团有限责任公司，2008.

[72] 林军，杨齐. 企业公民理论与企业管理变革[M]. 兰州：甘肃文化出版社，2008

[73] 刘德福. 思考中国[M]. 南昌：江西人民出版社，2000.

[74] 刘德福. 中国大势[M]. 济南：山东人民出版社，2004.

[75] 刘继峰，吕家毅. 企业社会责任内涵的扩展与协调[J]. 法学评论，2004（5）.

[76] 刘俊海. 公司的社会责任[M]. 北京：法律出版社，1999.

[77] 刘连煌. 公司治理与公司社会责任[M]. 北京：中国政法大学出版社，2001.

[78] 刘明合. 交往与人的社会发展：基于马克思主义的视角[M]. 北京：中央编译出版社，2008.

[79] 刘明珍. 公民社会与治理转型——发展中国家的视角[M]. 北京：中央编译出版社，2008.

[80] 刘庆雪，何仲坚. 论企业社会责任与市场竞争能力关系[J]. 企业经济，2005（4）.
[81] 刘文富. 全球化背景下的网络社会[M]. 贵阳：贵州人民出版社，2001.
[82] 刘志坚. 管理学：原理与案例[M]. 广州：华南理工大学出版社，2002.
[83] 卢代富. 企业社会责任的经济学和法学分析[M]. 北京：法律出版社，2002.
[84] 鲁品越. 社会组织学原理与中国体制改革[M]. 北京：中国人民大学出版社，1992.
[85] 罗宾斯. 管理学[M]. 5版. 北京：中国人民大学出版社，1997（4）.
[86] 罗仲伟，罗美娟. 网络组织对层级组织的替代[J]. 中国工业经济，2001（6）.
[87] 马长山. 国家、市民社会与法治[M]. 北京：商务印书馆，2002.
[88] 马风光. 企业的社会责任模式论[J]. 福建论坛，2000（9）.
[89] [德]马克思，恩格斯. 马克思恩格斯全集[M]. 北京：人民出版社，1995.
[90] 中共中央马克思恩格斯列宁斯大林著作编译局. 马克思恩格斯选集：第1-4卷[M]. 北京：人民出版社，1995.
[91] 马敏. 官商之间——社会巨变中的近代绅商[M]. 天津：天津人民出版社，1995.
[92] 马伊里，杨团. 公司与社会公益[M]. 北京：华夏出版社，2002.
[93] 麦影. 企业社会责任对竞争优势影响的实证研究[D]. 广州：暨南大学，2010.
[94] 毛海强，姚莉萍. 公司社会责任（CSR）：人力资源管理的新领域[J]. 武汉冶金管理干部学院学报，2005（2）.
[95] 米尔顿·弗里德曼. 弗里德曼文萃[M]. 北京：北京经济学院出版社，1991.

[96] 南开大学公司治理研究中心公司治理评价课题组.中国上市公司治理指数与治理绩效的实证分析[J]. 管理世界，2004（2）.
[97] 宁凌. 企业社会责任的经济、社会学分析及中国企业的社会责任[J]. 南方经济，2000（6）.
[98] 裴山，戴立贤. 社会责任国际标准——SA8000 简介[J]. 认证纵横，2000.
[99] 彭志源. SA8000 企业社会责任国际标准实施认证指南[M]. 银川：宁夏大地音像出版社，2003.
[100] 戚攻，邓新民. 网络社会学[M]. 成都：四川人民出版社，2001.
[101] 钱书法. 劳动分工深化、产业组织演进与报酬递增[J]. 马克思主义与现实，2003（6）.
[102] 秦晖. 全球化进程与入世后的中国第三部门[N]. 南方周末，2002-08-29.
[103] 秦颖，高厚礼. 西方企业社会责任理论的产生与发展[J]. 江汉论坛，2001（7）.
[104] 秦撞. 全球化和世贸[J]. 中国与世界，2000（3）.
[105] 清华大学 NGO 研究所主办：中国非营利评论：第二卷[M]. 北京：社会科学文献出版社，2008.
[106] 清华大学 NGO 研究所主办：中国非营利评论：第一卷[M]. 北京：社会科学文献出版社，2007.
[107] 邱婕. 国际劳工标准研究综论[J]. 中国劳动，2004（5）.
[108] 屈晓华. 企业社会责任演进与企业良性行为反应的互动研究[J]. 管理现代化，2003（5）.
[109] [美]塞缪尔·亨廷顿：第三波世纪后期民主化浪潮[M]. 上海：上海三联书店，1998.
[110] 佘云霞. 谁需要 SA8000[J]. 工会理论与实践，2004，18（6）.
[111] 沈俊. 企业承担社会责任问题的再探讨[J]. 武汉理工大学学报，2003（2）.

[112] 沈艺峰，沈洪涛. 相关利益者理论研究传统之探讨[J]. 中国经济问题，2003（2）.

[113] 石友蓉. 企业承担社会责任成本与可持续发展战略[J]. 武汉大学学报，2002（5）.

[114] 宋希仁. 论伦理关系[J]. 中国人民大学学报，2000（3）.

[115] 孙君衡等. 当代企业伦理学[M]. 合肥：安徽人民出版社，1997.

[116] 孙晓莉. 多元社会治理模式探析[J]. 理论导刊，2005（5）.

[117] 孙晓莉. 中国现代化进程中的国家与社会[M]. 北京：中国社会科学出版社，2001.

[118] 谭深，刘开明. 跨国公司的社会责任与中国社会[M]. 北京：社会科学文献出版社，2003.

[119] 田虹. 企业社会责任及其推进机制[M]. 北京：经济管理出版社，2006.

[120] 田田，李传峰. 论利益相关者理论在企业社会责任研究中的作用[J]. 江淮论坛，2005（1）.

[121] 田永峰. 制度环境变量条件下的企业共同治理机制[J]. 财经科学，2003（S1）.

[122] 万俊人. 现代公共管理伦理导论[M]. 北京：人民出版社，2005.

[123] 汪晖，陈燕谷. 文化与公共性[M]. 北京：生活·读书·新知三联书店，1998.

[124] 王端民，孙林岩，汪应洛. 适应新型生产方式的企业组织结构变革[J]. 工业工程，2000（3）.

[125] 王关义，何志勇. 公司治理结构中的利益相关者纳入[J]. 企业改革与管理，2004（10）.

[126] 王锦塘，等. 美国现代大企业与美国社会[M]. 武汉：武汉大学出版社，1995.

[127] 王名. 中国民间组织 30 年——走向公民社会[M]. 北京：社会科学文献出版社，2008.

[128] 王南湜. 社会哲学[M]. 昆明：云南人民出版社，2001.

[129] 王锡锌. 公众参与和行政过程——一个理念和制度分析的框架[M]. 北京：中国民主法制出版社，2007.
[130] 王新生. 市民社会论[M]. 南宁：广西人民出版社，2003.
[131] 王岩. 中外政治哲学研究[M]. 北京：世界知识出版社，2004.
[132] 王治河. 当代西方的“企业社会责任运动”[J]. 人民论坛，2001（7）.
[133] 温太璞. 当代国际分工的变化和竞争优势的来源[J]. 经济师，2001（7）.
[134] 吴照云，等. 管理学[M]. 北京：经济管理出版社，2000.
[135] 伍俊斌. 公民社会建构的基础理论研究[D]. 北京：中共中央党校，2007.
[136] 夏恩君. 关于企业社会责任的经济学分析[J]. 北京理工大学学报：社会科学版，2001（1）.
[137] 夏小林. 私营部门：劳资关系及协调机制[J]. 管理世界，2004（6）.
[138] 辛杰. 企业社会责任研究[D]. 济南：山东大学，2009.
[139] 徐超，陈继祥. 战略性企业社会责任的评价[J]. 上海企业，2005（5）.
[140] 徐大同. 现代西方政治思想[M]. 北京：人民出版社，2003.
[141] 徐国华，张德，赵平. 管理学[M]. 北京：清华大学出版社，2001.
[142] 徐伟新. 社会主义社会发展动力论[M]. 北京：中央党校出版社，1988.
[143] 徐向艺. 现代公司组织与管理[M]. 北京：经济科学出版社，1999.
[144] 许文彬. 经济学中的达尔文主义：背离与复归[J]. 南开经济研究，2004（4）.
[145] 颜志刚. 业绩二棱镜：一种以利益相关者为中心的业绩评价体系[J]. 企业经济，2004（6）.
[146] 杨农，等. 西方企业的社会责任论[J]. 外国经济与管理，1988（2）.

[147] 杨齐，等. 企业战略管理[M]. 兰州：兰州大学出版社，2008.
[148] 杨启善. SA8000 社会责任标准的理解与实施[J]. 世界标准化与质量管理，2004（9）.
[149] 杨瑞龙，周业安. 论利益相关者合作逻辑下的企业共同治理机制[J]. 中国工业经济，1998（1）.
[150] 杨瑞龙,周业安.企业的利益相关者理论及其应用[M]. 北京：经济科学出版社，2000.
[151] 杨修发，许刚. 利益相关者理论及其治理机制[J]. 湖南商学院学报，2004，11（5）.
[152] 杨宜勇. 当前中国的失业状况及理性判断[J]. 经济研究参考，1999（4）.
[153] 杨子强. 关于我国开展社会责任活动的思考[J]. 中国标准化，2004（11）.
[154] 姚先国，郭东杰. 改制企业劳动关系的实证分析[J]. 管理世界，2004（5）.
[155] 叶蓬，李权时. 经济伦理学研究[M]. 北京：中央编译出版社，2007.
[156] 叶祥松. 现代企业制度形成的历史考察[J]. 经济评论，1996（1）.
[157] 叶志桂. 分工发展与企业组织结构的演变[J]. 福州大学学报：哲学社会科学版，2002（3）.
[158] 于海. 西方社会思想史[M]. 上海：复旦大学出版社，2008.
[159] 张传有. 西方社会思想的历史进程[M]. 武汉：武汉大学出版社，2005.
[160] 俞可平. 民主与陀螺[M]. 北京：北京大学出版社，2006.
[161] 俞可平. 全球治理引论[J]. 马克思主义与现实，2002（1）.
[162] 俞可平. 市场经济与公民社会——中国与俄罗斯[M].北京：中央编译出版社，2005.
[163] 俞可平. 增量民主与善治[M]. 北京：社会科学文献出版社，2003.

[164] 俞可平. 中国公民社会的制度环境[M]. 北京：北京大学出版社，2006.

[165] 俞可平，等. 中国公民社会的兴起与治理的变迁[M]. 北京：社会科学文献出版社，2002.

[166] 虞政平. 论早期特许公司——现代股份公司之渊源[J]. 政法论坛，2000（5）.

[167] 袁祖社. 权利与自由——市民社会的人学考察[M]. 北京：中国社会科学出版社，2003.

[168] [美]约翰·基恩. 市民社会——旧形象新观察[M]. 王令愉，魏国琳，译. 上海：上海远东出版社，2006.

[169] 曾峻. 公共秩序的制度安排——国家与社会关系的框架及其运用[M]. 上海：学林出版社，2005.

[170] 曾玉梅. 公民社会与网络社会两种理论路径下网络社会交往的结构分析[D]. 武汉：武汉大学，2010.

[171] 张爱国，段云. 基于利益相关者理论的公司治理模式[J]. 特区经济，2004（10）.

[172] 张斌. 企业进化规律研究[D]. 长春：吉林大学，2007.

[173] 张岱年. 中国哲学大纲[M]. 北京：中国社会科学出版社，2008.

[174] 张国良. 传播学原理[M]. 上海：复旦大学出版社，1995.

[175] 张海洋. 中国的多元文化与中国人的认同[M]. 北京：民族出版社，2006.

[176] 张辉. 全球价值链理论与我国产业发展研究[J]. 中国工业经济，2004（5）.

[177] 张继听. 公司社会责任的经济法分析[D]. 太原：山西财经大学，2003.

[178] 张静. 国家与社会[M]. 杭州：浙江人民出版社，1998.

[179] 张兰霞. 企业的社会责任[J]. 企业管理，1999（3）.

[180] 张利国. 论公司的社会责任[J]. 贵州财经学院学报，2003（2）.

[181] 张乃和. 现代公民社会的起源[M]. 哈尔滨：黑龙江人民出版社，2007.

[182] 张勤．中国公民社会组织发展研究[M]．北京：人民出版社，2008．
[183] 张仁侠．现代企业生产管理[M]．北京：首都经济贸易大学出版社，1999.
[184] 张双文，何新民．论利益相关者理论与财务绩效的关系[J]．财经科学，2003（2）．
[185] 张维迎．企业的企业家—契约理论[M]．上海：上海三联书店，上海人民出版社，2003.
[186] 张维迎．企业理论与中国企业改革[M]．北京：北京大学出版社，1999.
[187] 张一驰．人力资源管理[M]．北京：北京大学出版社，2004.
[188] 郑功成，郑宇硕．全球化下的劳工与社会保障[M]．北京：中国劳动社会保障出版社，2002.
[189] 中国企业联合会．共享和谐——解读 SA8000 社会责任体系[M]．北京：企业管理出版社，2004.
[190] 周长征．中国劳动立法与基本国际劳工标准的比较[J]．中国劳工，2004（5）．
[191] 周国银，张少标．SA8000：2001 社会责任国际标准实施指南[M]．深圳：海天出版社，2002.
[192] 周祖城．企业伦理学[M]．北京：清华大学出版社，2005.
[193] 朱富强．分工效率：演进主义的观点[J]．上海经济研究，2004（1）．
[194] 朱富强．协调机制演进和企业组织的起源[J]．学术月刊，2004（11）．
[195] 朱世达，姬虹．美国市民社会研究[M]．北京：中国社会科学出版社，2005．
[196] 朱文敏，陈小愚．企业社会责任：企业战略性公关的基点[J]．当代财经，2004（8）．
[197] 宗晓兰．企业公民：理论探索与经验研究[D]．苏州：苏州大学，2005.

[198] 祖良荣. 欧洲公司治理体制与企业社会责任重组[J]. 产业经济研究，2004（5）.

[199] [德]哈贝马斯. 公共领域的结构转型[M]. 曹卫东，译. 上海：学林出版社，2004.

[200] [德]哈贝马斯：交往行为理论[M]. 重庆：重庆出版社，1989.

[201] [德]汉斯·彼得·马丁，哈拉尔特·舒曼. 全球化陷阱[M]. 北京：中央编译出版社，1998.

[202] [德]黑格尔：法哲学原理[M]. 范扬，张企泰，译. 北京：商务印书馆，1979.

[203] [德]黑格尔：精神现象学[M]. 北京：商务印书馆，1983.

[204] [德]黑格尔. 历史哲学[M]. 北京：商务印书馆，1979.

[205] [德]黑格尔. 小逻辑[M]. 北京：商务印书馆，1980.

[206] [德]康德. 实践理性批判[M]. 北京：商务印书馆，1960.

[207] [德]马克斯·韦伯. 经济与社会[M]. 林荣远，译. 北京：商务印书馆，1997.

[208] [德]马克斯·韦伯. 学术与政治[M]. 钱永详，等，译. 桂林：广西师范大学出版社，2004.

[209] [法]卢梭. 社会契约论[M]. 何兆武，译. 北京：商务印书馆，1982.

[210] [法]卢梭. 爱弥尔[M]. 北京：商务印书馆，1991.

[211] [法]孟德斯鸠. 论法的精神[M]. 张雁深，译. 北京：商务印书馆，1961.

[212] [法]托克维尔. 论美国的民主[M]. 董果良，译. 北京：商务印书馆，1997.

[213] [古希腊]柏拉图. 理想国[M]. 郭斌和，张竹明，译. 北京：商务印书馆，2002.

[214] [古希腊]亚里士多德. 尼各马可伦理学[M]. 廖申白，译注. 北京：商务印书馆，2003.

[215] [古希腊]亚里士多德. 政治学[M]. 吴寿彭，译. 北京：商务印书馆，1965.

[216] [美]曼昆. 经济学原理[M]. 北京：机械工业出版社，2005.
[217] [美]J. 范伯格. 自由、权利和社会正义[M]. 王守昌，戴栩，译. 吴福监，陈维政，校. 贵阳：贵州人民出版社，1998.
[218] [美]阿奇·B. 卡罗尔，安·K. 巴克霍尔茨. 企业与社会：伦理与利益相关者管理[M]. 北京：机械工业出版社，2004.
[219] [美]奥斯特罗姆. 流行的狂热抑或基本概念[A]//曹荣湘. 走出囚徒困境——社会资本与制度分析. 上海：上海三联书店，2003.
[220] [美]鲍伊. 经济伦理学：康德的观点[M]. 夏镇平，译. 上海：上海译文出版社，2006.
[221] [美]彼得·F. 德鲁克. 管理——任务、责任、实践[M]. 北京：中国社会科学出版社，1987.
[222] [美]戴维·波普诺. 社会学[M]. 10版. 李强，等，译. 北京：中国人民大学出版社，1999.
[223] [美]戴维·弗里切. 商业伦理学[M]. 杨斌，译. 北京：机械工业出版社，1999.
[224] [美]哈罗德·孔茨，海因茨·韦里克. 管理学[M]. 北京：经济科学出版社，1993.
[225] [美]哈耶克. 致命的自负[M]. 北京：中国社会科学出版社，2000.
[226] [美]霍顿·库利. 人类本性和社会秩序[M]. 包凡一，等，译. 北京：华夏出版社，1999.
[227] [美]科恩. 论民主[M]. 李柏光，林猛，译. 北京：商务印书馆，2005.
[228] [美]莱斯特·M. 萨拉蒙. 全球公民社会：非营利部门视界[M]. 北京：社会科学文献出版社，2007.
[229] [美]里奇·W. 格里芬. 实用管理学[M]. 上海：复旦大学出版社，1989.
[230] [美]理查德·A. 波斯纳. 法律的经济分析[M]. 北京：中国大百科全书出版社，1997.

[231] [美]林南. 社会资本——关于社会结构与行动的理论[M]. 张磊，译. 上海：上海人民出版社，2005.

[232] [美]罗伯特 · 达尔. 论民主[M]. 李柏光，林猛，译. 北京：商务印书馆，1999.

[233] [美]罗伯特 · 达尔. 民主理论前言[M]. 顾昕，朱丹，译. 北京：三联书店，1999.

[234] [美]马修 ·约瑟逊. 强盗大王：1861—1901 年美国大资本家[M]. 纽约：麦克米伦公司，1934.

[235] [美]乔 · 萨托利. 民主新论[M]. 冯克利，译. 北京：东方出版社，1998.

[236] [美]乔治 ·斯蒂纳，约翰 ·斯蒂纳. 企业、政府与社会[M]. 张志强，王春香，译. 北京：华夏出版社，2002.

[237] [美]塞缪尔 · 亨廷顿. 变化社会中的政治秩序[M]. 王冠华，等，译. 北京：生活 · 读书 · 新知三联书店，2003.

[238] [美]塞缪尔 · 亨廷顿. 文明的冲突与世界秩序的重建[M]. 周琪，等，译. 北京：新华出版社，1999.

[239] [美]斯蒂芬 · P. 罗宾逊. 管理学[M]. 4 版. 北京：中国人民大学出版社，2002.

[240] [美]唐（Tang W. F.）中国民意与公民社会[M]. 胡赣栋，张东峰，译. 广州：中山大学出版社，2008.

[241] [美]托马斯 · 唐纳德森，托马斯 · 邓菲. 有约束力的关系——对企业伦理学的一种社会契约论的研究[M]. 上海：上海社会科学院出版社，2001.

[242] [美]伊安 · 夏皮罗，等. 政治的道德基础[M]. 张秀琴，等，译. 北京：中国人民大学出版社，2001.

[243] [美]约翰 ·罗尔斯. 正义论[M]. 北京：中国社会科学出版社，1998.

[244] [美]约翰 · 罗尔斯. 政治自由主义[M]. 上海：译林出版社，2000.

[245] [美]约翰·罗尔斯. 作为公平的正义——正义新论[M]. 北京：生活·读书·新知三联书店，2002.
[246] [美]列奥·施特劳斯，约瑟夫·克罗波西. 政治哲学史[M]. 李大然，等，译. 石家庄：河北人民出版社，1993.
[247] [美]詹姆斯·W. 汤普逊. 中世纪晚期欧洲经济社会史[M]. 徐家玲，等，译. 北京：商务印书馆，1992.
[248] [美]詹姆斯·布坎南. 自由、市场和国家[M]. 北京：北京经济学院出版社，1989.
[249] [日]木内多知，[美]比尔·舍尔曼. 企业的自然课：从雨林中寻找持续盈利的商业法则[M]. 北京：机械工业出版社，2003.
[250] [意]马基雅维利. 君主论[M]. 潘汉典，译. 北京：商务印书馆，1985.
[251] [英]F. A. 哈耶克. 个人主义与经济秩序[M]. 邓正来，译. 北京：生活·读书·新知三联书店，2003.
[252] [英]F. A. 哈耶克. 自由主义秩序原理[M]. 邓正来，译. 北京：生活·读书·新知三联书店，2003.
[253] [英]阿玛蒂亚·森. 以自由看待发展[M]. 于真，等，译. 北京：中国人民大学出版社，2002.
[254] [英]戴维·米勒，韦农·波格丹诺. 布莱克维尔政治学[M]. 邓正来，等，译. 北京：中国政法大学出版社，1992.
[255] [英]霍布豪斯. 自由主义[M]. 北京：商务印书馆，1996.
[256] [英]霍布斯. 利维坦[M]. 黎思复，黎廷弼，译. 北京：商务印书馆，1985.
[257] [英]洛克. 政府论[M]. 叶启芳，瞿菊农，译. 北京：商务印书馆，1997.
[258] [英]马克·尼奥克里尔斯. 管理市民社会[M]. 陈小文，译. 北京：商务印书馆，2008.
[259] [英]密尔. 论自由[M]. 程崇华，译. 北京：商务印书馆，1982.

[260] [英]威勒 · 西兰琶. 利益相关者公司——利益相关者价值最大化之蓝图[M]. 北京：经济管理出版社，2002.

[261] [英]休谟. 人性论[M]. 北京：商务印书馆，1981.

[262] [英]亚当 · 弗格森. 文明社会史论[M]. 林本椿，王绍详，译. 沈阳：辽宁教育出版社，1999.

[263] [英]约翰 · 麦克里兰. 西方政治思想史[M]. 彭淮栋，译. 海口：海南出版社，2003.

[264] [英]约翰 · 斯图亚特 · 密尔. 论自由[M]. 赵伯英，译. 西安：陕西文化出版社，2009.

[265] Adolf A Berle. Corporate Powers as Powers in Trust[J]. Harvard Law Review，1931.

[266] Adolf A Berle. The 20th century Capitalist Revolution[M]. New York: Harcourt, Brace, 1954.

[267] Amy J Hillman， Gerald D Keim. Stakeholder Value， Stakeholder Management and Social Issue：What's the Bottom Line[J]. Strategic Management Journal，2001.

[268] Archie B Carroll. Stakeholder Thinking in three Models of Management Morality ： A Perspective with Strategic Implications [A] // The Corporation and Its Stakeholders：Classic and Contemporary Readings. University of Toronto Press，1998.

[269] Archie B Caroll. The Pyramid of Social Responsibility : "Toward the Moral Management of Organizational Stakeholders"[J]. Business Horizons，1991（8）.

[270] Archie B Carroll. A three-dimensional conceptual model of corporate performance [J]. Academy of Management Review，1979.

[271] Becker B， Gerhart B. The impact of human resource management on organizational performance : Progress and prospects [J]. Academy of Management Journal，1996（9）.

[272] Bennan, Wicks, Kotha ret al. Does Stakeholder Orientation Matter? The Relationship between Stakeholder Management Models and Firm Financial Performance[J]. Academy of Management Journal, 1999 (10).

[273] Candland, Christopher, RudraSil. The Politics of Labor in a Global Age: Continuity and Change in Late industrializing and Post socialist Economies[M]. Oxford: Oxford University Press, 2001.

[274] Catherine Barnard. EC Employment Law[M]. John Wiley&Sons, 1995.

[275] Chiu Su fen. "Labor Control in Worker's Perspectives."[J]. Journal of Contemporary Asia, 2002, 32 (4) .

[276] Clarkson, Max B E. A risk based model of stakeholder theory[C]. Proceedings of the second Toronto conference on Stakeholder Theory. Toronto: Centre for Corporate Social Performance and Ethics, University of Toronto, 1995.

[277] Clarkson, Max B E. A Stakeholder Framework for Analyzing and Evaluating Corporate Social Performance [J]. Academy Of Management Review, 1995 (20) .

[278] Confederation of British Industry. The Responsibilities of the British Public Company: Financial Report of the Company Affairs Committee[R]. 1973.

[279] D Marsh, G Locksley. Capital in Britain: Its Structural Power and Influence over Policy[J]. West European Politics, 1983 (36) .

[280] D R Dacton, R A Cosier. The Four Faces of Social Responsibility[J]. Business Horizons, 1982 (5) .

[281] D Votaw. Genius Becomes Rare in the Corporate Dilemma: Traditional Values and Contemporary Problems[M]. Prentise Hall: Englewood Cliffs, NJ, 1975.

[282] Donaldson T, Dunfee T W. Integrative Social Contracts Theory: A Communitarian Conception of Economic Ethics[J]. Economics and Philosophy, 1995 (1).

[283] Donaldson T, Dunfee T W. Toward a Unified Conception of Business Ethics: Integrative Social Contracts Theory[J]. Academy of Management Review, 1994 (2).

[284] E Merrick Dodd. For Whom Are Corporate Managers Trustees? [J]. Harvard Law Review, 1932.

[285] E Merrick Dodd. Review of Dimock and Hyde, Bureaucracy and Trusteeship in Large Corporations[J]. University Chicago Law Review, 1942 (9).

[286] E Epstein. The social Role of Business Enterprise in Britain: An American Perspective[J]. The Journal of Management studies, 1977 (7).

[287] Effrey S Harrison, Edward Freeman. Stakeholders, social responsibility and performance: Empirical evidence and theoretical perspectives[J]. Academy of Management Journal, 1999 (10).

[288] European Commission. Promoting a European Framework for Corporate Social Responsibility[R]. 2001.

[289] F A Hayek. The Corporation in a Democratic Society: In Whose Interest Ought It and Will It Be Run? [G] H I Ansoff. Business Strategy. Harmon worth, 1969.

[290] Friedman M. Capital ism and Freedom [M]. Chicago: University of Chicago Press, 1962.

[291] Friedman M. The Social Responsibility of Business is to Increase Its Profits[J]. New York Times Magazine, 1970 (9).

[292] Frooman J. Socially irresponsible and illegal behavior and shareholder wealth: A meta-analysis of event studies [J]. Business&Society, 1997 (9).

[293] Goodpaster K E. Business Ethics and Stakeholder Analysis[J]. Business Ethics Quarterly, 1991.

[294] Gordon White. In search of civil society: Market Reform and Social Change inContemporary China[M]. Oxford: Clarendon Press, 1996.

[295] Gottfried, Heidi. New Directions, Old Approaches: Labor Studies at the Crossroads[J] Labor Studies Journal, 2002, 27 (2).

[296] Huselid M. The impact of human resource management practices on turnover, productivity and corporate financial performance[J]. Academy of Management Journal, 1995 (6).

[297] International Labour Office. Conditions of Work Digest: Working Time Around the world[R]. 1996.

[298] J E Parkinson. Corporate Power and Responsibility: Issues in the Theory of Company Law[M]. Oxford: Oxford university Press, 1993.

[299] Jean L Cohen, Andrew Arato. Civil Society and Political Theory[M]. Cambridge: MIT Press, 1992.

[300] Jones T M. Instrumental Stakeholder Theory: A Synthesis of Ethics and Economics[J]. Academy of Management Review, 1995, 20 (2).

[301] Knight. Risk, Uncertainty and Profit[M]. New York: A. M. Kelley, 1964.

[302] Kyprianou, Anna, Geoff Wood Introduction Labor Studies in Transition[J]. Society in Transition, 2002, 33 (2).

[303] Lee Ching Kwan. From the Specter of Mao to the Spirit of the Law: Labor Insurgency in China[J]. Theory and Society, 2002 (31).

[304] Lee E Preston, Douglas P O Bannon. The Corporate Social-Financial Performance Relationship: A Typology and Analysis[J]. Business and Society, 1997 (4).

[305] Lilian Miles, Rima Abouchedid. The Company and Social Responsibility[J]. Business Law Review, 1997（5）.

[306] M Dodd. Review of Dimock and Hyde, Bureaucracy and Trusteeship in Large Corporations[J]. University Chicago Law Review, 1942（9）.

[307] Margaret M Blair, Bruce K MacLaury. Ownership and Control: Rethinking Corporate Governance for the Twenty-first Century [M]. Washington, D. C: the Brookings Institution, 1995.

[308] Mark F Wright. Corporate Governance and Director's Social Responsibilities: Responsible Inefficiency or Irresponsible Efficiency? [J]. Business Law Review, 1996（8-9）.

[309] Marsh, Locksley. Capital in Britain, Its structure and power and influence over policy[J]. West European Politics, 1983（6）.

[310] Michael Hoffman, Jennifer Moore. Business Ethics: Readings and Cases in Corporate Morality[M]. New York: McGraw-Hill, 1990.

[311] Michael Salmon. Industrial relations: Theory and practice[M]. 3rd ed. Prentice Hall Europe, 1998.

[312] N Eberstadt. What History Tells Us About Corporate Social Responsibilities[J]. Business and Society Review, 1978.

[313] Oliver Sheldon. The Philosophy of Management[M]. London: Sir Isaac Pitman and Sons Ltd., 1965.

[314] Robinson G, Dechant K. Building a business case for diversity[J]. Academy of Management Executive, 1997（3）.

[315] Saleem Sheikh. Corporate Social Responsibility: Law and Practice [M]. London: Cavendish Publishing Limited, 1996.

[316] Shawn L Berman, Andrew C Wicks, Suresh Kotha, et al. Does stakeholder orientation matter? The relationship between stakeholder management models and firm financial performance[J]. Academy of Management Journal, 1999（10）.

[317] Shrivastava P. The role of corporations in achieving ecological sustainability[J]. Academy of Management Review, 1995 (7) .

[318] Tavis Lee A. Power and Responsibility : Multinational Managers and Developing Country Concerns[M]. Notre Dame: University of Notre Dame Press, 1996.

[319] Waddock S, Graves S. The corporate social performance-financial performance link[J]. Strategic Management Journal, 1997 (5) .

[320] Wartick, Steven L., Philip L. Cochran. The evolution of the corporate performance model[J]. Academy of Management Review, 1985, 10 (4) .